第二语言词汇教学的语用转向研究

王改燕 著

科学出版社

北京

内 容 简 介

词典释义和基于词表、词频等记忆的词汇知识，不能有效解决第二语言文本语境的词义问题。为了化解这一困境，本书全面盘点并吸收二语教学法、语言哲学、语义学、语用学、认知科学和教育心理学的研究成果，从解答何谓词义这一问题入手，厘清词汇知识和词语能力的概念界限，揭示以词汇知识记忆为导向的传统二语词汇教学模式的局限性，提出以词语能力培养为导向的二语教育理念，建立语境词义构建能力培养理论和应用模型。

本书的目标读者人群是对二语习得研究、二语词汇教学法研究、二语阅读研究、二语自主学习能力培养研究和应用语言学研究有兴趣的学者、教师和学生等。

图书在版编目（CIP）数据

第二语言词汇教学的语用转向研究/王改燕著. —北京：科学出版社，2023.5
ISBN 978-7-03-073267-5

Ⅰ. ①第… Ⅱ. ①王… Ⅲ. ①第二语言－词汇－教学研究 Ⅳ. ①H003

中国版本图书馆 CIP 数据核字(2022)第 181541 号

责任编辑：杨 英 贾雪玲 / 责任校对：贾伟娟
责任印制：李 彤 / 封面设计：蓝正设计

科 学 出 版 社 出版
北京东黄城根北街 16 号
邮政编码：100717
http://www.sciencep.com

北京捷迅佳彩印刷有限公司 印刷
科学出版社发行　各地新华书店经销
*

2023 年 5 月第 一 版　开本：720×1000　1/16
2023 年 5 月第一次印刷　印张：17
字数：335 000

定价：98.00 元
（如有印装质量问题，我社负责调换）

本书是教育部人文社会科学研究规划基金项目"第二语言词汇教学的语用转向研究"（项目编号：21XJA740006）的研究成果。

序　言

读了王改燕老师的专著《第二语言词汇教学的语用转向研究》，十分高兴。这是近年来外语词汇能力培养研究的一项十分重要的成果。

长期以来，如何提高外语学习者的词汇能力一直是国际外语教育界十分关注的问题，学者们已进行了大量的研究，构建了不少理论模式，也提出了不少教学策略，但由于固守传统的静态词义观，近十年来研究已陷入停滞状态，缺乏令人耳目一新的成果。王改燕老师大胆突破了传统观念，采用了动态词义观，颠覆了词汇推测能力的传统理解，从而化解了当前文本语境词汇习得（contextual vocabulary acquisition，CVA）研究的困境，第一次聚焦培养学习者语用学词义观的作用和意义，提出了"词义构建"理论，并在此基础上建立了语境词义构建能力（contextual lexical constructive competence，CLCC）评测模型、概念模型、发展模型和教学模型，不仅为课堂教学实践提供了理论基础，同时还提出了操作性很强的教学手段和评估方式。值得一提的是，该研究并非仅局限在词汇推测能力的培养上，而是超越词汇习得（vocabulary acquisition）本身，建立起其与阅读理解能力和自主学习能力之间的关系，为基于文本的语言信息思辨能力培养和自主学习能力培养提供了理论和经验依据，进而扩大了该研究成果的适用范围。

总而言之，该成果是一项走在国际前沿的原创性研究，它体现在以下四个方面：①思想新，其"意义即使用"的词汇能力评测理念，契合国家的语言素质教育思想；②观点新，词汇能力培养是语言信息思辨能力和自主学习能力培养的前提；③方法新，课堂观察、文献研究和教学实验相结合，考证其词汇能力培养理论和评测模式；④目标新，该成果的词汇能力培养理论和评测模型建设的目标是培养具备高度自主学习能力的二语学习者。

当然，毋庸讳言，该成果仅基于一项实证调查（尽管该研究设计严谨，方法科学，结果可靠），其结果的可复制性尚待进一步验证。建议后续进行更多研究，进一步完善其理论和应用模型。

吴旭东
广东外语外贸大学
2020 年 8 月 27 日

导　言

词汇学习是二语学习的一项重要任务。词汇水平是考察或评估听、说、读、写、译等语言技能和二语综合水平的主要指标。长期以来，以词典释义（dictionary definition）为标准解决词义问题，基于词表、词频等，背记词汇，扩大词汇量，是二语词汇学习的主要方法。然而，实践证明，词典释义和基于词表、词频等记忆的词汇知识（lexical knowledge），不能有效解决中高水平二语学习者在自主阅读各类题材目的语文本时遇到的词义问题。本书通过考察文本语境的词义问题的性质和根源，探寻化解词义问题的途径。

首先，聚焦文本语境的词义问题。本书吸收语言哲学、认知语言学、词汇语义学（lexical semantics）、词汇语用学、计量语言学、心理语言学和语言教育学等多个学科的最新研究成果，论证词义（lexical meaning）、词义观、词义推测（lexical inferencing）、文本理解、学习者主观能动性和教学介入模式等因素之间的内在联系，并采用课堂调查与理论研究相结合、理论建设与教学实验相结合、定量研究与定性研究相结合的方法，揭示文本词义问题的表现形式，厘清产生文本词义问题的缘由，明确解决文本词义问题的有效途径。例如，本书从考证词义的概念内涵入手，界定词典释义和语境词义（contextual lexical meaning）、词汇知识和词语能力（lexical competence）、词义推测和词义构建（lexical meaning construction）等概念的界限与联系，探析学习者词义观（learners' assumptions of lexical meaning）、主观能动性和词语能力三者之间的关系。

其次，聚焦二语词汇教学研究的历史与现状，揭示以词汇知识记忆为导向的主流二语词汇教学模式和评测模式的不足，阐释二语词汇教学语用转向的理论依据和现实意义，论证以词语能力培养为导向的二语阅读课程建设的合理性和必要性。由此，本书提出，初级、中级、高级不同阶段的二语词汇学习的中心任务不同，初级阶段的主要任务是记忆一定数量的常用词汇，中级、高级阶段的主要任务是培养语境词语能力，由前者转向后者，需要教学介入。

最后，聚焦词语能力培养理论和应用模型的建设。词语能力是语言能力（language ability）的核心因素。语言能力是当前国际应用语言学研究的一个热点，我国的语言能力研究已经起步（中华人民共和国教育部和国家语言文字工作委员会 2018），但仍处于"验证""模仿""跟跑"阶段，广度和深度尚不足，词语能力研究在概念界定、培养理论与操作模式建设等方面几近空白，无法有效解决我国学习者的"真""急""热"问题（文秋芳 2020）。本书试图填补这一空白。第一，吸收语言哲学、认知语言学、词汇语义学、词汇语用学、计量语言学、心理语言学和语言教育学等多个学科的最新研究成果，阐释将"文本词语能力"解析为 CLCC 的理论依据。第二，剖析 CLCC 的概念内涵、应用价值和培养前景；提出 CLCC 培养理论，阐释 CLCC 的培养与提高是化解文本词义问题的必要途径；建立 CLCC 教学培养的应用模型，包括 CLCC 概念模型、发展模型、培养模型和评测模型，厘清 CLCC 教学培养的目标、方法和步骤。第三，通过教学实验，验证 CLCC 培养理论和应用模型。

实证性研究（empirical research）回答以下两个研究问题。

（1）以帮助学习者了解语境词义本质为目的的课堂教学是否有助于提高他们的语境词义推测能力？如果答案是肯定的，那么提高的幅度会有多大？

（2）通过课堂教学，学习者语境词义推测能力的提高是否有助于他们 CVA 能力、阅读理解能力以及阅读中的二语自主学习能力的提高？

实证性研究由前测、课堂教学实验和后测三个部分组成。81 名来自中国西北部地区某大学英语专业学生参加实验。他们被随机分配在一个实验组和两个对照组。实验组由 27 名二年级学生组成，两个控制组分别由 28 名二年级学生和 26 名三年级学生组成。

根据 CLCC 教学模型（pedagogical model），课堂教学实验分两个步骤实施：先帮助学生了解语境词义的本质和特征，然后介绍掌握语境词义推测的策略，并提供若干练习机会。

实验的调查工具包括：作为前测的词汇知识水平测试的问卷；用于课堂练习的一篇短文、语境词义特征表、语境词义推测过程流程图和适用于推测不同词性的目标生词的线索表；作为后测的 CLCC 检测试题的问卷，目标词辨识、阅读理解和自主性测试题的问卷。

实证性研究所得到的数据通过多元方差分析（multivariate analysis of variance，MANOVA）加以分析。主要发现如下。

（1）在包括生词辨识自愿度、线索运用灵活度、词义假设合理度、词义构建自信度等方面反映 CLCC 水平的四个指标上，实验组均明显超过同水平的控制组。

（2）在生词辨识自愿度、线索运用灵活度、词义假设合理度等反映 CLCC 水平的三个指标上，实验组与更高水平的控制组没有显著差异；但在词义构建自信度的指标上，实验组显著超过更高水平的控制组。

（3）在词汇附带习得能力（incidental vocabulary acquisition, IVA）、阅读理解能力和自主学习能力方面，实验组显著超过同水平的控制组，但是与更高水平的控制组之间无显著差异。

（4）CLCC 的提高与二语 IVA 和阅读理解能力的提高呈正相关，但是与阅读中自主学习能力无关。

笔者通过对比调查结果与 CLCC 概念模型（conceptual model）预测的一致性及其差异，并以 CLCC 概念模型为基础对造成差异的原因进行了讨论分析，得出以下结论：尽管二语阅读理解能力和 IVA 等以 CLCC 为基础的二语语言能力会随着二语水平的提高而有所改善，CLCC 课堂教学仍然十分必要，因为它能有效地提高学习者语境词义推测的自信心，进而促进二语阅读中自主学习能力的发展。而且，阅读中自主学习能力的提高有助于促进中高水平学习者向高水平学习者的发展。

本书的结论是：二语词汇教学研究长期在语言学词义观主导下服务于提高词汇知识记忆的质量和数量，中高水平二语学习者由此潜移默化形成的静态词义观是其文本语境的词义问题的根源；以"以词典释义为标准，记忆目标词，扩大词汇量"为导向的词汇教学理念与词汇知识评测模式有益于二语初学者，但制约中高水平二语学习者语言能力、阅读理解能力和自主学习能力的培养；化解文本词义问题的根本途径是，通过教学介入，帮助中高水平二语学习者树立语用学词义观，由"推测正确词义"转变为"构建合理语境词义"，着力培养语境词义构建能力。

本书的价值和作用，可从理论和实践两个方面进行评估。

理论方面的价值：①提出"树立语用学词义观，培养词语能力"的二语教育理念。吸收语言哲学、认知语言学、词汇语义学、词汇语用学、计量语言学、心理语言学和语言教育学等多个学科解答"何谓'词义'？"问题的研究成果，厘清词汇知识和词语能力的概念界限；揭示前者隐含静态词义观，强调词汇知识记忆的广度与深度，后者隐含动态词义观，强调具体语境中词义的临时性、多变性和可构建性；把词语能力解析为语用学词义观主导下的 CLCC；建立 CLCC 概念模型，解析 CLCC 与文本理解能力、IVA 和语言信息思辨能力之间的概念关系。②揭示静态词义观长期主导二语词汇教学研究，是文本语境的词义问题的根源。论证当前以词汇知识记忆为导向的词汇教学（vocabulary teaching）模式会潜移默化地使学习者形成静态词义观；静态词义观驱动下的词义推测难以成功，因为根据文本语境，只能临时构建一个"一定程度合理"的词义假设，无法推测出词典或他人（如教师或文本作者）规定的"正确词义"。③澄清词义构建和词义推测是两种不同词义观驱动下的认知活动。论证前者以"合理词义"为目标，是不会失败的开放性思维活动，后者以"正确词义"为目标，是非对即错的、成功概率很低的封闭性思维活动。揭示当前二语词义推测研究聚焦推测策略的培养和制约因素的辨识，却忽略了推测者词义观及主观能动性的作用。④建立 CLCC 培养理论和应用模型，如 CLCC 发展模型、评测模型和教学模型。本书解析词汇知识记忆和词语能力培养在二语学习中的不同作用与辩证统一关系；论证由静态词义观转向动态词义观，是二语学习由初级阶段转向中高级阶段的关键环节，是培养具备高度文本自主阅读能力和灵活语言信息思辨能力的高级二语人才的必由途径。填补我国应用语言学研究的一项空白。

实践方面的作用在于：①CLCC 培养理论和应用模型可应用于英语阅读课程建设。可为英语教师系统解答阅读课程词汇教学应"教什么""如何教""为何教"，以及词汇评测应"测什么""如何测""为何测"等问题，有助于他们根据学生的具体情况选择合理的词汇教学模式和评测模式。②CLCC 培养理论和应用模型有助于英语学习者有效化解各类文本语境的词义问题。消除他们畏惧生词和畏惧词义推测的消极心理，增强他们自主阅读的积极性和自信心；激发他们在没有词典或他人帮助的情况下，积极思考，分析语境，构建合理的词义假设；帮助他们理解并接受记忆词汇、扩大词汇量并非词汇学习的唯一目标，灵活运用语言知识（linguistic knowledge）、文本背景知识和社会文化知识等构建语境词义，是理解文本、附带习得词汇的前提和基础。③CLCC 培养理论和应用模型可验证，可复制，可操作，可推广应用于不同外语类阅读课程建设和对外汉语阅读课程建设。④CLCC 培养理论和应用模型可为二语习得研究、二语词汇教学法研究、二语思辨能力培养研究等提供一个新视角，填补我国语言能力教学培养研究的一项空白。

本书的章节结构安排，以阐释文本词义问题的产生根源和化解途径为宗旨，在盘点二语词汇教学法研究的历史与现状之后，按照说明问题、分析问题、解决问题的基本逻辑顺序，由四个部分、十个章节组成。

第一部分（第 1~2 章）说明二语词汇教学长期服务于提高词汇知识记忆的质量，这是文本语境的词义问题的根源。第 1 章梳理二语词汇教学法研究，揭示词汇教学在主流二语教学法演变历程中始终扮演灰姑娘的角色，服务于听、说、读、写、译等二语技能的培养；说明"依据词典，促进目标词记忆，扩大词汇量"的词汇教学理念和评测理念影响深远。第 2 章系统地梳理关于文本阅读语境词义推测的研究文献，介绍词义推测研究作为一个独立学科的发展和现状，揭示静态词义观是词义推测难以成功的研究结论和推测心理的根源。

第二、三、四部分探寻化解文本语境的词义问题的途径，提出词语能力培养理论。

第二部分（第 3~6 章）从剖析词义的概念内涵入手，在厘清词典释义与语境词义、研究者词义观（scholars' assumptions of lexical meaning）和学习者词义观、词汇知识与词语能力等概念界限的基础上，将词语能力定义为"动态词义观驱动下的 CLCC"，并提出 CLCC 培养理论（第 3 章）。构建 CLCC 培养的操作模型，如 CLCC 发展模型（第 4 章）、概念模型（第 5 章）、教学模型和评测模型（第 6 章）。

第三部分（第 7~9 章）在教学实验中，运用 CLCC 教学模型、评测模型、概念模型和发展模型，对 CLCC 培养理论加以验证。详细报告这项教学实验的准备与实施（第 7 章）、数据的整理（第 8 章）和数据统计的结果（第 9 章）。

第四部分（第 10 章）是实验结果。以实验结果为依据，深入讨论 CLCC 培养对提高我国英语学习者和使用者的语言信息思辨能力、文本语义构建能力和词汇自主学习能力的积极作用；展望以 CLCC 培养为导向的英语阅读课程的开发前景，如有效化解我国英语学习者和使用者文本语境中词义推测难以成功的困境，培养具备高度语言信息思辨能力和文本自主阅读能力的英语学习者和使用者。本书出版前曾用作应用语言学研究方法和高级英语阅读课程的辅助教材，得到的反馈令人鼓舞。

最后，需要特别感谢科学出版社本书的编辑细致入微、高度专业的编校工作，为本书的面世保驾护航。

于西安外国语大学

2022 年 3 月

目　　录

序言

导言

第一部分　记忆词汇：词汇教与学的主要目标

第 1 章　词汇教学研究——词汇记忆的质与量为导向 ·················· 2
  1.1　词汇教学 ··· 2
  1.2　词汇知识 ·· 19
  1.3　二语词汇教学研究现状评析 ······················ 40
  1.4　本章小结 ·· 44

第 2 章　词义推测研究 ·· 46
  2.1　词义推测与 IVA ··· 46
  2.2　词义推测成功率低 ····································· 49
  2.3　词义推测理论 ··· 52
  2.4　本章小结 ·· 56

第二部分　词语能力：培养理论与实施方案

第 3 章　词语能力与语境词义构建能力 ················· 60
  3.1　研究者词义观 ··· 60
  3.2　学习者词义观 ··· 63
  3.3　词义的临时性和语境适应性 ······················ 64
  3.4　静态词义观与词义推测研究 ······················ 65
  3.5　动态词义观与语境词义构建能力 ·············· 66
  3.6　本章小结 ·· 67

第 4 章 CLCC 发展模型 ·········· 70
- 4.1 词汇教学法的类型 ·········· 70
- 4.2 词表法和语境法的互补作用 ·········· 73
- 4.3 词汇教学语用转向的必要性 ·········· 88
- 4.4 CLCC 发展模型 ·········· 93

第 5 章 CLCC 概念模型 ·········· 96
- 5.1 CLCC 相关概念 ·········· 96
- 5.2 文本语境 ·········· 96
- 5.3 词义构建 ·········· 108
- 5.4 IVA ·········· 113
- 5.5 IVA 统一模型 ·········· 120
- 5.6 CLCC 概念模型 ·········· 124
- 5.7 本章小结 ·········· 125

第 6 章 CLCC 教学模型 ·········· 126
- 6.1 CLCC 教学的特征 ·········· 126
- 6.2 以英语母语者儿童为对象的研究 ·········· 128
- 6.3 以英语二语者为对象的研究 ·········· 134
- 6.4 一项模拟人工智能的 CVA 教学研究 ·········· 138
- 6.5 CVA 研究的评述 ·········· 143
- 6.6 CLCC 教学模型 ·········· 150
- 6.7 CLCC 评测模型 ·········· 159
- 6.8 CLCC 教学发展模型 ·········· 162
- 6.9 本章小结 ·········· 165

第三部分　CLCC 教学实验

第 7 章 教学实验的准备与实施 ·········· 168
- 7.1 研究问题分析 ·········· 168
- 7.2 实验准备 ·········· 169
- 7.3 实验实施 ·········· 182

第 8 章 数据的整理 ·· 186
　8.1　评测标准 ·· 186
　8.2　统计方法 ·· 196
　8.3　本章小结 ·· 196

第 9 章 数据统计的结果 ·· 197
　9.1　CLCC 教学的效果 ·· 197
　9.2　教学干预对 IVA、RC、LA 的影响 ································· 206
　9.3　统计结果总结 ·· 213

第四部分　CLCC 研究的前景展望

第 10 章 实验结果 ·· 216
　10.1　实验结果总览 ·· 216
　10.2　实验结果评述 ·· 217
　10.3　CLCC 与 IVA、RC 和 LA 的关系 ································· 227
　10.4　CLCC 研究总结 ··· 232
　10.5　以 CLCC 培养为导向的阅读课程开发 ·························· 233
　10.6　文本词语能力培养研究展望 ······································· 234

参考文献 ·· 237
附录说明 ·· 252
后记 ·· 253

第一部分
记忆词汇:词汇教与学的主要目标

第1章 词汇教学研究——词汇记忆的质与量为导向

"没有语法，还可以表达一点；没有词汇，则完全无法表达"（Without grammar very little can be conveyed; without vocabulary nothing can be conveyed.），这是英国语言学家 Wilkins（1972：111）的一句名言。它不仅表明词汇之于语言的重要性，而且说明词汇学习在语言学习中的重要性。迄今为止，第二语言教学（以下简称为"二语教学"）与评测的一个重要任务就是：巩固目标词记忆。在以记忆词汇为导向的词汇教学和评测模式中，学习者把学习词汇视作记忆词汇，并形成"以词典释义为标准，记忆目标词，扩大词汇量"的二语词汇学习理念。然而，在阅读实践中，他们发现词典释义和基于词表、词频等记忆的词汇知识不能有效地解决文本语境的词义问题。本章试图全面盘点二语词汇教学的发展历史和研究成果，以考察文本词义问题的成因。因为，只有弄清问题形成的缘由，才可能找到化解问题的方法和途径。

1.1 词汇教学

1.1.1 词汇教学的发展

西方二语教学始于 18 世纪中叶的古拉丁语和古希腊语典籍教学，至今已有约 270 年的历史。西方二语教学法的改革与发展大致经历了四个阶段（Howatt & Smith 2014）：拉丁语和希腊语典籍教学时期（1750~1880 年）、教学改革时期（1880~1920 年）、科学教学法时期（1920~1970 年）和交际教学法时期（1970~2014 年），见表 1.1。

表 1.1　西方二语教学法发展史概览

发展阶段	教学重点	教学方法	代表人物
拉丁语和希腊语典籍教学时期（1750~1880年）	拉丁语和希腊语典籍	语法-翻译法、典籍研读法	F. de Porquet、T. Prendergast
教学改革时期（1880~1920年）	口语	文本口述法、混合法、自然法、循序渐进法、无母语教学法	O. Jespersen、G. Heness、L. Sauveur、M. Berlitz、F. Gouin
科学教学法时期（1920~1970年）	依据科学理论	口语法、情境法、听说法、视听法	E. H. Palmer、Charles C. Fries、A. S. Hornby
交际教学法时期（1970~2014年）	语言交际能力	任务交际法	D. Hymes、J. Austin

Howatt 和 Smith（2014）分析梳理了每个阶段的教学重点、教学方法（instructional approach）、代表人物，重点考察了二语教学法研究的状况，试图揭示"方法论"主导着现代二语教学研究者与实践者的思维模式。他们认为，"方法论"的思维模式有严重缺陷，因为理论和实践之间具有连续性和重叠性，不应把"教学法"视作相互独立的、彼此界限分明的离散单位，以"方法"论教学无异于讲神话，超越"方法"，不受方法论的束缚应是二语教学的发展方向。这一观点与本书最后得出的结论不谋而合。

本书认为，二语教学研究发展至今，不仅存在"方法论"思维模式的缺陷，忽略词汇教学法研究也是一个缺陷。二语词汇教学法研究远远落后于二语教学法研究，二语词汇教学研究大致经历了三个发展阶段：①词汇教学在二语教学研究中被边缘化阶段（Meara 1980）；②以语料库词频统计研究为基础选择目标词阶段（Nation 1990）；③词汇教学法理据考证阶段（Schmitt 2010）。

1. 词汇教学在二语教学研究中被边缘化阶段

英国学者 Meara（1980）发现，虽然词汇学习在语言学习中的重要性每个人都懂得，然而，不同时期的主流二语教学法都把词汇教学边缘化了。他认为这一现象非常不合理，说明在二语教学中，词汇教学没有被放在其应有的位置。他呼吁重视词汇教学，系统研究词汇教学的方法、策略，提高词汇教学的效率。语法-翻译法（grammar-translation method）、直接法（direct method）、听说法（audiolingual method）、视听法（audiovisual method）、任务交际法（task-based communicative method）和多模态法（multimodal method）是较有代表性的主流二语教学法，下面笔者将一一考察，以揭示词汇教学在其中的边缘地位。

语法-翻译法长期主导二语教学，也曾广泛应用于我国的二语教学。18世纪末，该教学法兴起于普鲁士（Prussia）的公立学校的古拉丁语和古希腊语课程中，帮助学生学习古典文学作品，领略前辈的智慧。古拉丁语和古希腊语两种"'死的'语言，和现代希腊语和意大利语不尽相同，必须到学校里才能学到。这就是最早期的语言教学"（桂诗春 2010：164）。当时普遍认为，学习一种新的语言的目的，是锻炼大脑思维能力，并非用该语言进行交际。在学校课堂上，为了让学生能够翻译大段的古典文献，教师会用母语详细地讲解所学语言的语言规则，并要求学生背记双语词汇表，做大量句子结构练习。语法知识水平是语言能力水平的主要评估指标。在语法-翻译教学模式下，语法是教材编写和教学活动的中心，词汇教学服务于文本翻译和语法教学，仅限于少量影响语法规则教学和文本翻译的艰涩词语。生词的双语列表被用来辅助语法教学。词汇教学的主要方法是词源追溯法。词源学被认为是"发现真理的途径之一"（Kelly 1969）。当时普遍认为，梳理词源与引申词之间的关系，不仅可以帮助学生学习词汇，还可以避免语言质量下降。

16世纪末和17世纪初，由于资本主义世界发展和不同社会人群接触与交往的需要，现代语言（主要是法语、英语、德语、意大利语）逐步取代拉丁语，进入课堂，正式被纳入教学大纲，然而，教学方法并未随之改变，继续沿用解析典籍的语法-翻译法。但语法-翻译法难以培养现代语言的运用能力。在质疑和批评声中，直到20世纪中后期，语法-翻译法仍盛行于各国的外语教学领域。但早在19世纪中期，就有学者提出，语法-翻译法无视真实的语言环境，讲授已经过时的词汇，倡导学习贴近现实生活的词汇，由此促使人们关注词汇和词汇教学。例如 Prendergast 认为现实生活中最常用的词才是最重要的词，最需要学习掌握。他凭借自己的经验和感觉，尝试制作了一个最常用英语词汇表（Howatt & Smith 2014）。有人把这个依据个人判断制作的词汇表，与后来通过科学统计手段制作的英语常用词汇表进行对比，发现两者高度吻合，这一结果令人惊讶。在使用简单的日常词汇会被人嘲笑为没文化、没教养的时代，Prendergast 的词汇学习理念及其制作的最常用英语词汇表，堪称创举。20世纪30年代，欧洲的二语教学研究领域掀起了"词汇控制运动"（Howatt & Smith 2014），呼吁纠正二语教学目标词选择的随意性，提出高频词优先的理念，倡导基于词频选择教学目标词。"词汇控制运动"的倡导者认为低频词使用频率极低，不会对语言交际产生很大影响，因而无须花费太多的时间和精力专门讲解。高频词是日常语言交际中最常用、最基本的词汇，因此也是最重要的词汇，应优先帮助学生学习掌握。基于词频选择教学目标词，会最大限度地提高二语词汇教学效率。"词汇控制运动"的一个重要成果是，词汇教学开始得到关注。虽然语法教学依然占据二语教学的中心地位，但科学统计词频、依据词频选择目标词、高频词优先等理念逐渐被接受，并成为现代词汇学和词典编撰的基本原则。West（1953）制作的"英文最常用词汇表"（General Service List，GSL），汇集了英语中使用频率最高的2000个单词。这个表对二语词汇习得研究产生了重要影响。

听说法在第二次世界大战中兴起于美国海外驻军的当地语教学中，其理论基础是形式主义语言学和行为主义教育心理学。形式主义语言学认为，语言是一种符号系统，词是最基本的语言符号单位。每个词由"能指"（signifier）和"所指"（signified）两部分组成。"能指"指语音或形象符号（词形）；"所指"指符号的心理印迹或概念（词义）。行为主义教育心理学认为，学习词汇的任务就是牢固记忆目标词的形与义，记忆过程就是刺激-反应（stimulus-response）的训练过程，最终在大脑皮层建立目标词形与义的习惯性链接。听说法建立在科学理论基础之上，但其中心任务依然是语法规则教学，与语法-翻译法相比，并无改变，词汇教学依然服务于语法教学。教学的目标词仅限于少量影响学生对语法规则理解和掌握的单词或短语。

任务交际法萌芽于20世纪70年代，其理论基础是Chomsky的语言能力（linguistic competence）理论、Hymes的交际能力（communicative competence）理论、Austin的言语行为理论（speech act theory），目的是帮助学习者掌握特定的目的语表达方式，使他们能够流利地、恰当地完成目的语交际任务，如要求、道歉、命令、祝贺、恭维等。与传统教学法相比，任务交际法的教学重点发生变化，由以语法规则记忆为导向强调句子语法结构的准确性，即聚焦于形式（focus on form），转变为以完成交际任务为导向强调语言表达内容和表达方式对交际任务的适应性，即聚焦于表达适应性。毫无疑问，在二语教学的发展史上，这是一个巨大的变革。遗憾的是，词汇教学的灰姑娘地位依然未发生改变，继续在二语教学中扮演服务生的作用，只是服务对象不同了，由服务于准确掌握语法规则，转变为服务于有效完成交际任务，在任务交际活动中附带习得词汇。任务交际法在我国的二语教学领域影响深远，由桂诗春、李晓菊等学者于20世纪90年代引入我国，得到众多学者的大力推广，至今仍广泛应用。

20世纪90年代，Kress和Leeuwen（2001）在批评话语分析的基础上，结合社会符号学、系统功能语法和传统话语分析等领域的研究成果提出了多模态话语这一概念，主张从社会符号学的角度探索和构建各种符号模态的语法，以解释人们如何在特定的情景语境和社会实践中有效利用多种符号模态去构建意义和传达信息，以便达到交际目的。据此，Royce（2002）提出了多模态教学方法论，并将其用于读、写、听、说和词汇教学中。Jewitt（2006）认为多模态教学可以帮助学生迎接经济全球化、语言文化多元化和交际技术多样化的挑战，提出了多元读写的教学理念，开辟了将多模态应用于语言教学的先河。将多模态理论最早引入我国学界的是李战子（2003）。之后，顾曰国（2015）、胡壮麟（2007）等学者为多模态理论在我国的发展和应用做出了巨大贡献。近年来，张德禄和王璐（2010）、张德禄和丁肇芬（2013）为多模态理论应用于外语教学做了不少尝试，例如张德禄和王璐（2010）提出了多模态教学设计应遵循的原则，包括总原则、最佳效果原则和三个一般原则（有效原则、适配原则和经济原则）。张德禄和丁肇芬（2013）认为多模态教学的效果通常优于单模态教学，并阐释了多模态教学的几个优势：①补缺，一种模态只能体现要表达的部分意义，另一部分需要通过另一种模态来体现；②强化，一种模态或一种模态的一种形式表达整体意义，用一种模态的另一种形式或者另一种模态来突出部分意义；③吸引注意力，一种模态表达基本的意义，另一种用更加具体和形象的媒体来重现这种意义；④抒发情感，用一种模态来表达基本的概念意义，用另一种模态来表达人际意义，包括态度、情感、目的等；⑤易理解，一种模态表达比较抽象、概括、偏僻、难度特别大、深奥的道理或者结论等，用另一种模态来提供其实例、说明、关系等使理解更加容易。但是，多模态教学研究至今以描述性研究为主，缺乏实证性研究。另外，对多模态概念的理解存在很大分歧，例如有人甚至认为教室的布局以及教师的姿势均为多模态符号，加上难以确定目标词、目标词数量、模态组合、不同模态组合适用的教学对象等，使得多模态教学成为计算机辅助教学、网络辅助教学、情景教学等的代名词。普遍认为，多模态词汇教学可以弥补传统词汇教学的缺陷，更有助于词汇记忆。例如，在英语词汇教学中，使用图像、声音、颜色、视频、动作等多种模态，协同刺激学生的认知系统，有助于学习者掌握词汇的深层语义知识。但在以培养国际型应用人才为导向的多模态教学模式中，词汇教学依然处于从属地位，继续扮演灰姑娘、服务生的角色。

2. 以语料库词频统计研究为基础选择目标词阶段

Nation（1990）的《英语词汇教与学》（*Teaching and Learning Vocabulary*）一书被推崇为二语词汇教学研究的奠基之作。Nation（2001，2015）吸收并发展了"词汇控制运动"所倡导的"基于词频选择目标词"和"高频词优先"的理念，并致力于将这些理念落实于对外英语教学（teaching English to speakers of other languages，TESOL）词汇教学，提出了一系列对英语作为外语（English as a foreign language，EFL）词汇教学影响深远的主张，例如：建立大型语料库；基于语料库，统计词的使用频率；基于语料库词频统计，选择二语教学目标词；制定词的使用频率等级递进阶；依据词频等级，制作二语学习者词汇量评测量表；从词汇知识记忆的质（也称"深度词汇知识"）与量（也称"宽度词汇知识"）两个维度，评测二语学习者的词汇知识水平；基于词汇量等级或词汇知识水平，评估学习者的二语综合水平；等等。这些观点，长期引领二语词汇教学研究的发展。其中特别值得注意的是，语料库词频统计能否客观反映现实语言交际中词的应用情况，在很长一段时间存在争议，但基于词频等级选择目标词的理念被逐渐接受，被视为提高二语词汇教学效率的重要手段。

词频统计有两种方法，基于语料库和根据语言使用者的经验或感觉。在Brown 和 Hagoort（1993）建立布朗语料库（Brown Corpus）之前，学者主要凭借英语母语者的经验和感觉辨识、划分英语词汇中的高频词和低频词。一系列的研究结果表明，英语母语者的词频判断与语料库词频统计结果呈高度相关。例如，Carroll 等（1971）对比了一组英语母语者对一个特定文本中用词使用频率高低的判断与基于桑代克-洛奇语料库（Thorndike-Lorge Corpus）的词频统计，结果显示两者高度相关。Shapiro（1969）把年龄不同、职业不同的英语母语者分为六组，要求每组一半人根据个人经验判断口语语料中词语的使用频率，另一半人判断阅读语料中词语的使用频率。结果发现组内一致性高达 0.943，组间相关性也在 0.935~0.995。不仅如此，口语语料和阅读语料受试的词频判断结果与基于布朗语料库的词频统计结果的相关性在 0.92~0.96。除此之外，六组受试之间的判断结果不存在统计学意义上的差别。Tryk（1968）的研究表明英语母语者的词频判断和基于语料库的词频统计的相关性在 0.74~0.78，高度相关。Backman（1976）的研究表明两者的相关性在 0.91~0.94。这些研究证明，语言使用者的词频判断与基于语料库的词频统计高度一致。如果两者不一致，Schmitt 和

Dunham（1999）认为在很多情况下人的直觉词频判断要比语料库词频统计更为精确，因为语料库往往会存在某种缺陷（如语料库容量太小、语料题材内容太过单一等）。

早期的语料库普遍容量较小，通常在 500 万词以内，随着科技的发展，语料库的容量激增，如英语国家语料库（British National Corpus）和柯林斯伯明翰大学国际语料库（Collins COBULD 或 The Bank of English）的容量已经扩展了 100~500 倍，语料库的分类也更加精细。现代语料库语言学家普遍认为，语料库的词频统计更为可靠，因为"人类对词或词块使用频率只有模糊的感觉，这种感觉源自对语料的下意识观察"（McEnery & Wilson 1996：12）。Alderson（2007）预测，随着语料库建设的发展，基于不同语料库的词频统计结果最终会趋于一致，据此划分的词频等级可以有效地服务于不同水平的二语学习者，可使二语词汇教学收到事半功倍的效果。

Schmitt 和 Dunham（1999）研究发现英语非母语的 EFL 师生已经普遍接受了高频词优先的理念，但在 EFL 教学实践中，教师往往会凭借自己的经验去判断、选择教学目标词。对此，Schmitt 和 Dunham 持否定态度。他们基于英语国家语料库和英语词库的词频统计，选择了一定数量使用频率一致的词，分别要求英语母语受试和非英语母语受试对这些词的使用频率高低进行排序。160 个英语本族语受试在年龄、教育程度和职业等方面存在差异，既有 16~17 岁的学生，也有年长的棚户居民；既有底层打工阶层、中产阶级人士和教育学硕士，也有 TESOL 教师和语言学讲师。非英语本族语受试的教育背景较为一致，有研究生、TESOL 教师和英语作为二语/外语（English as a second language，ESL）学生。研究结果表明，英语本族语受试的词频判断存在显著的组间差异。不仅如此，英语本族语受试的词频判断与语料库词频统计的结果之间存在中度相关（$r=0.526$~0.648），组内相关系数是 0.128~0.837。Schmitt 和 Dunham（1999：400）的结论是：英语本族语受试受年龄、教育背景、职业等因素的制约，对词频的判断不一致。非英语本族语受试的判断结果则更趋一致，与语料库词频统计结果的相关性系数是 0.577~0.721。不仅如此，受试的受教育程度越高，其词频判断越接近语料库的词频统计，也越接近受过教育的本族语者的词频判断。Schmitt 和 Dunham 因此认为大型语料库词频统计的结果最为可靠，如不具备大型语料库，则应该相信受教育程度较高的语言使用者的经验判断。然而，受教育程度较高的语言使用者的词频判断在多大程度上可靠，仍有很大争议。Alderson

（2007）的研究证明，受教育程度高的语言使用者由于很多其他因素的制约，词频判断也存在很大差异。

近年来，语料库建设和基于语料库的词频统计研究发展势头迅猛。Coxhead（2000）的学术词语表（Academic Word List）、Coxhead（2015）的新英文最常用词汇表（New General Service List）、Garnier 和 Schmitt（2015）的英语短语动词列表（List of English Phrasal Verbs）等，都是大型语料库词频统计研究的成果，在 EFL 词汇教学与研究中发挥了重大作用。例如，学术词语表列举出 570 个学术类文本（不局限于某一具体学术领域）中使用频率较高的英语词族（word family），如 assume、establish、indicate、conclude、maintain、analyze、assess、concept、definition、categories、seek 等。这些词区别于专业技术词汇，被称作"次技术词汇"。优先掌握这些词，有助于 ESL 学习者提高英语学术文本的读写能力（literacy）。

语料库词频统计研究的另外一个重要任务是开发各种评测量具、量表，用来评估二语学习者词汇水平和文本难度等。例如，词汇量测试（Vocabulary Size Test，VST）（Nation 2001）、词汇水平测试（Vocabulary Levels Test，VLT）[①]（Schmitt 2000）、词汇知识量表（Vocabulary Knowledge Scale，VKS）（Wesche & Paribakht 1996）、词频概貌（Lexical Frequency Profiles，LFP）（Laufer & Nation 1995）。这些量具、量表被广泛应用于二语习得研究，以使二语习得研究更加客观、科学。例如，LFP 可被用来评估阅读文本的难度等级和学生习作的用词情况。它以每 1000 个词族为一个单位制定词频递进阶，评估文本或习作的用词情况。假如用 LFP 检测一个有 200 个词族的英语文本，结果显示：有 150 个词族属第一个 1000 词族等级，有 20 个属第二个 1000 词族等级，有 20 个属大学词汇表（University Word List），有 10 个属其他词汇（off-list），那么这个文本的词貌是 75%～10%～10%～5%。可以此数据比较不同文本的用词情况和难度等级。LFP 也可以以词符（word token）或词类（word type）为单位统计文本词貌。

关于 LFP 的效度，Laufer（2005）强调 LFP 主要用来检测受试写作中的用词情况，只能报告受试习作中所使用的高频词和低频词的比率，不能用来检测受试的输出词汇量。检测输出词汇量，需要考查受试在特定上下文中或者在无上下

[①] Schmitt 制作的词汇水平量表主要检查记忆的词汇量，本书根据其功能在教学实验中用作词汇知识水平测试，即附录一。

文的情况下所产出的不同词频等级的样本词汇。LFP 的检测结果并不能说明受试在具体情况下能否产出某些词语。

这一点得到 Meara（1996）的证实。Meara 根据 Laufer 和 Nation（1995）的三组受试习作词貌的统计数据，用计算机模拟生成学生作文，然后根据词频等级与词汇量的关系，推测出 Laufer 和 Nation（1995）的三组受试的输出词汇量应该分别为 3162 个词族（Laufer 和 Nation 检测的实际词汇量为 2500 个词族）、6230 个词族（实际词汇量为 4500 个词族）和 8255 个词族（实际词汇量为 6000 个词族）。两组数据说明 LFP 的统计结果与学生的实际情况相距甚远。Meara 因此质疑 LFP 的效度。Meara 认为词语能力的各个方面是同步发展的，因此如果以词汇量为参数，词汇量的任何增长都会导致习作词貌的显著变化。Laufer（2005）则认为词汇知识不同方面的发展并不同步，词汇知识增长与词汇运用（lexical performance）能力的发展也不同步。Laufer 的观点得到其他实证性研究结果的支持（Laufer & Paribakht 1998）。Laufer 指出词汇知识增长是个渐进的过程，对于能够在检测诱导下使用的低频词，学习者需要很长时间才能建立起足够的自信在自由写作中加以运用，因此低频词运用能力的微小增长可以反映词汇知识水平的大幅提高。总的来说，学习者的词汇量水平与 LFP 词貌统计呈正相关，在特定词汇知识发展方面两者也许不相关，证明了词汇量的微小增加不一定能在词汇运用能力中得到体现。Meara 的模拟材料恰好证明词汇量和词汇运用能力的发展是不同步的。遗憾的是，至今无法解释两者为何不同步，以及如何才能促使两者同步。

除了语言使用者（如母语者和二语者）词频判断、语料库词频统计外，近年来，文本词频研究发展迅速。文本词频研究通过统计文本用词的总数和词频等级，一方面，探查读者理解文本的临界词汇量（threshold-level vocabulary）；另一方面，确定在文本中习得一个目标生词的最低使用频次。虽然文本词频研究取得了一些成果，但关于临界词汇量和习得目标词的最低频次还在争议中，尚未形成统一的结论（Schmitt 2010；Wesche & Paribakht 2010）。词频研究已经可以回答以下研究问题（Szudarski 2018：58）：①英语中哪些词的使用频率较高？实义词还是功能词？②口语词汇与书面语词汇有何不同？③为什么词语搭配或多词单位（multi-word unit）是语言的重要因素？④在语言教学中如何运用语料库？⑤学生词汇有哪些特征？⑥何谓学术词汇（academic vocabulary）？学术词汇与普通词汇有何不同？⑦词汇对篇章结构有何贡献？⑧词汇有哪些语用功能？

近年来，基于语料库的词频研究和文本词貌研究都已取得重大进展，并在很大程度上促进了二语教学研究。词频、词貌研究可以帮助学习者有效学习目标词、扩大词汇量，但有一个重大缺陷，即这种以文本、语料为对象的离线（off-line）研究，无法揭示语言使用或语言习得过程中本族语者或二语学习者的大脑认知机制，因此无法证明基于语料库或文本词频、词貌研究选择的目标词，记忆的目标词能否有效解决二语学习者在现实语言使用中遇到的词汇问题。

3. 词汇教学法理据考证阶段

Schmitt（2010）梳理了二语词汇教学研究作为一个独立学科 20 年的发展，盘点了在语料库建设、词频与词貌统计、词汇知识与词汇量评测量具开发等方面的丰硕成果。同时他指出，很多空白亟待填补，词汇教学法和词汇知识评估理论建设方面十分薄弱，尚无理论体系。需进一步深入解析词汇知识的本质和发展规律，词汇习得与词汇学得（vocabulary learning）的概念内涵与转换机制、教学介入在词汇知识发展中的作用等。长久以来，在二语课堂上，教不教、如何教、为何教词汇，主要取决于教师个人的感觉、经验或智慧，尚无理论依据。

当前二语词汇教学研究的一个焦点问题是，词汇教学是否需要语境？或词表法（vocabulary-list approach）和语境法（contextual approach）孰优孰劣？（Wright & Cervetti 2017；Wang 2019）这个问题意在澄清文本语境的词汇习得问题，因为阅读是二语词汇输入的主要渠道。基于阅读学习词汇的方法有两种，一种是脱离语境专门列表记忆目标生词的方法，简称词表法；另一种是依托语境记忆目标生词的方法，简称语境法。词表法有语义相关词列表（如将与某一主题或动物、植物、行为、概念等有关的词罗列在一起）和语义无关词列表两种（Nakata & Suzuki 2019）。语境法有加强语境法（enhanced context approach）与自然文本语境法（natural context approach）两种。加强语境指添加了词义注释（如添加母语等值词、简单释义、同义词、反义词）、调整了目标生词使用频率、辅助词汇练习等的文本语境（Stanovich 1986；Nagy 2005）；自然语境指没有任何调整或辅助手段、需要对目标生词词义进行推测的原文本语境（Schmitt 2010；Wang 2019）。当前的争议主要针对以下三个问题。

（1）在阅读中习得词汇，有无教学介入的必要？有学者认为阅读中附带习得词汇是下意识的自然过程，无须教学介入（Pulido 2004；Paribakht & Wesche 2006），有学者则认为教学介入有必要（Byrnes 2006；Calderón & Soto 2017），因为学生尚不具备在阅读中习得词汇的能力。

（2）如果教学介入有必要，如何具体操作？应脱离语境（without context），还是依托语境？多数学者认为脱离语境的词汇列表或加强语境更有助于记忆目标词（Laufer 2013；Nation 2015）；但有学者则认为词语一旦脱离语境，就无法展示其复杂多样的含义（Beheydt 1987；Schmitt 2010）。除此之外，基于词汇表或加强语境可以学得的词汇数量非常有限，无法满足自然语境语言交际的需要。因此，在自然文本语境中学习词汇的呼声日渐增强（Schmitt 2010）。

（3）词汇学习的核心是记忆目标词，扩大词汇量，那么如何记忆词汇更为有效？应该基于词表等机械记忆，还是基于语境推测记忆？由于词表法和语境法的主要区别就是有无语境，因此"脱离或依托语境"之争又发展为"机械记忆与推测记忆孰优孰劣"之争。倡导词表法的学者主张研究词频与词汇记忆的关系（Nation 2015），倡导语境法的学者呼吁研究词义推测认知机制与词汇记忆认知机制的关系（Wesche & Paribakht 2010）。

McKeown 和 Beck（2014）的研究表明，脱离语境基于词表或词典记忆的词汇知识在交际语境中无法被快速提取，如难以在阅读中"望词生义"，即通过文本中的目标词词形提取其词义。Nation（2015）和 Ender（2014）等的研究表明，基于自然文本语境词义推测习得词汇的方法可有效提高不同语境中词义提取的效率，但这种方法的弊端是，错综复杂的语境信息会把学习者的注意力由词汇层面的信息加工转移到文本内容层面的信息加工，从而降低词汇学习的效率，因此他们建议，根据学生的具体情况，在阅读教材编写环节设计加强语境以消除这一弊端。然而，McKeown 和 Beck（2014）的研究表明，虽然加强语境有助于学习者记忆目标词，但无法证明在某加强语境中记忆的目标词知识，在自然语境中能被快速从记忆中提取。

Wright 和 Cervetti（2017）用下列索引词，在美国教育部的教育资源信息中心（Education Resources Information Center，ERIC）数据库中，检索了与文本语境词汇教学研究相关的文献。

vocabulary AND (comprehension OR recall OR retelling OR retell OR inferencing OR inferences) AND at least one of the following terms: context clues, context cues, gloss, glosses, implicit, instruction, intervention, interventions, learning, lexical, selection, metacognitive, morphological, morphology, semantic feature, semantic features, strategies, strategy, taught, teaching, word analysis, word learning, word meaning, word meanings.

这项文献检索研究的收获颇丰。Wright 和 Cervetti 检索到数以千计的相关研究文献，经过严格筛选，从中选定了 36 项最为典型的文本语境词汇教学研究。之后，他们又从"是否脱离文本语境"和"有何具体操作特征"两个角度，对每项研究所采用的具体词汇教学方法进行了细致的考察。最后，他们综合分析 36 项研究对以下四个研究问题的解答情况，并得出结论如下。

（1）在文本语境中介入词汇教学是否有助于文本理解？Wright 和 Cervetti 的结论是，无论介入形式和介入程度如何，有词汇教学介入要好于无词汇教学介入。不足的是，研究数量很少，而且以描述性研究为主。

（2）依托文本语境进行词义层面的认知加工很重要，这已是共识，问题是词义层面的认知加工应达到何种程度呢？Wright 和 Cervetti 的结论是，能够促进词义加工的教学介入要比巩固词汇记忆的教学介入更有利于文本理解，然而，尚无法解释对词义的认知加工与从记忆中提取词义之间的关系与路径。

（3）为何无法证明基于词表、词频或词典记忆的词汇知识有助于文本理解？Nagy 等（1987：31）认为："脱离语境学习词汇无助于文本理解。"这个观点得到多项实证性研究的证明，但尚未查明何种原因导致脱离语境学习词汇无助于文本理解。Wright 和 Cervetti 建议应避免采用脱离语境的教学介入模式。

（4）为何无法证明某一种教学介入模式最为有效？Wright 和 Cervetti 认为，两种情况可能导致这种结果：教学实验持续的时间太短；受试不能熟练应用目标词学习策略。但尚未得到证实。

根据 Wright 和 Cervetti（2017）的研究，可以把当前文本语境的二语词汇教学研究现状概括为："教不教"已有明确答案，文本阅读语境中进行词汇教学介入是有必要的[Wright 和 Cervetti 的结论（1）]；"如何教"尚无明确答案，是当前研究争议的焦点[Wright 和 Cervetti 的结论（2）～（4）]；"为何教"的问题被完全忽略。

有理有据地回答"教不教""如何教""为何教"三个问题，澄清教学的有效性、操作方法和教学目标（pedagogical goal），是现代高等教育的基本要求（Byrnes 2006；Calderón & Soto 2017）。高等教育在教育体系中是高级阶段的教育，主要目标是培养学习者的自主学习能力（learning autonomy），如自主文本阅读能力、自主词汇学习能力等。用采培养自主学习者的教学法应该能够被学生理解和接受，教学内容的重要组成部分应是帮助学生理解教学的必要性（教不教)、教学目标(为何教)和教学方法(如何教)。为此,任课教师需要能够有理有据地给学生明确解析需要培养哪种自主学习能力,培养这种自主学习能力是否需要教学介入(教不教)、如何教学介入(如何教)和为何教学介入(为何教)等问题。其中,"教不教"的问题,要求澄清教学的有效性;"如何教"的问题,要求详细解析教学操作的方法和手段;"为何教"的问题,是教学法理据考证最为核心的问题,要求明确教学活动的具体目标。简而言之,是否有助于培养学生的自主学习能力是考察高等教育教学是否具有理据性(accountability)的主要标准。显然,当前文本阅读语境的词汇教学法尚不具备这样的理据性。

1.1.2 词汇教与学的环境

二语词汇习得是在二语学习者掌握了一定数量的母语词汇后才开始的。二语词汇习得和母语词汇习得的外部环境不同,因此,习得过程和习得方式存在很大差异。尽管如此,两者并非毫无关联。Singleton(1999)描述了四种环境下的词汇习得,说明母语词汇习得与二语词汇习得既有区别也有联系:婴幼儿期的词汇习得、读写能力发展时期的母语词汇习得、自然语境中的二语词汇习得、教学环境中的二语词汇习得。

1. 婴幼儿期的词汇习得

Singleton(1999)认为,Chomsky(1988)的"刺激贫乏论"(poverty of stimulus)不仅可以解释孩童早期对母语句法的习得,也可以解释他们的母语词汇习得。孩童在语言习得过程中从周围环境所接收到的语言资料质量差、数量少,不足以让他们归纳概括出高度抽象的母语句法规则,孩童之所以能够在很短的时间(5岁之前)就能够基本掌握复杂的母语句法结构知识,得益于一个人与生俱来的语言习得机制(language acquisition device,LAD)。该理论也被用来解释词汇习得现象。Chomsky认为孩童之所以能够快速、精确地掌握词汇,是因为在语言学习开始之前,人类大脑中就已经有一些概念,它们是人类内在概念机制(innate conceptual apparatus)的组成部分,语言习得过程就是给这些概念贴上标签(labelling)的过程。

Chomsky的观点得到其他一些哲学家、心理学家和语言学家的支持。他们认为,儿童之所以能够轻松应对词汇学习的巨大挑战,是由于一些内在机制的作用,如"发现和征服客观世界的愿望""符号化的需要""在语言使用过程中,解码所需要的一些特殊的人类行为和注意力""概念资源""语义表征所需要的普遍机制"（Pinker 1994）等。先天论者的这些观点被学者用来解释儿童早期词汇发展过程中对某些词形知识的习得。例如，Cutler（1994）认为对语言节奏先天的敏感，使得儿童能够利用语言节奏区分一个个词；Kelly 和 Martin（1994）认为人类有一种能力，即能够本能地察觉到语言中可能存在的一些规律，并且可以将这些规律运用于语言习得的不同方面，如根据本能的频率知识识别词与词之间的界限。

关于早期词汇习得中是否存在先天因素以及先天因素作用的大小，至今没有定论，但是有证据表明，在儿童的语言习得过程中有一些环境因素有助于词汇习得，例如，成人在对儿童说话时，语速慢、句子短、重复多、声音高，使得儿童能够很容易识别句子中的词语（McShane 1991）。

成人在对儿童说话时所用的特殊语言被称作保姆语言（care-giver talk），有关保姆语言对儿童语言习得的影响有很多争论，争论的焦点是，成人语言中是否存在儿童语法知识习得所需要的某些特征。但是，有一点毋庸置疑，即在对儿童说话时，经过调整的成人语言有助于儿童识别语言中的词汇。保姆语言除了具有语速慢、句子短、重复多、声音高等特征之外，还有一个特征是"此时此地"（here and now）性。在大多数情况下，保姆语言实际上是"实指定义"（ostensive definition），即用眼前的具体物体说明某一词语是该物体的指称。在这样的语言中，说话人清楚地界定了词与词之间的界限。

保姆语言的以上特点并不表示儿童语言的习得完全取决于成人语言，但也不能说成人语言在儿童语言习得过程中一点作用也没有。Markman（1990）指出，成人语言中的"实指定义"在儿童早期母语词义习得过程中起着重要作用；Singleton（1999）认为"实指定义"的重要性在于其启发作用，语言中有很多多义词、同形异义词、没有具体指称的词等，"实指定义"有助于儿童理解词形与词义的关系。但相对于儿童理解和运用母语所需要的词汇知识而言，通过"实指定义"学到的词汇知识远远不够。

2. 读写能力发展时期的母语词汇习得

在读写能力发展时期习得词汇，需要在已经建立起来的大脑词库中增加一个新的维度，即拼写知识。由于不同语言的书写系统存在很大差异，对不同语言习得者的要求不同，困难也不同。例如，区分英语单词 bun 和 bin 的发音，对于拼音文字系统（alphabetic writing system）习得者很重要，而对于象形文字系统（pictographic system）习得者来说不是特别重要，因为在象形文字系统中，与字义有直接关系的是字的书写形式而不是发音（Tzeng & Wang 1983）。

在不同书写系统中，词汇读写能力习得产生的影响也有本质的不同。有研究表明，在拼音文字系统中，习得词汇的读音及其拼写形式，有助于习得者灵活掌握每一个词素（morpheme）（Morais et al. 1979）；在纯粹的象形文字系统中（指没有拼音系统），习得一个词的书写形式不会使习得者意识到可以将该词的发音分解成更小的成分，如把一个词的发音分解到词素。Hsia（1994）研究发现，具有粤语阅读能力，但没有学过普通话拼音系统的粤语使用者，在完成母语（粤语）或二语（英语）的音素分解任务时，远没有学习过普通话拼音系统的粤语使用者的表现好。

就阅读理解能力与词汇量的关系而言，没有证据表明要掌握一篇文章中的每一个单词才能理解文章内容。在母语或二语阅读过程中，只需要具备以下三个条件就可以理解文本：一定的词汇量；有助于生词词义推测的策略知识；词汇知识和策略知识可以相互补充的文本。

读写活动有助于词汇知识的增长，因为读、写使习得者有更多的机会掌握词义，如通过定义、解释、例句、上下文等。上下文在阅读中的作用一直存在争议，有研究表明，好的读者并不总是把阅读过程作为"心理语言学层面的猜测游戏"（psycholinguistic guessing game）（Stanovich 1986），因为他们根本就不需要利用上下文去猜测；初学者则会过分依赖上下文（Biemiller 1970）；有经验的读者在遇到生词时大都会运用一定策略利用上下文推测词义（West & Stanovich 1978）。但学者普遍认为，通过上下文推测生词词义的过程有助于词汇习得，Cohen 等（1992）研究发现有早期阅读经验的儿童，要比没有阅读经验的儿童，能更好地掌握单词的词义，特别是单词的一些微妙的词义。

3. 自然语境中的二语词汇习得

自然语境中的二语词汇习得与婴幼儿期的词汇习得所面临的困难有相似之处，即都需要在语言交际进行中、在说话人的语流中识别词语，并且确定这些词语所表达的意思。二语词汇习得者与母语词汇习得者的不同之处在于：二语词汇习得者已经有过一次词汇习得的经历，而婴幼儿期的母语词汇习得是全新的经历。在二语词汇习得过程中，无论母语与目的语的差异有多大，两种文化之间多多少少会有一些共同之处，这就意味着，二语习得者在其母语习得过程中习得的、由母语词语所表达的某些概念，有助于二语词义的习得。

Lyons（1963：40-41）指出："我们还无法预言人类文化中哪一方面的特征有共性，但是人类文化是有共性的，人类学、社会学和心理学也许可以揭示不同文化的一些共同特征……，我们就是通过这些共同特征，进入另一语言的语义系统。如果我们能找到这些文化间的共同特征，就能轻松学会另外一种语言中表达这些特征的词语。"

在自然语境中，二语习得者从交际对象得到的帮助，类似于婴幼儿在习得母语的过程中从成人（保姆）那里得到的帮助。研究发现，本族语者对非本族语者说话时语速慢、句子短、语法更规范、词汇更简单（Freed 1981），这种不同于本族语者之间交流时所用的语言被叫作外国人语域（foreigner talk 或 foreigner register）。我们不能贸然断定外国人语域是一种"简化"的语言（MacLaran & Singleton 1984），但可以肯定的是，外国人语域有助于二语习得者理解目的语，在二语习得初期，有助于目的语词汇习得（Singleton 1999）。

语言迁移是二语习得过程中的普遍现象，存在于二语习得的各个阶段和不同方面，有正迁移，也有负迁移。在自然语境的二语词汇习得中，迁移现象尤为明显。例如，母语是英语的法语习得者能很快意识到大部分以-ation/eiʃən/结尾的英语单词在法语中都有对等词，而且同样以-ation 结尾（Kellerman 1979）。意识到这个规律，就等于习得了法语中所有以-ation 结尾的英语对等词，意味着用很小的努力就能换取法语词汇知识的飞跃。

语言迁移还表现在阅读对二语词汇习得的影响上。在自然语境中习得二语词汇似乎与阅读技能无关，因为语言习得主要发生在真实语境的口语交际中，但是如果母语和目的语有共同或相似的书写系统，一个人完全有可能在没有专门学习目的语书写系统的情况下，读懂第二语言文本。例如，欧洲各国语言有可识别的相近之处，如果一个人懂德语和英语，就能够在没有任何荷兰语学习经验的情况下，轻松读懂荷兰语酒店手册。不仅如此，他还能够毫不费力地辨别手册上每个单词的词义。我们可以相信，在没有经过专门的荷兰语阅读训练的情况下，他有可能从文本中习得荷兰语词汇。

4. 教学环境中的二语词汇习得

教学环境下的二语词汇习得同样受到母语词汇学习经历、语言迁移等因素的影响。除此之外，教学环境下的教师语言（teacher talk），与自然语境中的外国人语域和婴幼儿期的保姆语言一样，有助于学习者习得二语词汇（Krashen 1989）。Henzl（1973）发现，与本族语者的语言相比，在第二语言课堂教学环境下，二语教师的语言特征有：发音更规范，更频繁使用词语的普通词义，较少使用习语（或成语），使用较为简单的句法结构，较多举例或释义。

传统二语教学法（包括词汇教学）是"化整为零"，即先分解、后综合的教学模式。Wilkins（1972：2）对这种教学法的描述如下："所谓先分解、后综合的语言教学策略就是把语言分解成不同部分分别、逐步教给学生。语言习得过程需要积累有关语言组成成分的知识，直到完全掌握整个语言系统。在教学大纲中，语言被分解成不同的语法结构和一个个特定的词汇表。"

传统二语词汇教学要求学生背记词汇表中的单词及其母语对等词，同自然语境中的词汇学习不同，在这种分解式的课堂词汇教学中，学生学习词汇所面临的挑战不是辨别、理解语流中的词语，而是记忆单词的发音、拼写及词义，教师可以使用写有单词的卡片，让学生根据所展示的卡片，回答以下问题：①This is a dog, yes or no? ②Is this a dog or a cat? ③What is this?。以上三个问题的提示性程度依次降低。

自然语言习得环境中往往无法选择语言输入，但第二语言课堂教学可以通过精心设计的课堂活动，帮助初学者有选择地掌握一些词汇，积累一定词汇量，使得二语词汇学习有个"立足点"（foothold）。但是，单独学习词汇的发音、拼写和词义，不能保证学习者能够在特定语境中理解或运用它们。因此，不能完全采用或过分依赖这种分解式的词汇教学。

与自然语境中的语言习得相比，课堂教学更重视阅读和写作能力的培养，唯一例外是在听说教学法（audio-lingual method）盛行期间，更加重视听、说技能的培养。由于种种原因，听说教学法已经过时，现在的课堂教学更倾向于让学习者尽可能早地接触"真实的"（authentic）文本，在各种练习和学习任务的辅助下，文本被最大限度地用来帮助学习者学习词汇，例如，通过各种阅读理解练习，通过词语分类学习，根据上下文分析词语的外延和内涵，从文章中搜集某些词语可能的搭配。

基于文本的课堂词汇教学法既有优点，又有缺点。优点是：与自然语境中的习得词汇一样，学生从一开始就是在"真实的"文本语境中理解词义，在语言运用中学习词汇。缺点是：与自然语境中的词汇习得相比，在课堂环境下，学习者得到的语言输入量很有限。Singleton（1999）估计在课堂环境下学习 18 年所得到的语言输入量相当于在自然语境中学习 1 年所得到的语言输入量。如果课堂教学可以与自然语境相结合（如在有些国家，第二语言可以在日常生活中使用），或者与浸入式教学（immersion teaching）相结合，学习者得到语言输入的机会就会有所增加。

综上所述，词汇教学在语法-翻译法、听说法、读写法（literacy method）、任务交际法和近年来兴起的多模态法等主流二语教学法中被边缘化，服务于听、说、读、写、译等语言技能的培养。记忆目标词、扩大词汇量是不同阶段二语词汇学习的长期目标。阅读是母语和二语词汇输入的主要途径，母语词汇习得过程不同于二语词汇习得过程。不同语境和不同方式的二语词汇教学都以"词汇记忆"为导向。然而，在当前二语教学法理据考证研究中，缺乏对"词汇知识记忆"和"词汇知识应用能力"的明确区分。

1.2 词汇知识

词汇知识是词汇在大脑记忆中的认知表征（董燕萍 2005），是语言能力的核心（Meara 1996）、言语产出的动力（Levelt 1993）、听力理解的关键（Marslen-Wilson 1994）。提高学习者对目的语词汇知识记忆的质（语义复杂度）与量（词汇量）是二语词汇教学与评测的主要目标。词汇知识是一个非常复杂的概念。无论是关于词汇知识习得机制的理论研究，还是关于词汇知识增长与其他语言技能发展关系的实证性研究，或是关于词汇知识水平的评测研究（Wesche & Paribakht 1996；Qian 2005；刘绍龙 2002），均需要对词汇知识这一概念进行阐释，并做操作性界定。也就是说，都必须首先回答"何谓知道一个词？"（know a word）、"词汇知识的基本构成要素是什么？"。根据这两个问题的答案，才能构建词汇知识概念模型（也称理论框架）、评测模型和发展模型。

1.2.1 词汇知识概念模型

在二语词汇知识习得研究中，早期学者常常会避免用一个陈述句明确定义词汇知识的概念内涵，而是试图依据某一语言学理论框架，系统地描述词汇知识在大脑记忆中的认知表征，以使词汇知识这一抽象概念便于在教学中操作应用。

Richards（1976）根据描述语言学的研究成果，建立了词汇知识要素模型（图1.1），说明一个熟练的语言使用者"知道一个词"所应具备的知识要素。这是最早的词汇知识概念模型，对后来的词汇知识的概念研究和二语词汇习得研究产生了深远的影响。

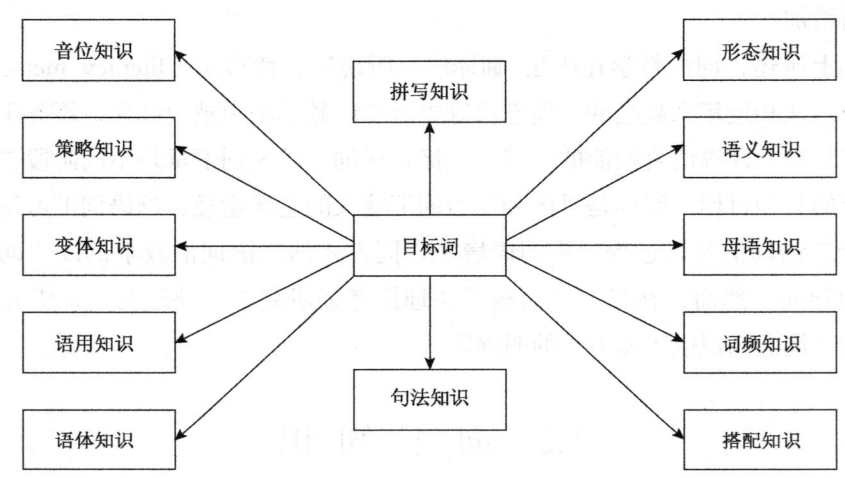

图1.1 词汇知识要素模型

Richards（1976）认为"知道一个词"应具备八个方面的知识（也称八个"假设"）：①成年本族语者的词汇知识会持续增长，语法知识则基本停滞增长；②知道目标词在口语和书面语中的使用频率；③知道目标词的语言交际功能；④知道目标词的句法功能；⑤知道目标词的根词及派生词；⑥知道目标词与其他词的语义关联及搭配形式；⑦知道目标词的语义值；⑧知道目标词的相关词义。

Richards（1976）认为"知道一个词"并非"全有"或"绝无"（all-or-nothing）的命题，而是一个积少成多、由浅入深的连续体。词汇知识发展的连续性与语法知识发展的相对稳定性在语言知识发展中是对立统一的关系。Nation（1990）将"词汇知识发展的连续性"定义为：理解词义与为实现交际目的而激活大脑词库中相关词语之间的连续性。具体表现在以下三个方面：第一，接受性词汇知识（receptive vocabulary knowledge）与输出性词汇知识（productive vocabulary knowledge）连续体。词汇知识发展的连续性涉及单词（word）知识和词汇（vocabulary）知识两个层面，一方面，接受性词汇知识先于输出性词汇知识，只有在理解一个词词义的情况下才能在语言交际中运用该词语；另一方面，词汇知识磨损始于输出性词汇知识。第二，词汇知识呈现由浅入深质的连续体。这是从词的角度出发，探讨词的知识的深度问题。第三，词汇知识呈现积少成多量的连续体。这是从词汇的角度出发，涉及词汇知识的广度问题，即词汇量的大小。

接受性词汇知识与输出性词汇知识的概念来源于接受性语言技能（听与读）与输出性语言技能（说与写）的概念。接受性意味着通过听或读的途径获取来自他人的语言输入并且试图加以理解，输出性意味着通过说或写产出语言，把信息传递给他人。接受性词汇知识又叫消极词汇知识，输出性词汇知识又叫积极词汇知识（Meara 1996）。接受性词汇知识用于在听或读的过程中识别词形、提取词义，输出性词汇知识用于根据表达意愿提取并产出恰当的词形（语音或文字）。词汇知识并非点状，而呈线状，从接受性词汇知识过渡到输出性词汇知识是一个漫长的渐进过程。另外，输出性/接受性词汇知识与积极/消极词汇知识是两组截然不同的概念（Corson 1995），不能混淆。前者涵盖了词形、词义及用法等各个方面的知识，后者则用来描述词汇在语言中的应用，例如积极词汇指非常熟悉的、使用频率高的词；消极词汇指部分了解的词汇、低频词和熟悉但避免使用的词。

Nation（1990）以英语单词 underdeveloped 为例，对接受性词汇知识和输出性词汇知识进行具体说明。

关于 underdeveloped 一词的接受性词汇知识包括：①听到这个词时能够正确辨认；②阅读过程中遇到这个词时能够正确辨认并熟悉其拼写形式；③能够正确辨认该词的各组成部分、各组成部分的意思以及各组成部分的意思与该词词义的关系；④知道该词的基本词义；⑤知道其在特定上下文中的意思；⑥了解与其相关的其他词，如 overdeveloped、backward、challenged；⑦能够判断其在特定的句子中是否得到正确的运用；⑧能够辨别经常与其搭配的词语，如 territories、areas；⑨知道该词是个常用词，不是贬义词。

关于 underdeveloped 一词的输出性词汇知识包括：①能够正确输出其发音；②能够正确写出其拼写；③能够根据该词的各组成部分构筑该词；④能够用该词表达该词所代表的意思；⑤能够在不同的语境中表达该词的不同含义；⑥能够产出该词的同义词和反义词；⑦能够正确用该词造句；⑧能够产出经常与其搭配的其他词语；⑨能够根据情况决定是否使用该词（例如，有些情况下 developing 比

underdeveloped 更恰当，因为后者略含贬义）。

Nation（1990）指出，总的来说，获得接受性知识要比获得输出性知识容易，但其中的原因至今还不是十分清楚，有几种可能的解释。

（1）知识量。获得输出性知识之所以更难是因为：输出一个词需要掌握该词的口语（发音）或书面语词形（拼写）及句型。目的语和母语的发音及书写系统的差异越大，掌握一个词的输出性知识的难度也越大。获得一个词的接受性知识，学习者也许只需要了解该词的词形特征就可以了，但要获得输出性知识，仅此是不够的，在很多情况下，影响词汇输出性知识获得的是词的发音和拼写难度太大，如 spaghetti。另外，在两种不同的语言中，对等词的词义往往不是完全相同的，只有了解两者之间的共同之处和不同之处，才能够在语言交际中（口语或书面语）正确使用。因此，与接受性知识相比，获得一个词的输出性知识需要更多方面的知识。

（2）练习。在正常的语言学习条件下，有助于接受性词汇知识获得的机会多于输出性词汇知识，这是造成接受性词汇量大于输出性词汇量的重要原因。有研究表明，因为接受性词汇知识和输出性词汇知识是两个不同的认知系统，接受性词汇知识的获得和输出性词汇知识的获得需要不同的练习（DeKeyser & Sokalski 1996）。传统观点则认为输出性词汇知识包含着接受性词汇知识。

（3）可及性。Ellis（1994）认为，在第二语言学习初期，在学习者的大脑中，目标词与母语词汇只有单方向的单线联系，如从目的语（英语）的 leg 想到母语（汉语）的"腿"，这是有关 leg 一词的接受性知识，要获得输出这个词的能力，就需要能够从汉语的"腿"想到英语的 leg，还需要知道这个词是如何与其他词搭配的，如它的同义词、反义词等。

（4）动机。由于各种各样的原因，包括社会文化背景等，获得某种输出性词汇知识并不是学习者的学习目的（Corson 1995）。有的情况下，学习者尽管很熟悉某些词，可以在语言输出中加以运用，但并没有运用，这些词就会仍然被保留在消极词汇中。持这种观点的学者认为，有关词汇的接受性知识和输出性知识并不是一个知识的递进增长链条，可以根据学习动机把词汇划分为积极词汇和消极词汇。但这样的划分存在问题，设想如果学习者完全知道如何使用一个词，但却从未使用过，那么这个词是积极词汇还是消极词汇？

随着心理语言学对言语理解和言语产生心理过程研究的深入，研究者逐步认识到言语理解和言语产生对词汇知识的不同层面有不同的要求。词汇知识存在着层面效应，即部分词汇知识可能已经成为输出性知识，而另外的部分则仍旧停留在接受层面。掌握一个词的"部分"知识是语言习得者的常态。与此同时，词汇习得研究也表明，一个词的知识可以分为消极或接受性和积极或输出性两种。Nation（1990）认为"习得一个词"意味着了解目标词词形、词的句法限制及搭配、词的语用功能以及词义，其中主要包括拼写、发音、句法、相对词频、搭配、词的使用限制和目标词接受性知识与输出性知识的区别等。包括词形知识、所处位置知识、语用功能知识和词义知识的词汇知识分类特征见表1.2。

表1.2　词汇知识分类特征（Nation 1990）

	词形知识	
口语形式	接受性知识	目标词听起来像什么？
	输出性知识	我们应该怎样拼读目标词？
书面形式	接受性知识	目标词看起来像什么？
	输出性知识	我们应该怎样拼写目标词？
	所处位置知识	
句法句型	接受性知识	目标词出现在什么句型中？
	输出性知识	我们应该在什么句型中使用目标词？
搭配	接受性知识	目标词的前后应该是什么词或什么类型的词？
	输出性知识	我们使用目标词时应该与什么词或什么类型的词一起使用？
	语用功能知识	
词频	接受性知识	目标词是常用的词吗？
	输出性知识	我们多长时间使用一次目标词？
恰当性	接受性知识	目标词会出现在什么样的语境里？
	输出性知识	我们会在什么样的语境中使用目标词？
	词义知识	
概念	接受性知识	目标词代表什么概念？
	输出性知识	我们应该用哪个目标词来表达这一概念？
词联想	接受性知识	目标词会让我们联想到别的什么词？
	输出性知识	我们能否用别的词来替换目标词？

我国学者马广惠（2007）在 Richards（1976）等模型的基础上，纳入元语言知识，把词汇知识诸要素区分为元词汇知识和词汇知识两个大的层面。元词汇知识是有关词的宏观知识，涉及词的概念、词义、词的规则和词的变体等方面的知识。词的概念知识回答"什么是词"的问题；词义知识涉及词义类型和词义关系；词的规则知识涉及词的音位规则、构词规则、句法规则和语用规则；词的变体知识涉及词性和词义因社会、文化和语境不同而出现的变异。学习者可以运用元词汇知识计划、管理和监控二语词汇学习。元词汇知识既可以在自主学习过程中习得，也可以在课堂教学中学得。词汇知识指学习者具有的对每一个词的音位、构词、句法、词义、语用、变体等方面的微观知识。

以上模型从语言学、语言使用、学习者认知能动性等角度描述习得一个词的知识特征。这些对词汇知识概念的不同特征进行描述的模型被统称为"不同特征模型"（separate trait model）（Zareva et al. 2005），反映了词汇知识的复杂性和多样性。但这些模型的参照物是本族语者理想的词汇知识水平，而非二语学习者的实际状况，无法用于评测词汇知识。

《中国英语能力等级量表》（China's Standards of English Language Ability，CSE）（中华人民共和国教育部和国家语言文字工作委员会 2018）是我国应用语言学研究的一项重要成果。CSE 把中国英语学习者和使用者的英语语言能力从低到高分为九个等级，归为基础、提高、熟练三个阶段，分别称为初级学习者和使用者（一至三级）、中级学习者和使用者（四至六级）、高级学习者和使用者（七至九级），旨在引导我国英语教学和测试，以此加强对学生实际语言运用能力的培养。CSE 不仅设置了语言理解能力、语言表达能力、语用能力、语言知识、翻译能力和语言使用策略等方面的描述框架，还明确定义了语言能力和语言知识等一系列相关概念。例如，语言能力被定义为："语言学习者和使用者运用自己的语言知识、非语言知识以及各种策略，参与特定情境下某一话题的语言活动时表现出来的语言理解能力和语言表达能力。"语言知识被定义为："在各种语言活动中有效使用语言需具备的知识，包括组构知识（语法知识和篇章知识）和语用知识（功能知识和社会语言知识）。"然而，没有明确定义词汇知识和词汇知识运用能力。词汇知识与语音知识和语法知识并列，被归类为"语法知识"（表 1.3）。

表 1.3　语言知识描述框架（中华人民共和国教育部和国家语言文字工作委员会 2018：4）

语言知识	组构知识	语法知识	语音系统和书写形式知识
			词汇知识
			句法知识
		篇章知识	修辞或会话知识
			衔接知识
	语用知识	功能知识	概念功能知识
			操控功能知识
			探究功能知识
			想象功能知识
		社会语言知识	语体知识
			方言/变体知识
			语域知识
			自然表达或惯用表达知识
			文化参照与修辞知识

1.2.2　词汇知识评测模型

构建"知道一个词"的知识要素模型，有助于解析词汇知识的概念内涵，"在理论上非常值得赞赏"（Meara 1996：42），但是，对于二语词汇教学研究与实践而言，建立词汇知识评测模型更具现实意义。

Meara（1996）认为存在于学习者大脑中的词汇知识，虽然看不见摸不着，但不是无法衡量的。解决问题的途径就是放弃以词为中心的词汇知识具体特征的描述，引入维度的概念对词汇知识整体特征进行宏观把握。当前二语词汇教学研究的一个任务就是确定哪些维度可以用来尽可能精确地反映学习者的整体词汇水平，并设计开发相应的量具（Zareva et al. 2005）。

从少量宏观特征，也称维度，考察学习者大脑词库中的词汇知识整体特征的模型被统称为"整体特征模型"（global trait model）（Henriksen 1999）。

Meara（1996）构建的模型由词汇量、词汇组织（指目标词与其他词之间的关系网络）和词汇知识提取自动化三个维度组成；Qian（2005）的模型把词汇知识分为四个维度：词汇量、深度词汇知识、词汇组织、接受性及输出性词汇知识提取的自动化。

当前，主要从宽度词汇知识检测、深度词汇知识检测或接受性-输出性词汇知识检测等维度开发词汇知识水平检测量具。

1. 宽度词汇知识检测

宽度词汇知识，也称词汇量，指在某一特定语言学习阶段学习者所掌握的词汇数量，是判定学习者二语水平的主要指标，也是最常用的词汇知识水平评测维度。有研究证明在其他条件相同的情况下，词汇量和二语综合水平及听说读写等其他技能之间存在"富者更富"的马太效应（Matthew effect）（Stanovich 1986），如词汇量大小可以预测阅读理解能力高低。词汇量越大的学习者，二语综合水平及听说读写等其他技能越高。词汇量评测对二语词汇习得研究的重要性反映在以下几个方面。

（1）词汇量评测可以判断二语学习者能否完成某项学习任务。Nation（2006）研究发现：阅读英语小说，需要 9000 个词族的词汇量；阅读英语报纸，需要 8000 个词族的词汇量；欣赏英语儿童故事，需要 6000 个词族的词汇量；阅读英语记叙文，需要 7000 个词族的词汇量（表 1.4）。总的来说，8000 个词族的词汇量是阅读各种题材英语文本的基本要求。

表 1.4　知道（know）各类英语文本 98%的词汇需具备的词汇量（Nation 2006）

文本类型	98%的词汇	专有名词占比
小说	9000 个词族	1%～2%
报纸	8000 个词族	5%～6%
儿童故事	6000 个词族	1.5%
记叙文	7000 个词族	1.3%

（2）词汇量评测可以检查一定时期内学习者词汇量增长的幅度。

（3）词汇量评测可以比较二语学习者和母语者词汇知识增长的速度和幅度，有助于确定完成各项二语活动所需要的词汇量阈值。

但是，词汇量评测的信度存有争议，一个问题是，如何定义词，是词族、词目（lemma）、词类还是词符。词的定义无疑是词汇量评测研究的关键，对检测结果有着显著影响。词的定义不同，结果可能完全不同。另一个问题是，忽视了接受性词汇量和输出性词汇量的差异。Nation（2006）认为以词目或词符为单位的词汇量统计不适合用来检测接受性词汇量的大小，应该以更具概括性的词族为单位，因为语言水平一旦超过某一阈限，学习者就掌握了构词机制，了解一个词族成员在附加不同的词缀之后词形与词义的内在关系。有很多实验证明词族是有心理现实性的接受性词汇量评测单位（Bertram et al. 2000），但输出性词汇量评测单位还有待确定。尽管存在争议，词汇量评测被认为是了解学习者词汇知识水平的最为快捷有效的途径。

宽度词汇知识是词汇知识研究中最为传统的维度，目前已经形成多个标准化的量具。有的采用多项选择的形式，要求受试指出目标词的同义词；有的要求把目标词与其定义相匹配；有的要求把某个目标词翻译成母语；等等。在国内外各种实证性研究文献中运用较为广泛的是 Nation（1990）的 VLT。该测试用多项选择的题型，目标词在一个没有词义提示线索的句子中出现。整套测试按照词频的高低依次分为 10 个 1000 词水平，后来 Nation（2006）又扩展到 14 个 1000 词水平，例如：

[1] innocuous: This is *innocuous*.

    A. cheap and poor in quality

    B. harmless

    C. not believable

    D. very attractive-looking

[2] miniature: It is a *miniature*.

    A. a very small thing of its kind

    B. an instrument for looking at very small objects

    C. a very small living creature

    D. a small line to join letters in handwriting

另一个信度较高、使用较为普遍的词汇量评测量具是 Schmitt（2000）在 Nation（1990）VLT 的基础上设计的。该测试包括五个部分，即 2000 词、3000 词、5000 词、10 000 词以及学术词汇，其中，2000 词和 3000 词代表英语中的高频词，5000 词介于高频词和低频词之间，10 000 词代表低频词。学术词汇来自 Coxhead（2000）的学术词语表，该词表包含了 570 个词语，覆盖了 28 门学科中出现频率最高、使用范围最广的词语。在平衡了词汇难易程度及词汇教学的需要之后，Schmitt 将学术词汇部分置于 3000 词和 5000 词之间。每一部分包含十道测试题,每道有六个目标词,三项英语释义,受试要从六个目标词中选出符合英语释义的三个词。每道测试题中的英语释义采用 1000 词和 2000 词汇水平的高频词,避免受试因看不懂英语释义而影响测试的有效性,例如:

[3]

1 coach

2 darling   _____ a thin flat piece cut from something

3 echo   _____ person who is loved very much

4 interior   _____ sound reflected back to you

5 opera

6 slice

[4]

1 circus

2 jungle   _____ speech given by a priest in a church

3 nomination   _____ seat without a back or arms

4 sermon   _____ musical instrument

5 stool

6 trumpet

  Meara 和 Jones(1990)在 Thorndike 和 Lorge(1944)的词频统计的基础上设计了一个评估词汇量的量具——欧洲中心词汇量测试 10ka(Eurocentres Vocabulary Size Test 10ka)。在该量具中,每两个真词中有一个非词(non-word),要求考生用电脑鼠标选择 yes/no 判断真词,在纸笔考试中只要画勾标出认识的词即可。Meara(1996)认为这套测试看似简单,实则信息丰富,可以较为准确地了解受试的宽度词汇知识。该测试由十个 1000 词水平构成。具体要求如下:请仔细观察以下所列的每一个单词,如果你知道该词的意思,请在该词旁边的方框中画勾,否则空白。

Direction: Read through the list of words carefully; for each word: if you know what it means, make a mark in the box beside the word; if you don't know what it means, or if you aren't sure, then leave the box empty.

1□regard	2□invention	3□calendar	4□guest
5□communist	6□amagran	7□galpin	8□hudd

9□construct	10□disturb	11□astin	12□cylinder
13□able to	14□influence	15□nowadays	16□sacrifice
17□burse	18□contemporize	19□perrin	20□temporary
21□view	22□prelatoriat	23□concerned	24□angle
25□hermantic	26□failure	27□lecture	28□mine
29□disportal	30□ashill	31□however	32□bowring
33□spring	34□mynott	35□sensation	36□percentage
37□sedgebeer	38□essential	39□funny	40□plenty
41□flamboyment	42□uniform	43□hyde	44□obtain
45□rare	46□abrogative	47□substance	48□property
49□swithin	50□ahead	51□cheatle	52□specialise
53□case	54□ensure	55□nichee	56□being
57□delay	58□request	59□assume	60□friction

以上量具主要检测接受性词汇量。近年来，学者发现，仅仅从宽度词汇知识的维度无法对学习者的词汇知识水平或二语能力做出可靠的判断、预测，需要进一步结合其他维度，如深度词汇知识。

2. 深度词汇知识检测

词汇知识的第二个基本维度是深度词汇知识，指词汇知识的质量。深度词汇知识的含义在学者中仍存在争议。由于词汇知识的复杂性和多维性，学者普遍的看法是，深度词汇知识包含发音特征、拼写特征、构词特征、句法特征、语义特征、搭配等方面的知识（Meara 1996；Nation 1990；Richards 1976）。但是，这种看法存在一个严重问题，即无法说明质和量这两个维度的不同。我们说学生掌握一定量的词汇，是否也意味着他们已经在一定程度上掌握了这些词汇的某些特征，如发音特征、拼写特征、构词特征、句法特征、词义特征等？近年来，学者采用词语连接法，通过检测二语词库中语义信息的结构（structure of semantic information），检测深度词汇知识。例如 Read（1993，1997）的词语连接检测（Word Associates Test），要求受试根据语义从八个选项中（四个名词、四个形容词）选择四个与目标词搭配，这四个选项与目标词有三种语义关系：聚合关系，即选项与目标词意思相似，如 enable 和 allow；组合关系，即选项与目标词可在特定上下文中经常搭配或共现，如 income 和 tax；分析关系，即选项可以部分说明目标词的词义，如 team 和 together。研究表明该测试的信度高达 0.92（Read 1993，2000），具体题型如下。

1. beautiful								
enjoyable	expensive	free	loud	education	face	music	weather
2. bright								
clever	famous	happy	shining	colour	hand	poem	taste
3. calm								
open	quiet	smooth	tired	cloth	day	light	person
4. natural								
expected	helpful	real	short	foods	neighbours	parents	songs
5. fresh								
another	cool	easy	raw	cotton	heat	language	water

与宽度词汇知识维度相比，深度词汇知识与二语能力之间的相关性更高（Qian 1999；Nassaji 2004）。

近年来，学者对单纯的词汇量评测兴趣渐淡，对深度词汇知识的研究则方兴未艾。常用的深度词汇知识研究方法有两种：维度的方法和发展的方法（Read 2000）。

所谓维度的方法，就是根据某一词汇知识模型，根据不同的研究目的选择不同的维度，对一个词的词义及其用法等知识进行分析。所谓发展的方法，就是研究人员采用量具检测词汇知识的增长，根据结果划分不同阶段，由此了解习得一个词所需经历的不同阶段。上述两种方法优于简单的词汇量评测，可以说明词汇知识不是静态的、固定不变的，而是从部分到全面、从模糊到精确持续递进增长的。

词汇知识的深度和广度，即质量和数量，是词汇知识研究的两个基本维度。Qian（1999）研究了词汇知识与学术文本的阅读理解之间的关系后指出，这两个维度的结合使用可以更好地预测学习者的阅读能力。在该项研究中，单尾皮尔逊相关统计检测（one-tailed Pearson correlation statistical measure）表明，这两个维度之间的相关系数高达 0.80，说明学习者的词汇量越大，词汇的深度知识越好。

3. 接受性-输出性词汇知识检测

接受性-输出性维度是词汇知识研究的第三个重要维度，连接词汇知识和词汇运用。学者一致的看法是，用于语言理解的词汇（接受性词汇）不同于用于语言输出的词汇（输出性词汇），能理解不一定意味着会使用。但接受性和输出性并不是两分的，而是一个连续体，通过某一阈值就能从接受性知识过渡到输出性知识。Melka（1997）提出词熟度（word familiarity）这样一个变量来检测一个词在接受性-输出性连续体中的位置。Meara（1996）建议用自动性（automaticity）来判断是接受性知识还是输出性知识。Laufer 和 Paribakht（1998）则把词频作为接受性知识向输出性知识过渡的一个动因。Read（2000）认为把词汇知识仅仅分为接受性和输出性两类太笼统，建议把连续体中的词汇知识具体划分为可辨认、回忆、理解、运用四类。目前，Wesche 和 Paribakht（1996）设计的词汇知识量表是检测词汇知识这一维度常用的量具，可以测定关于某一目标词从接受性知识（Ⅱ-Ⅳ）到输出性知识（Ⅴ）的习得程度，例如：

Ⅰ 我不记得曾经见过这个词。
Ⅱ 我见过这个词但不知道它的意思。
Ⅲ 我见过这个词，我想它的意思是____（同义词或母语对等词）。
Ⅳ 我知道这个词。它的意思是____（同义词或母语对等词）。
Ⅴ 我可以用这个词造句，例如：____（如果做这个部分，请先做Ⅳ部分）。

词汇知识量表主要依据学习者自己的报告，但研究表明学习者的报告和教师的评分之间存在高度相关（0.92～0.97）(Wesche & Paribakht 1996)。

词汇知识是复杂、多维、发展的连续体。我们可以看出以上三个维度不是相互独立的，而是相互关联的。深度词汇知识是连接其他两个维度的桥梁，也是当前国内外词汇知识研究的核心（Qian 2005；Nassaji 2004；寻明 2006）。由前两个维度（即词汇知识的深度和广度）构成的词汇知识检测模型既可以检测词汇知识的整体水平，又可以说明大脑词库中词汇知识的增长与联通。Meara（1996）研究发现词汇量达到 5000～6000 的阈值后，重要的是质（即深度）而不是量（广度）。由于二语学习者的词汇量比本族语者要小，深度词汇知识就显得更为重要了。由质和量两维构成的词汇知识检测模型及量具已经日臻完善，在二语习得研究中得到广泛运用，三维或四维模型还不成熟，大都处于假设阶段。

4. 词汇知识评测模型研究现状

词汇知识①概念模型及操作模型的构建是词汇教学、词汇习得策略、词汇知识发展、词汇知识检测等相关研究的基础。从 Richards（1976）开始对单词知识的微观描述到 Meara（1996）对学习者整体词汇知识系统进行宏观把握；从注重词汇的量的积累到探究词汇网络的特征（质）；从单一的语言学描述到借用其他相关学科的研究成果多视角探寻；从概念模型的构建到操作模型的构建，词汇知识研究经历了一个质的飞跃。目前在语言教学实践和词汇习得研究中，常用的词汇知识评测模型包括对错判定法、词汇知识量表、多测法、联想法等，其中词汇知识量表和多测法的应用最为广泛。

对错判定法，要求学习者阅读一个给定的词表，并标出其中自己认识的词，然后计算多少词是认识的，多少词是不认识的。为了避免学习者过高估计自己的词汇水平，在词表中可能会加入一定数量的非词。

词汇知识量表最初是从对错判定法发展来的，并对对错判定法做了一定的改进。同对错判定法一样，词汇知识量表仍然是让学生自测词汇知识，但它设定了词汇知识的不同等级。它的理论构想是连续体理论，即学习者的词汇知识并不是两级的（会或是不会），而是涵盖了词汇知识习得的不同水平。学者设计了各种不同的词汇知识量表，其中 Paribakht 和 Wesche（1997）的词汇知识量表最受推崇。该量表把词汇知识分为五个等级。

Ⅰ 我没见过这个词。
Ⅱ 见过这个词，但不知其意。
Ⅲ 见过，我想我知道该词的意思。
Ⅳ 认识，词义是_____（同义词或翻译）。
Ⅴ 可以在句子中使用，例如____（如果你选择这一项，请填写第四项）。

这种量表具备一些明显的优势，主要表现在它可以同时测量词汇知识的深度和广度，测试效果要比词表法好。问题是，学习者的词汇知识是否总是可以通过线性量表呈现。有人认为，学习者的词汇知识的发展并不是线性的，因为学习者可能达到了第五级的要求，但却无法达到第四级的要求，就是他们可以在语境中

---

① 注：在很多有关词汇知识习得研究的英语文献中，lexical knowledge（词汇知识）和 lexical competence（词汇能力）不被区分（Jiang 2000）。

正确运用目标词,却无法提供目标词的同义词或母语翻译。另外,这种量表也无法评测学习者的主观能动性。该量表的前两项没有客观的标准,因此无法得到证实。或者学习者认为自己见过目标词,但可能事实并非如此。词汇知识量表设置的基本假设是,学习者的接受性知识先于并浅于输出性知识。这一假设虽然表面可信并符合逻辑,但在理论上缺乏有力的依据。同时,词汇知识量表似乎更倾向于测量接受性词汇知识和输出性词汇知识,但很难证明所测量的是深度词汇知识。

Laufer(2013)认为,任何一种词汇测试都很难同时测出词汇知识的量和质。因此,他提出了多测法。通过词汇水平检测、加以控制的输出性知识检测和自由的输出性知识检测三种形式,说明学习者词汇知识从接受性知识到特定条件下的输出性知识和自由的输出性知识的渐进发展过程。该方法既可以测定学习者词汇发展的不同阶段,又可以了解学习者词汇知识的不同方面。其中,词汇水平测试的目的在于:测量学习者的接受性词汇知识,检测他们对目标词的核心词义的掌握情况。例如 Nation(1990)设计的 VLT,要求受试从六个目标词中选出三个词,与给定的三个词义相匹配。受控积极词汇测试(Controlled Active Vocabulary Test)(Laufer & Nation 1995)要求受试用适当的词填空完成句子。为了保证受试所填的是目标词,会给出目标词的前几个字母。积极词汇测试(Active Vocabulary Test)(Laufer & Nation 1995)测量受试自由运用目的语词汇的能力,通过分析受试的自由写作中词汇使用情况,测定他们的词汇水平。Laufer(2005)发现学习者的接受性词汇量大于输出性词汇量,两者之间的差异在低水平学习者身上表现得更为显著。

联想法是 Read(1993)最早提出来的,目的在于考察学习者词汇知识的深度。测试要求受试从八个词中选出与目标词相关的四个词,选择的标准包括组合关系、聚合关系和解析关系。这种测试的优势在于操作比较简单,可以覆盖较为广泛的词汇样本。但研究表明,目标词的各个联想词之间也可能存在语义联系,学习者选择正确答案有时并不是因为确切了解目标词,猜测等策略的运用会影响测试的可靠性。

词汇知识概念模型及操作模型的构建是我国二语词汇习得研究的薄弱环节,基本还停留在引进、验证国外研究成果的阶段。20 世纪八九十年代,研究主要针对宽度词汇知识(即词汇量)一个维度,学者简单地运用国外的量具统计不同水平学习者的词汇量(桂诗春 1982,1985;周大军 1999);2000 年以后,研究重心转向深度词汇知识,出现多维度研究的趋势(王初明 2011),有学者在进行实证性研究的同时,开始尝试理论模型的建立(马广惠 2007)。

中华人民共和国教育部和国家语言文字工作委员会（2018）在词汇知识评测模型的建立方面有所突破，建立词汇知识运用能力等级量表（表 1.5）。该量表美中不足的是，关于初级（一至三级）、中级（四至六级）和高级（七至九级）阶段文本语境词汇知识应用能力的基本特征的操作界定比较模糊。例如，"熟练阶段"的"阅读理解能力"有关的词汇知识应用能力被描述为"能熟练掌握和恰当使用英语中丰富的固定表达"（九级），"能积累丰富的词汇量，并在表达中熟练使用。能区别单词的内涵和外延，并解释单词的内涵对意义的影响"（八级），"能正确理解复杂的专业词汇和短语"（七级）。但在以上三个等级中，词汇知识和词汇知识应用能力两个概念的界定十分模糊。

表 1.5　词汇知识运用能力等级量表（中华人民共和国教育部和国家语言文字工作委员会 2018：17）

等级	能力描述
九	能依据词汇知识，创造性地运用词汇进行语言交流 能熟练掌握和恰当使用英语中丰富的固定表达
八	能正确使用复杂的专业词语和短语 能积累丰富的词汇量，并在表达中熟练使用 能区别单词的内涵和外延，并解释单词的内涵对意义的影响
七	能正确理解复杂的专业词汇和短语 能熟练地使用学术领域或职场中常见的词语搭配，如 in spite of 能恰当使用常用固定表达，如谚语、习语、公式化表达 能使用常见的学术和专业词汇 能恰当使用常见词汇的字面意义和引申含义
六	能恰当使用复杂的固定表达，如词语搭配、习语 能区别一般正式与非正式的词语，如 conduct—carry out、request—ask for 能使用常见词汇和短语表达复杂的思想，如 "a hot seat: a person who is responsible for responding to all the questions." 在表达不同的功能、意图和态度等时，能选用恰当的同义词，如 explain、elaborate、expound，使表达更为准确 能理解交流中常见英语固定表达 能使用具有引申含义的常用词语，如 be in the red（亏损、负债）
五	能识别近义词的意义差异，如 stingy、economical、thrifty 能运用恰当的词汇，表达礼貌、委婉、谦虚等情感及态度 能运用较复杂词语，如 air traffic control strike threat，描述比较复杂的事物、行为、特征以及概念等 能使用相关的词汇和词组，讨论熟悉的话题 能恰当使用常见的固定表达，如 take advantage of、"If I were you..."

续表

等级	能力描述
四	能理解常见的比较人、事物及事件等的表达方式
	能理解描述抽象事物和现象等的词汇
	能理解常用的同形异义词,如 my bank manager、the bank of the river
	能理解语境中单词和词组的字面意义和引申意义,如"I have a headache."、"He is a headache."
	能区分常见近义词在词义上的细微差别,如 find、search
	能掌握英语核心词语的含义、常见用法以及在特定语境中的意义
	能掌握涉及学习、工作、旅行、时事等日常话题的基本词汇
	能掌握词根、前缀、后缀和音节结构知识,如 fortune、fortunate、unfortunate
	能运用同一词语表达不同的功能、意图和态度,如 must
	能灵活使用基本词汇描述事物、行为、特征及定义概念等
三	能理解单词在形式和意义上的关联,如 visit、visitor;rain、rainy;happy、unhappy
	能通过识别词根、词缀来理解生词,如 act、actor、action
	能掌握前缀、后缀等常见的构词知识,如 re-、in-、im-、un-、-ful、-ation、-ly
	能掌握常见的表示月份、星期等词的缩写形式,如 Feb.、Sat.
	能掌握常用的词语搭配,如 set out、stay up、a lot of、black tea
	能识别和使用基本词汇中常见的同义词,如 see、look、watch;反义词,如 long、short;同音异义词,如 bank、bank
	能使用常见的词缀改变词性,如 beauty、beautiful;danger、dangerous
	能正确使用时间、地点、方位等表达方式
	能使用副词、介词及相关短语表示时间、地点和原因等
	能使用常见的副词表示时间、程度、地点、方向、顺序、频次等,如 now、very、there、east、second、often
二	能识别常见动词的不同形式,如 look、looks、looked、looking
	能识别日常生活中的常见标识语,如 Danger、Toilet、Exit
	能熟悉单词拼写的简单规则,如 meet、see、keep
	能区分常见的同音异形词,如 meat、meet;son、sun
	能使用表达个人情感如喜好、厌恶等的常见词语
	能使用描述颜色、大小和形状的常见形容词
	能使用与日常生活话题相关的简单词汇,如用 swimming、running、skiing 表述运动方式
	能根据单词的音、义、形学习词汇
	能使用常用的固定表达,如"Please stand up!"、"Glad to meet you!"
	能正确运用动词第三人称单数形式
一	能了解常见词汇的反义词,如 big、small
	能了解单词是由字母构成的,如"pen"是由"p-e-n"组成
	能将常用名词和动词与其对应的事物和动作建立关联,如将"tiger"与所指动物进行关联
	能根据视觉提示,如图片、动画等,说出单词和短语
	能掌握日常的固定表达,如"Good morning!"
	能掌握常见名词的单复数形式
	能使用有关个人、家庭和学校的基本词汇

1.2.3 词汇知识发展模型

在词汇知识概念模型及操作模型的基础上,一些学者建构了词汇知识发展模型,解析二语词汇知识的发展规律。以下八个模型较有影响。

1. 学习者内外因互动模型

该模型(Vanniarajan 1997)吸收多个语言学分支学科的研究成果,说明词汇习得是语音、形态、句法、语义、语用和世界知识等多种知识的融合过程,学习者的经历决定习得词汇知识的深度。

2. 三维度发展理论

该理论(Henriksen 1999)说明词汇知识的发展呈三种连续体:部分-准确递进连续体(partial-precise continuum)、接受性-输出性递进连续体(receptive-productive continuum)和知识深度递进连续体(depth-of-knowledge continuum),见图1.2。

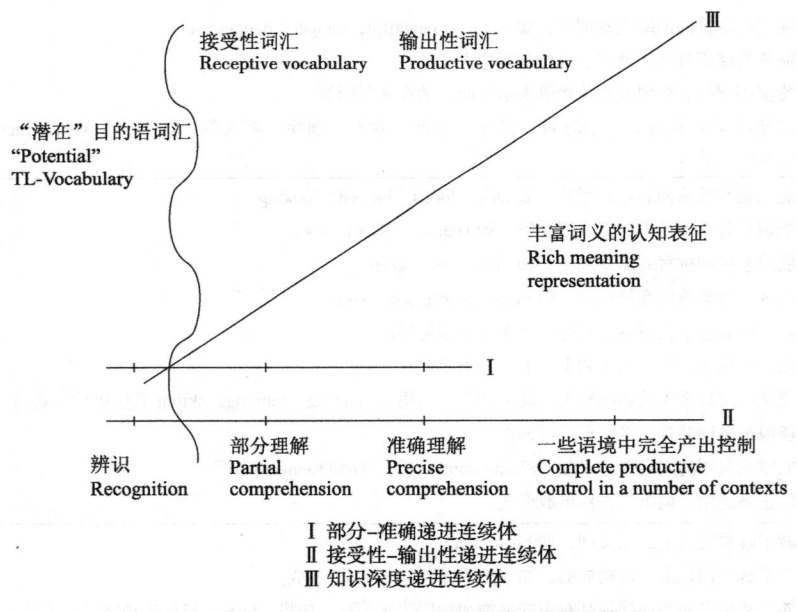

图1.2 Henriksen(1999)的词汇知识发展模型

3. 多状态模型

Meara(1996)不赞成词汇知识发展连续体理论,提出词汇习得的多状态模型（图 1.3），说明词汇知识发展并非一个连续体，而是呈现多种状态，其中存在遗忘造成的一次性回落现象。生词知识的增长从 State 0（零状态）开始，有五种状态，一定时间内，可以从其中任何一种状态过渡到另外一种状态，既有可能从 State 0（I don't know this word）直接过渡到 State 5（无论这种状态是如何被定义的），也有可能从某一高水平的状态回落到 State 0 或某一中间状态，因为学习者有可能忘掉已经学会的单词。Meara 没有从理论上描述每一种状态的具体情形，但是在实践中，Meara 认为，可以在特定条件下推测出某一学习者的词汇知识从一种状态到另一状态的可能性大小。

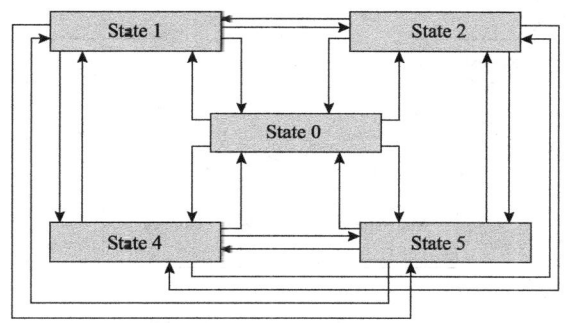

图 1.3 Meara（1996）的多状态模型

4. 变动状态模型

Waring（1999）的变动状态模型（图 1.4）是对多状态模型的完善。在该模型中，状态 A、状态 B、状态 C、状态 D、状态 E 等相互关联，但并非呈现由低到高的线性递进等级，说明关于某一单词的知识状态变动轨迹并非一定要从状态 A，经过状态 B，到达状态 C、状态 D、状态 E 等。词汇知识的发展既非递进，

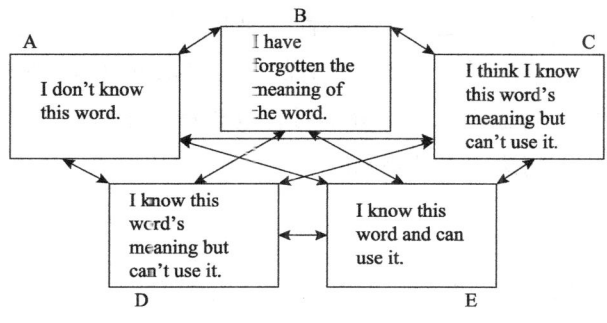

图 1.4 Waring（1999）的变动状态模型

也非递减，而是在不同状态间移动或叠加。有些状态可能空置，但关于任何单词的知识都应处于某一状态。该模型说明词汇知识状态总在变化（change）中，不同于递进连续体模型所蕴含的增长（growth），因此，可解释词汇知识的耗损（attrition）现象，倾向于从宏观的层面，考察词汇知识发展的整体水平。

图1.5是根据Waring（1999）的词汇知识变动状态模型，示例关于特定单词在特定时间的可能知识状态。

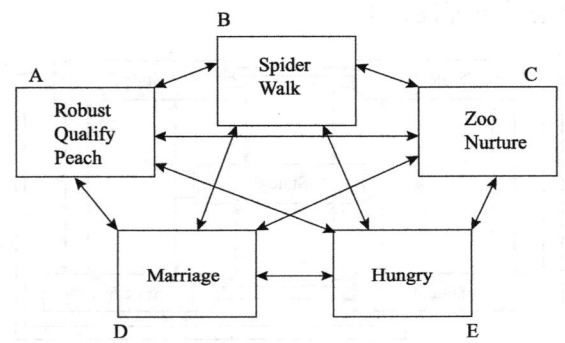

图1.5　Waring（1999）的词汇知识状态模型示例

5. 发展阶段模型

Jiang（2000）的模型说明词汇知识的三个发展阶段：第一，形式阶段。学习者激活二语词汇知识系统和母语词汇知识系统的联系后，才能获得二语句法和语义信息。在这一阶段，学习者关注词汇的形式而非句法、语义信息。第二，母语句法、语义信息协调阶段。二语词汇信息和母语中词汇的句法、语义信息被激活。第三，二语整合阶段。词汇的句法、语义和词形信息同时激活。Jiang还指出词汇学习中的"石化"问题，即学习者的词汇学习发展到一定阶段就会出现停滞现象。他认为，虽然从理论上讲，所有的学习者都可以达到第三阶段，但事实上，即使有充分的语言输入，大部分学习者也会停滞在第二阶段。Jiang将"石化"现象归咎于母语句法、语义协调的存在。

6. 发展阶段假设

刘绍龙（2003）的二语词汇知识发展阶段假说认为：①在二语学习的初始阶段（initial state），学习者通过外部环境（如课堂）获得一定数量的目的语词汇的输入信息,经过大脑工作记忆的认知加工,其中部分信息转化为接受性知识,表现为可识别或认知的词汇知识。②随着词汇输入信息的扩大和语言实践的加强,接受性词汇知识仍在不断发展,其中部分知识逐渐转化为输出性词汇知识。至此,词汇知识进入接产并进的阶段。③当词汇知识的习得和发展进入接产并进的阶段之后,两类知识却以不同的速度或效率继续向前推进,以至出现统计学上的显著差异,即接受性词汇知识的发展明显快于输出性词汇知识。这一特征将不断持续下去直至词汇知识的较高阶段。④在词汇产接知识"并进"的过程中,有时会出现一种奇特的"产超"现象,即学习者能自由产出某些词汇知识,却没有表现出对相应的接受性词汇知识的识别或理解。这一发现可能意味着在一定的语言环境下,"自由"的"产出"对一些学习者似乎更轻松,而受上下文限制的"接受性"理解并非总是那么容易。⑤词汇知识的产接并进、产接同速对课堂环境下的词汇学习者来说似乎是可望而不可即的。尽管这或许可以成为理论上的终极目标,然而在现实的外语学习中,学习者更可能获得和使用接受性词汇知识。大量听力、阅读之类的"接受性"实践(及其能力的培养和测试)可能是二语学习者接受性词汇知识优先发展、高速增长的重要原因之一。

7. 词语知识运用能力发展模型

张文忠和吴旭东(2003)基于信息加工理论,提出了课堂环境下二语词语能力发展的四个维度和五个阶段发展模型。四个维度分别是词汇量、深度词汇知识、词汇知识运用的精确度和词汇知识运用的自动化程度。根据这一模型,二语词语能力沿着上述四个维度发展不仅体现了词汇知识的发展(前两个维度),也体现了词汇知识运用能力的发展(后两个维度)。具备二语词汇知识是运用能力的前提,能得到正确和恰当运用的词汇才是真正被习得的词汇。五个阶段分别为学习者注意单词、注意单词信息、加工单词信息、记忆单词信息和提取单词信息。在词汇习得的每个阶段,注意机制以不同的方式产生作用,导致不同的学习结果。该模型以 Tomlin 和 Villa(1994)的注意理论为基础,将注意的功能区分为警觉(alertness)、引觉(orientation)和侦觉(detection)。警觉指的是随时接收二语输入的意识状态,它与外语学习的兴趣和动机、学习的心理准备状态以及重视程度密切相关。不同程度的警觉对引觉和侦觉的激活水平会产生不同的影响。虽然警觉本身对于二语习得可能不起关键作用,但是在面对复杂的语言学习任务时必须保持警觉状态才能激活引觉和侦觉。引觉即分配注意力资源，为加工输入的信息做好铺垫，具体而言，引觉将注意力资源引向感知到的刺激以增加其被侦觉的可能性。张文忠和吴旭东认为引觉相当于 Sharwood-Smith（1981）提出的"意识唤起"（consciousness raising）和 VanPatten（1990）提出的"聚焦于形式"（focus on form）。导致学习者将注意引向语言形式的既可以是外部因素，如教师的指引，也可以是学习者的内部机制或学习者本身有意识的努力。侦觉是对注意到的信息实施进一步的处理，因此是学习发生的先决条件。二语输入必须先被学习者注意，才能为学习者所用；只有为学习者所用，才能被学习者吸收（intake）；只有被学习者吸收，才能供学习者进一步认知加工（Schmidt 1990）。侦觉水平上的注意，决定哪些信息内容可能被二语学习者所吸收和进一步加工。不能把警觉、引觉、侦觉和意识视为是彼此独立，"或者全有，或者全无"（all-or-nothing）的东西。警觉、引觉、侦觉和意识在不同程度上存在，且其激活水平不仅受任务类型、语言项目、个体差异之间相互作用的影响，也受其他同时进行着的、跟学习过程争夺大脑加工资源的认知活动的影响。

张文忠和吴旭东（2003）说明词语能力发展有四个维度，但没有明确定义词语能力。显而易见，词语能力发展的四个维度均与记忆有关，如记忆的数量、记忆的精确度和从记忆中提取的自动化程度，词汇习得的三个阶段（警觉、引觉和侦觉）是目标词记忆的过程。

8. 词汇知识发展模型

董燕萍（2005）把二语词汇习得过程分为三个阶段。第一阶段：二语词汇通过母语翻译对等词（translation equivalent word）和概念发生联系，这时的语法关系区别较大，学习者的语法知识是不系统的。第二阶段：随着学习者二语能力的发展，学习者逐渐认识到二语单词词义与其母语对等词词义的差别，但母语迁移现象依然存在。第三阶段：二语词汇知识体系接近或达到母语词汇知识体系。

1.3 二语词汇教学研究现状评析

提高学习者目的语词汇知识记忆的质与量是二语词汇教学与评测研究的主要任务。多项研究证明（Schmitt 2010；Wright & Cervetti 2017；Wang

2019），阅读是目的语词汇输入的主要渠道，在各类文本阅读语境中介入词汇教学有助于提高二语词汇学习的效率。介入词汇教学的文本语境有三种：自然文本语境、加强文本语境和脱离文本语境。哪种文本语境是介入词汇教学的最佳方式尚存争议。

阅读中介入词汇教学研究的现状可以概括为，在阅读语境中"以词典释义为标准，记忆目标词，扩大词汇量"的理念根深蒂固，影响深远，但其理论依据尚待考证；依托语境学习词汇优于脱离语境学习词汇，但两者的优劣之争尚未完全平息；应在文本阅读语境中介入词汇教学，也已达成共识，但文本阅读语境介入词汇教学的理论依据尚无从考证；文本阅读语境介入词汇教学的目标尚未明确，无法确定介入词汇教学的最佳方法。

笔者经过考察发现，文本语境中介入词汇教学方法的优劣之争，实际上是依托文本语境（with context）与脱离文本语境（without context）的优劣之争。这一争议的基础是一个被普遍接受但从未被质疑的理念，即二语词汇学习的目标就是正确记忆目标词的词形与词义，扩大词汇量，词汇记忆的质与量是词汇水平的主要指标。多大程度上有助于学习者记忆词汇，既是得以评判语境法和词表法孰优孰劣的先决条件，也是评定阅读语境中最佳词汇教学介入方式的基本标准。不仅如此，基于此理念开发的词汇知识评测量具，为比较或判定不同词汇教学介入方式的优劣，提供了实施的物质条件。

我国二语词汇教学研究起步于 21 世纪初（桂诗春 2000），采用或模仿西方学者的研究框架，在 EFL 词汇教学研究和对外汉语词汇教学研究方面取得显著成绩，研究内容可以大致分为以下三类。

（1）基于阅读语境的词汇教学法研究，如陈艳艳和张萍（2018）研究了语义聚类和主题聚类两种呈现方式在英语词汇教学中的效果，提出以主题聚类呈现为本、语义聚类呈现有序介入的渐进式词汇教学范式。鲍贵（2016）调查了任务类型和词语意象性对英语学习者词汇习得的影响，研究结果表明，词语加工方式、注意力聚焦程度、词语意象性和词汇知识类型都会制约词汇习得。

（2）基于语料库的词汇教学策略研究，如孔蕾和秦洪武（2013）探讨了基于语料库的英语专业词汇教学的方式和方法。他们通过词汇分层、词汇复现和复观频率计算，对教材词汇进行难度分级，区分了产出性词汇和受纳性词汇，提出了"比教材设置更为合理的教学目标词提取方法和相应的教学设计"（孔蕾和秦洪武 2013：58）。他们还建议对教材练习部分的词汇设置进行充分描述，"以便明确练习与课文在词汇上的同步关系,实现练习的辅助习得功能"(孔蕾和秦洪武 2013:58)。双文庭和杨润青(2018)研究发现中国大学生对英语词义的理解经常存在两个严重的问题,其一是误解,其二是缺乏词义的推理能力。他们认为这两方面的问题可以通过语义框架得到解决,而语义框架的构建,经常需要借助百科知识,对这类知识的获取语料库可以起到一定的辅助作用。刘萍和刘座雄(2018)进行了基于专门用途英语(English for Special Purposes,ESP)语料库的学术英语词汇学习的教学实验,结果表明:相对于传统词汇学习者而言,基于语料库的词汇学习者对目标词的形式、意义和用法等三方面认知的准确性更高。在实验组产出的文本中学术词汇的使用量、多样性和覆盖率均胜过控制组,从而证明了基于 ESP 语料库的学术词汇教学的有效性。

(3)某一语言学理论框架下的词汇教学模型探索,如张林影和邱智晶(2012)认为隐喻作为一种普遍的语言现象,与人类的思维和认知密切相关,是人类观察和认识客观事物的基本途径;隐喻可以使人们将自己的经验概念化;运用隐喻还可以创造新的意义,表达新的思想。他们指出将隐喻理论应用于英语教学目前已是一种趋势、一种需要,尤其在英语词汇教学和跨文化教学中。甄凤超(2016)主要探讨了配价理论语言学思想及其在英语词汇教学中的应用价值,凸显了词汇、结构和意义的共选关系,并介绍了配价结构和搭配配价的教学应用途径与方法。双文庭和杨润青(2018)研究了框架语义学理论在二语词汇教学中的应用。张德禄和丁肇芬(2013)在系统功能语言学框架下探索建立多模态词汇教学模型。

我国外语语料库建设始于 20 世纪 80 年代初,基于语料库词频统计研究,制作出版了多种用途的词表或辞书(徐秀玲和许家金 2017),如《科技英语常用词汇 3000》、《科技俄语常用词汇 3000》、《科技德语常用词汇 3000》、《科技日语常用词汇 4000》、《大学英语教学大纲通用词汇表》、《石油英语频率词典》、医学英语学术词汇表、商务英语专业系列词汇表等。

在词频研究方面,Zhang 和 Xu(2009)以我国大学英语专业学习者为对象,研究了文本中词的复现频率与词汇习得之间的关系。根据任务要求,32 名受试阅读同一篇故事短文两次,短文中设置了 23 个目标词,目标词复现的频率在 1~9 次。受试每次读完后接受一次词汇测试,要求用中文解释目标词的词义,写出目标词的英语同义词,确定目标词的词性。研究结果表明,目标词复现的频率和习得目标词之间呈明显的正相关,目标词的复现率达到 18 次以上,才能获得输出性词汇知识。

总的来说，我国二语教育工作者对词汇教学研究的热情很高，反映了我国二语教学实践对探索词汇学习规律的迫切需要，验证了当前二语词汇教学研究所面临的困境，即学习者记忆的词汇知识无法用来解决他们在语言使用语境中遇到的词汇问题。Nation（1990）等人的词汇教学观影响深远，在我国二语词汇教学研究领域有较高的认可度。我国的二语词汇教学研究参考西方的研究理论和研究模式，以描述性研究为主，比较零散，没有形成研究重点和争议焦点。

桂诗春（2013）对我国二语教学研究的发展进行了回顾，他强调二语词汇教学是科学，不能仅凭教师个人的经验、感觉或热情开展词汇教学，呼吁我国学者重视对二语词汇教学理据的考证研究。当前我国学界对这一领域研究的重要性认识不足，研究力量非常薄弱，研究呈低水平循环的态势。

文秋芳（2020）指出，我国应用语言学的发展起步只比西方滞后十几年，差距本不应很大。但现实是，当下我国应用语言学仍处在"跟跑"阶段，有的研究在验证西方假设，有的研究在为西方理论提供中国操作案例，有的研究为西方理论提供中国视角的解释。简言之，我国绝大多数研究仍为西方理论作"注脚"，为西方学者"打工"。人们的基本预设是，西方理论先进，能够解决我国问题。然而，应用语言学的宗旨是解决生活中一切与语言相关的真实问题。既然是真实问题，就离不开各国的国情和文化历史。中外经济发展阶段不同、文化语境有异，这就决定了外国的"真实"问题与中国的"真实"问题不大可能完全相同。如果一直跟着西方理论走，忽视中国的现实问题，那中国学者就承担不了自己的使命，也违反了应用语言学学科的宗旨。这也是我国二语词汇教学研究现状的真实情况。

"以词典释义为标准，记忆目标词，扩大词汇量"是贯穿我国小学、中学、大学各阶段英语词汇教学的长期目标。然而，随着英语学习的深入，大学阶段的英语学习者会发现词典释义和基于词频、词表、辞书等记忆的词汇知识无法有效解决他们在各类英语文本阅读中遇到的词义问题，例如：

[5] It's been said that raising a child effectively takes a village: Well, as you may have noticed, our American village is not in very good shape…To

merely survive in this American village and to win a place in the entering class has taken a lot of grit on your part. So, yes, congratulations to all.

仔细观察例[5]中的 village，我们不难理解词表法和语境法的优劣之争欠妥，因为词表释义不同于语境词义；也不难理解长期以来努力记忆英语词汇、扩大词汇量的学习者在英语阅读中的迷茫与无助。例[5]中的 village 是个常用词，词典释义或学生记忆的词义是"村庄"，不符合句子上下文语境。

1.4 本章小结

本章梳理了二语词汇教学研究的文献，揭示以词汇知识记忆为导向的二语词汇教学模式和评测模式的局限性。二语词汇教学长期服务于听、说、读、写译等语言技能的培养，"非对即错"的词汇评测理念根深蒂固。二语词汇教学与评测研究的主要任务是探寻记忆词汇的最佳方法。为此，建立大型语料库，统计词频；基于词频，选择教学目标词；制作词频等级递进阶；采用多项选择题的方式，制作评测量具，从词汇记忆的质（也称深度词汇知识）与量（也称宽度词汇知识）两个维度评测词汇水平。在以词汇知识记忆为导向的二语词汇教学模式和评测模式的长期影响下，学习者习惯性地把"记忆词汇"视作"学习词汇"的代名词，把"以词典释义为标准，记忆目标词，扩大词汇量"视作词汇学习的主要任务，由此潜移默化地形成静态词义观。

传统二语词汇教学研究参与者关系范式如图 1.6 所示，研究者（理论研究者和应用研究者）（框Ⅰ）、教师或评测者（框Ⅱ）和学习者（框Ⅲ），代表当前词汇教学中三组相互独立的参与者。三个框由大到小一线排列，代表三组参与者的地位、话语权和影响力大小、高低不同。理论研究者和应用研究者位居最左端，控制理论知识和话语权；教师或评测者居中，起桥梁和纽带的作用；学习者在最右端，是被动接受者，毫无话语权。信息或知识的传递，自左而右，呈线性流动范式。由研究者传递给教师或评测者，再由教师或评测者传递给学习者。框Ⅰ与框Ⅱ由一个虚线箭头连接，框Ⅱ与框Ⅲ由一个实线箭头连接。虚线箭头表明，当前二语词汇教学中，研究者的理论知识不能全部流向教师或评测者，不能充分影响教师或评测者，或被教师或评测者完全接受；实线箭头表明，教师（或评测者）

的词汇理念会全部流向学生，充分影响学生，控制学生的词汇学习行为。图 1.6 揭示了当前二语词汇教学存在的问题：理论研究与教学实践脱节，理论研究者与教学实践者脱节，学者的研究及其抽象的理论不能有效解决教师和学习者在二语词汇教学中遇到的实际问题。

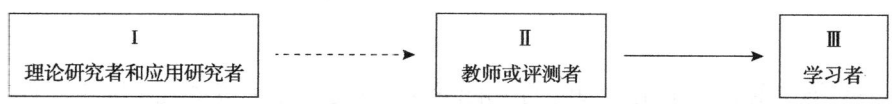

图 1.6　传统教学研究中所有参与者的关系范式

第 2 章　词义推测研究

词义推测既是文本阅读理解的中心环节，又是文本阅读语境中附带习得词汇的必要过程；既是一种认知现象（cognitive phenomenon），又是一种词汇学习策略（vocabulary learning strategy）。本章梳理词义推测研究的发展与现状，解析以词汇记忆为导向的词汇学习理念对学习者词义推测认知机制和推测心理的影响，揭示"以词典释义为评测标准和推测目标词正确词义"的词义推测理念，不仅制约二语学习者的词义推测能力，还会在很大程度上制约他们的语言信息思辨能力和文本自主阅读能力。

2.1　词义推测与 IVA

词义推测作为一种词汇习得策略的研究远远早于词义推测作为一种认知活动的研究，经过三十多年的发展，两种研究均已取得丰硕的成果。笔者考察发现，在相关研究文献中，词汇习得（vocabulary acquisition）或词汇学得（vocabulary learning）的含义似乎都等同于"词汇记忆"，即"依托文本语境推测目标生词的词义，有意识或无意识地记忆目标生词的词形与词义"。毫无疑问，依据文本语境线索推测生词词义、记忆目标词、扩大词汇量，被认为是文本阅读中附带习得词汇的重要途径和主要目的。其合理性至今未被质疑。

二语学习者的阅读不外乎两种（Paribakht & Wesche 1997）：单纯的阅读（reading only）和伴以任务的阅读（reading plus）。在单纯的阅读中，二语学习者的首要目标是文本理解。阅读过程的一切活动，包括对词汇的认知加工在内，都得为文本理解服务。二语学习者若遇到对文本理解无关紧要的生词时，便可置之不理，接着读下文；遇到那些对文本理解不可或缺的生词时，如果不予理会，就会造成文本理解的"断点"（discontinuity），导致文本理解失败。这时，为了顺利地理解语篇，二语学习者不得不暂停阅读下文，或回过头去，对那些已给文本理解造成障碍的生词做必要的处理。这种在文本理解需要的驱动下，自发地转向生词处理的过程，便会附带习得词汇。然而，这样附带习得的词汇主要是那些与文本理解紧密相关的生词。通常情况下，50%左右的生词因被认为不影响文本理解而被视而不见，不会被附带习得（Fraser 1999；Paribakht & Wesche 1999）。

Nation 和 Coady（1988）则认为，在文本阅读语境中，词汇习得不会自然而然地发生，如果文本内容很容易理解，上下文信息量很丰富，那么读者就不大可能习得某个生词，一方面，如果可以很轻松地猜测出生词的词义，读者就不会太多关注这个生词；另一方面，即使不认识这个生词，也不会影响他对文章内容的理解。换句话说，文本阅读语境中习得词汇需要有意识地在认知层面努力，把目标词的具体词形和词义相结合，而以文本理解为目的的泛读或快速阅读不能提供词汇习得的最佳条件，因为在泛读或快速阅读中，读者通常不会花很大力气以求精确理解某个生词，读者会把注意力主要放在语篇所表达的内容上，不会特别注意语言形式（如词形）。

Zahar 等（2001）认为词义推测主要依赖文本语境线索，语境因素的质量是词义推测能成功的关键。语境因素的作用受三个因素的制约：①语境线索的数量；②语境线索的信息量；③语境线索与目标生词之间的距离。Zahar 等（2001）的研究证明，在文本语篇中，并不是每个生词都有可以用来推测词义的语境线索，因为文本语篇的首要目标是给母语读者传达信息，并非给二语学习者创造便于词义推测的语境。在多数情况下，二语学习者在目的语文本阅读中遇到生词时，无法找到可以用来推测其词义的语境线索。Zahar 等（2001）的结论是：语境上下文对 IVA 的支持是有限的。

学习者因素包括学习者的语言水平、词汇量、背景知识、阅读技能等。Pulido（2003，2004）的研究表明，这些因素与阅读能力相关，会影响阅读中 IVA 的质与量。阅读能力强的学习者在搜索、选择语境线索时，技高一筹，能够较快地推测生词词义，习得词汇的能力就越强。

自然文本阅读语境[①]中的 IVA 的认知机制是当前研究的焦点。大多数学者认为，附带习得（incidental acquisition）就是在没有计划要学、没有集中注意力去学的情况下，学到一些东西。Wode（1999）把附带习得定义为：课堂上从教师或其他同学使用的语言中学到的东西，所学到的东西并非注意的对象或教学的目标。Huckin 和 Coady（1999）把附带习得称作次级学习（secondary learning），

---

① 指没有边注、脚注，没有词典、教师或同学等外力帮助，没有词汇练习等加强手段等的文本语境。

是"主要认知活动(如阅读)的副产品",或"主要教学活动的副产品"。他们都把附带习得看作一种无意学习,学习者没有把注意力放在所学到的东西上。但是,他们都忽略了学习者的主观能动性。

Issidorides 和 Hulstijn(1992)、Ellis(1994)对附带习得的解析略有不同,他们以学习者为中心,从学习者注意力的角度讨论附带的含义。他们把附带习得定义为:无意要学而学到的东西。是否有意是区分附带习得和有意学得(intentional learning)的关键。有意学而学到的是有意学得,无意学而学到的是附带习得。但是无意并不等于不会注意到目标生词,在阅读过程中,读者集中注意力理解文本内容,在努力理解文本内容的过程中会自然而然地记住目标生词,无须有意为之。

Ellis(1997)进一步区分了附带学习(incidental learning)和隐性学习(implicit learning),指出隐性学习是一个行为主义的概念,意思是"由于某一生词在不同文本或同一文本中多次出现,而被完全无意识地习得",如何注意是区别附带学习和隐性学习的关键。在课堂教学环境中,附带学习可能是两种注意的结果:一种是教师诱导下的注意,即教师引导或要求学生把注意力集中在某些词汇上;另外一种是学生自发的注意,即自主选择注意对象。

Gass(1999)认为如果仅仅考察阅读中词汇加工的认知过程,没有办法证明某个词是附带习得的还是有意学得的,也没有办法直接了解学习者词汇认知加工机制的运作情况。如果把注意作为影响二语词汇习得的一个关键因素,就无须区分显性附带学习和隐性附带学习,因为在任何情况下,没有注意,就无所谓学习。注意只是影响 IVA 的因素之一,除此之外,还有其他影响因素,例如,母语和目的语是否有可辨别的同源词,目标词是否多次复现,是否了解目标词相关的二语词汇。她建立了自然文本语境 IVA 的认知模式,说明阅读中习得词汇的认知加工机制受多重因素制约,有附带习得和有意学得之分(图 2.1)。附带习得的基本条件是有目标词的同源词,多次见到目标词,了解目标词相关词汇。有意学得的特征是无目标词的同源词,首次见到目标词,不了解目标词相关词汇。

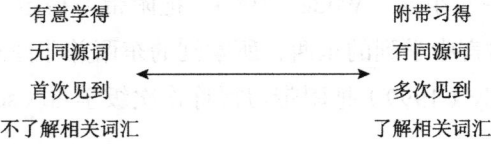

图 2.1　自然文本语境中有意学得和附带习得词汇的认知模式(Gass 1999)

2.2 词义推测成功率低

词义推测是弥补词汇知识不足的必要途径。大量研究证明,阅读理解能力与词汇知识水平有着非常密切的关系,词汇知识对阅读理解的影响超过其他任何因素,如背景知识、阅读策略、文本题材辨认能力、语篇结构判断能力、文章大意推断能力等。

从 20 世纪 40 年代开始,多个研究对有助于母语者和二语者推测词义的文本信息进行识别和分类。Artley(1943)认为文本的印刷排版格式,如斜体字、引号、黑体字、图画、表格等,也可用作词义推测的线索。Ames(1966)的语境线索分类框架(表 2.1)表明,联想、定义或描述、比较或对照、因果关系、问答、主要观点及其细节等语篇结构线索(discourse structure clue),均可助力词义推测。

表 2.1 Ames(1966)的语境线索分类框架

线索分类	例句
并列词	sonnets and *plays* of William Shakespeare
修饰词	…*slashed* her repeatedly with a knife
熟悉的表达	Expectation was written all over their *faces*.
因果关系	He reads not for fun but to make his conversation less *boring*.
联想	All the little boys wore short *pants*.
指示性线索	These *statistics* carry an unpleasant message.
同义词线索	It *provokes*, and she *provokes* controversy,…
定义或描述	Some locked alive, though no *blood* flowed beneath the skin.
介词	He sped along a *freeway*.
问答	Now, what about *writing*…?
比较或对照	Will it be a blessing or a *bane*?
主要观点及其细节	I soon found a *practical* use for it. I put orange juice inside it.
非限定性从句	24 hours—*hardly* a significant period of time.

Sternberg 和 Powell(1983)把词义推测所需要的文本语境线索划分为外部语境线索和内部语境线索两类,各自的调节变量不同,见表 2.2。

表 2.2　文本语境线索分类

分类	说明
外部语境线索	时间线索：When/How often/For how long does X (the unknown word) occur? 空间线索：Where can X be found? 价值观线索：How valuable or desirable is X? What do people feel about it? 状态线索：What are the physical features of X (size, shape, color, odour, feel)? 功能线索：What are the purposes of X? What is it used for? 原因线索：What causes X or enables it to occur? 类别线索：What class of things does X belong to? 等值线索：What does X mean? What does it compare or contrast to?
外部语境调节变量	生词出现的频率 生词复现的语境 生词密度 生词之于上下文理解的重要性 上下文之于生词词义推测的重要性判断 生词及其语境的抽象性 背景知识之于线索运用的重要性
内部语境线索	前缀线索 根词线索 后缀线索 复合线索（两、三个词的组成部分共同构成线索）
内部语境调节变量	生词使用频率 生词密度 不可分解的生词的密度 生词之于理解上下文的重要性 背景知识之于线索运用的重要性

外部语境线索指目标生词上下文中的各种语义线索，如在"At dawn, the blen arose on the horizon and shone brightly."一句中，对于目标生词 blen，at dawn 提供时间线索，arise 和 shone brightly 提供功能描述线索，on the horizon 提供空间线索。Sternberg 和 Powell（1983）总共找到时间、空间、价值观、状态、功能、原因、类别、等值等八种外部语境线索。内部语境线索指目标生词的词素构成，包括前缀、根词、后缀。例如对于目标生词 thermoluminescence，本族语者能够由前缀 thermo-（意同 heat，即热），根词 luminesce（动词意思是 producing light，即发光）和表示抽象名词的后缀 -ence，结合自己的世界知识，推测出其词

义是"由加热物体发出的光"。语境中介变量（contextual mediating variable），指影响学习者有效利用各种语境线索的因素。

各种线索能否被有效利用，主要受调节变量的控制，调节变量加强或减弱成功推测词义的可能性。调节变量包括：①频率。生词出现的频率越高，被推测出词义、被习得的可能性越大。②复现间隔。复现间隔越短，每次线索被综合利用的可能性越大。③有无线索。有的语境中有线索，有的则没有。④线索的距离。相关线索离目标生词越近，越有可能被利用。⑤线索的数量。线索越多，越容易推测目标生词的词义。⑥线索显性度。上下文中明显的同义词有助于词义推测。⑦生词密度。如果许多生词出现在一起，就会增加推测的难度。⑧目标词对语篇理解的重要性。目标词越重要，学习者就会更努力地去推测。⑨背景知识。有关现实世界的知识在词义推测过程中起着关键作用。⑩概念熟悉度。越熟悉目标词所表达的概念，越容易推测。⑪参照对象的熟悉度。越熟悉线索的语义，越容易推测。⑫参照对象的抽象性。线索语义越具体，推测越容易。⑬多义词词义数量。单义词比多义词容易推测。

有助于推测词义的线索多种多样（Haastrup 1991；Laufer 2013），似乎有理由相信词义推测很容易成功。但是，很多情况下词义推测难以成功。阅读是一项读者的自主活动，无他人可以替代。一个人的阅读能力必须通过自己的阅读实践，经过磨炼才能提高。教师只能以教练的身份给予指导（Day 2015）。二语学习者在阅读中难免会遇到生词，这时，他们有三种选择：①求助他人；②查词典；③推测词义。阅读时身边无他人可以求助时，查词典所得到的词典释义也无济于事时，推测词义就是唯一的选择了。词义推测既是文本理解的中心环节，也被视作一种基于文本语境习得词汇知识的词汇学习策略。词义推测并非易事，推测者往往期待推测出词典、教师或文本作者规定的词义，然而却难以成功，这令他们非常纠结。

例如，英语专业大学生在读"While we mortals might shop our own closets every day, many figures in the public eye shun recycling their own clothing."一句时，往往会根据自己的机械记忆，迅速确定 shop 一词的词义为"买"或"购买"，但无法理解该句的语义。这个例子说明：一词多义、熟词新义的语境词义现象，会导致读者无法根据词典释义或自己头脑中记忆的词义去理解词在具体语境中的语义。机械记忆的词义有时不仅无助于理解文本语义，甚至可能成为文本语义理解的障碍；根据语境，赋予熟词新意，是文本理解的必然要求。词义推测能力是一种综合信息思辨能力。另如，在"Since joining the royal family in 2011, Kate Catherine, Duchess of Cambridge has rarely faltered on her unwritten obligation to appear manicured and immaculately dressed in the public eye. And while the duchess is renowned for her preppy tweeds and tailored blazers, she earned her true fashion credentials through a sharp eye for occasion wear."一句中，manicured 和 immaculately 均为低频词，尽管很多英语专业大学生从未见过，但可推测出其词义为"讲究""精致""无可挑剔"。这个例子说明：无须查词典和机械记忆词汇，如能借助语境，临时构建目标词词义，可有效解决英语专业学习者在各类文本阅读中遇到的词义问题。

2.3 词义推测理论

词义推测作为认知现象和词汇学习策略，是二语词汇习得领域一个研究热点。多数学者认为，在二语习得中，除了最初的几千个词需要专门列表记忆之外，词汇学习主要是在阅读中完成的。词义推测是阅读中习得词汇的核心环节，但词义推测不等于词汇习得，两者是相互关联但截然不同的认知过程。二语习得领域对阅读中词义推测的研究起源于 20 世纪 70 年代（Carton 1971），吸收英语母语者词义推测的研究成果，于 20 世纪 90 年代确立其二语习得分支学科的地位（Haastrup 1991），主要解决三方面的问题：词义推测的概念界定、制约因素辨识和理论建设（Wesche & Paribakht 2010）。

英文单词 inferencing 是 Carton（1971）创造的。20 世纪 80 年代，在"可理解性输入假说"（comprehensible input hypothesis）的影响下（Krashen 1989），阅读不仅被视为母语词汇习得的主要途径，也被视为二语词汇输入的最佳渠道。但在 Jenkins 等（1989）关于阅读理解与词义推测关系的早期英语研究文献中，关于 inferencing（推测[①]）的表述非常混乱，有 infer、figure out、construct、deduce、derive、educe、guess、decipher、predict、unlock、compute 等。Haastrup（1991）将词义推测定义为"推测主体将文本语境线索与自己的世界知

[①] Haastrup（1991）之后，lexical inferencing 已成为统一表述，在英语研究文献中广泛应用。在我国二语词义推测研究的文献中，尚未形成统一的中文对等词，如有词义推断（李仓营 2020；蔡薇和吴一安 2007）、词义推理（范琳等 2013；范琳和张姣 2014；范琳等 2015；王震和郑志恒 2016）和词义推测（王改燕 2009，2010，2013）等。

识、文本背景知识和语言知识相结合,合理猜测词义的过程"。这个定义不仅将词语层面的推测(inferencing at lexical level)区别于文本层面的推测(inferencing at textual level),而且凸显了推测主体的差异性和主观能动性,确立词义推测研究的学科地位。她还开创了用有声思维法研究词义推测的认知机制。在此之后十年,大量依托英语精读课或泛读课教学的词义推测实证性研究涌现(Paribakht & Wesche 1999)。

20世纪初,学者开始尝试采用口头反省法与回顾法、观察法与演示法、个案研究与横向分组比较法等不同方法,研究制约词义推测的学习者外部因素和内部因素,如文本语境、任务类型、母语背景、年龄、阅读经历等学习者外部因素(Kim 2003;Nassaji 2004),与努力程度(Paribakht & Wesche 1999)、二语水平(Haastrup 1991;Nassaji 2004)、词汇水平(Paribakht 2005)、目标词词性(Paribakht & Wesche 1999)、记忆质量(Paribakht & Wesche 2006)、文本主题(Pulido 2004)等学习者内部因素。

有的学者则试图运用不同理论解释词义推测过程中词义加工、文本内容构建与词汇习得之间的转换机制,如知识源分类论(Paribakht & Wesche 2006)、词元构建论(de Bot et al. 1997)、连通论(Hulstijn 2001;Singleton 1999)、理解驱动论(Kintsch 2013;Huckin & Bloch 1993)、输入加工论(Gass 1999;Laufer & Hulstijn 2001)、陈述性知识与程序性知识相互作用论(Laufer & Hulstijn 2001)等。

总之,词义推测研究作为二语习得研究的分支学科,经过30多年的发展,在概念界定、制约因素辨识和理论建设等方面取得了丰硕成果,证明了:①推测者主观能动性的巨大作用;②推测者个体差异性不容忽视;③语境词义不同于词典释义;④由于多种因素的制约,二语阅读中词义推测难以成功(Wesche & Paribakht 2010)。

Paribakht 和 Wesche(1997)认为在阅读过程中推测一个生词的词义,大致会有以下几种结果:推不出词义,推错词义,推测出大概或近似的词义,推出并记住词义,推出但未记住词义,推不出词义但得到了词形、词性等知识,能运用目标词造句等。

Swanborn 和 de Gopper(1999)研究发现在阅读语境中推测一个生词的词义,成功率约为15%,对推测出的词义的记忆保持率则更低。Chun 和 Plass(1996)的研究表明,如果目标生词在阅读文本中只出现一次,推测其词义,即使成功,记住其词义的概率只有5%~20%。这些数字说明,词义推测很难,基于词义推测的词汇习得更难。尽管如此,在阅读中学习词汇有以下一些优势:有一定的情景,可以帮助学生更好地掌握生词词义及其用法;阅读和词汇学习两个活动同时进行,有助于教学效率的提高;学生自己选择的阅读资料,有利于学生自主学习能力的培养。然而,许多问题有待解答(Huckin & Coady 1999),例如,词义推测与词汇习得有何关系?需要什么样的词汇知识、多大词汇量才能有效地推测生词词义?习得生词需要该生词复现几次、在什么样的情况下复现?什么样的词义推测策略最为有效?词义推测策略应该由教师讲授,还是让学生自己去揣摩?如何组织课堂教学?词义推测研究因此成为二语习得研究的一个热点。

在理论建设方面较有影响的有 Craik 和 Lockhart(1972)建立的加工水平模型(levels of processing model)、Laufer 和 Hulstijn(2001)的基于任务的投入量假说(task-based involvement load hypothesis)、Nation 和 Webb(2011)的技术特征分析框架(technique feature analysis framework)。这些理论从不同角度揭示词义推测与词汇习得、文本理解、教学干预之间的认知机制。

加工水平模型旨在揭示信息的加工深度与记忆之间的认知关系(Craik & Lockhart 1972),其要义是信息加工越深入,记忆就会越持久。加工深度指"从刺激中所能提取的意义,并非对刺激进行分析的次数"(Craik & Lockhart 1972:680)。记忆是信息加工的结果,是信息深度加工的副产品,短期记忆和长期记忆之间没有清晰的界限。这个理论模型关注的是记忆的过程,而非记忆的构造(如记忆的长短)。无论在有意习得词汇的过程中,还是在 IVA 的过程中,精深语义信息加工是记忆词汇的关键。Lockhart 和 Craik(1990)对这一理论做了进一步的修正,更加充分地拓展了这一观点,强调有效记忆词汇需经历两个基本阶段:输入阶段,分析词形特征;提取阶段,提取词的概念特征(Eckerth & Tavakoli 2012)。前一阶段是词汇学习的基础,包括察觉、注意和分析目标词;后一阶段是词汇学习的关键,根据词形特征的分析,从记忆中提取词义,并巩固目标词词形特征的语义编码。

基于任务的投入量假说解析阅读中与词汇记忆有关的认知构念(如意识、注意、隐形学习与显性学习、加工深度)和动机构念(如需求)。Laufer 和 Hulstijn(2001)认为深度加工是词汇记忆的关键,词汇的深度加工受需要(need)、搜寻(search)与评估(evaluation)三个任务因素的制约。这三个任务因素构成词汇学习任务的"投入量"(involvement load)。基于任务的投入量假说包含以下三个假设:假设 1,阅读中附带习得词汇受需要、搜寻和评估三个任务因素的制约。假设 2,在其他因素相同的情况下,投入量越大,记忆越牢固。假设 3,在其他因素相同的情况下，完成任务所需要的投入量越大，词汇学习效果越好。

投入量是一个包含动机因素和认知因素的构念，用来预测基于某一任务学习者能够在多大程度上成功记忆目标词。投入量的动机因素，指成功学习目标词的外在需求或内在需求，与认知无关，来自教师或学习任务的外部需求是"一般需要"，学习者的内在需求是"强烈需要"。搜寻与评估是投入量的认知因素，取决于学习者对目标词形-义关系的关注程度，其中搜寻指通过查词典或问教师以确定词义，评估指通过评测不同词、不同词义或不同搭配确定目标词词义。在基于任务的投入量假说中，Laufer 和 Hulstijn（2001）吸收了 Richards（2001）关于任务的概念和 Skehan（1998:40）关于"让学习者在课堂教学活动中自然而然地关注语言形式"的主张，把学习任务定义为"加工语言信息的活动"。由于在自然交际语境中学习不同词的投入量不同，因而无法进行比较，但是在教学或研究中，可以根据教学或研究的具体需要，设计特定任务使学习不同词的投入量相同，这样的投入量就是"基于任务的投入量"。通过分析完成任务所投入的需求、搜寻和评估，可以对投入量相同的不同任务进行比较、分析。

技术特征分析框架进一步完善了基于任务的投入量假说，以"动机""注意""提取""产出""记忆"五个要素为参数，更为细致地评估量化词汇学习活动的相关特征（Nation & Webb 2011）。

"动机"指词汇学习的目标，评估标准是：是否有清晰的词汇学习目标？该目标是否有助于提高学习积极性？是否会积极选择目标词？

"注意"指对目标词存在的意识，评估标准是：是否有助于关注目标词？是否有助于唤起学习新词的意识？

"提取"包括接受性词汇知识的提取和输出性词汇知识的提取。提取指回忆而非识别，有重复提取和间断提取之别。重复提取比间断提取更有助于提取效率的提高。评估标准是：是否有助于词汇知识提取？是输出性词汇知识提取还是接受性词汇知识提取？是重复提取还是间断提取？

"产出"分为接受性词汇知识产出和输出性词汇知识产出，前者指在新的语境中对目标词的辨识，后者指在新的语境中对目标词的运用。评估标准是：需要运用目标词还是辨识目标词？由此是否会引起对其他词的运用发生显著变化？

"记忆"指目标词形-义连接的大脑认知表征。评估标准是：目标词形-义连接是否成功？是否有助于形义初始连接？是否有助于形义映像的产生？形成的形义连接是否能够避免干扰？

在以上三个理论框架中，词汇习得均视同目标词记忆，词汇学习过程均视同目标词记忆过程。另外，虽然有理由相信，词义推测不等于词汇记忆，因为词义推测是探索并确定目标词词义的过程，而词汇记忆是大脑中形成目标词的形-义映射的认知表征，但是，没有任何一个理论试图说明词义推测成功（或不成功）与词汇记忆之间的关系。不仅如此，虽然这些理论都意在提高词义推测的成功率，但却没有明确说明何谓推测成功。这个答案至关重要，因为评价或判断某一行为是否成功，不仅反映评价者的态度，还透露其判断事物的标准。以上关于词义推测理论的介绍说明，当前的词义推测研究关注推测过程中的策略运用，却忽略对推测结果，以及词义推测与词汇习得认知关系的解析。基于以上分析，不难看出以下几个问题还有待探究。

（1）如何描述词义推测的结果？
（2）如何定义推测成功？
（3）词义推测与词汇习得有何关系？

2.4 本章小结

本章梳理了阅读中词义推测与 IVA 的关系，说明阅读是学习者的自主活动，词义推测是自主阅读的核心环节。Haastrup（1991）确立了词义推测的学科地位，建立了由概念界定、语境线索分类、制约因素辨识和理论建设等四个维度组成的研究框架。该学科发展至今，取得了丰硕成果，例如，制约词义推测的因素被归纳为两类：内部因素（包括学习者的母语背景、年龄、阅读经历、词汇量、二语水平、努力程度等）和外部因素（包括文本的主题和题材，生词的词性、位置、凸显度、密度、复现率，线索的数量与信息量等）。建立了一系列理论框架，如加工水平模型（Craik & Lockhart 1972）、基于任务的投入量假说（Laufer & Hulstijn 2001）和技术特征分析框架（Nation & Webb 2011）。实证性研究方法有：口头反省法、有声思维法、回顾法、观察法、演示法、个案研究法与横向分组比较法等。研究表明，二语自然文本语境词义推测的成功率低，约为15%～39%（Schmitt 2010），因此，提倡编写二语教材时改善生词的文本语境，如增加线索，丰富线索的信息量，添加边注或脚注，设计练习任务等方法（Nation 2001，2015；Laufer 2005，2013）。同时发现，这些措施收效甚微，但至今无法解释原因（Wright & Cervetti 2017）。

下文中，本书试图阐释，当前二语词义推测研究的一个缺陷是，忽略了对学习者的词义观及其作用的研究，忽略了推测者的主观能动性在推测词义过程中所能发挥的作用。词义观的作用巨大，会抑制或激发学习者主观能动性的发挥，学习者不会像学者一样去探究"何谓词义"并明确表达自己的词义观，但同样拥有自己的词义观，在阅读中遇到生词时，会下意识地在某种词义观的驱动下推测词义。静态词义观主导下的词义推测难以成功，因为在具体文本语境中只能临时构建一个符合语境的合理词义，无法推测出词典或他人（如教师或文本作者）规定的正确词义。

第二部分
词语能力：培养理论与实施方案

第 3 章　词语能力与语境词义构建能力

　　词语能力[①]是语言理解能力和语言表达能力的核心制约因素，是近年来国际语言学界的一个研究热点（冉永平 2008）。当前的研究主要在概念界定层面，如何定义词语能力存在很多争议（Caro & Mendinueta 2017）。多数学者认为词语能力意同词汇知识，无须对两者的概念内涵进行区别（Nation 1990；Meara 1996；Jiang 2000）；但有学者持不同意见（Velasco 2009），认为两者本质不同，词语能力凸显临时词义的解析能力，词汇知识是固定词义的记忆表征，主张用词语能力取代词义的表述，以揭示：词本无义，一个词的词义取决于人在交际语境中的词义构建能力。

　　本章的主要任务是阐释 CLCC 这一概念的由来。为此，首先，梳理词义相关研究，说明有必要重新理解语境词义这一概念；其次，区分学者词义观为静态词义观与动态词义观两类，说明词义观与词汇学习之间的关系；最后，阐释中高水平二语学习者由静态词义观转向动态词义观的必要性，提出在特定文本语境中一个词的词义取决于读者根据具体语境临时构建词义的能力。词语能力这一概念的内涵是 CLCC。

3.1　研究者词义观

　　在尝试解析词语能力概念内涵的过程中，本书意识到人人拥有词义观，但语言研究者与普通人（如学生）的词义观的内容和自觉性程度有所不同。为了探明语言研究者的词义观，本书对词义研究相关文献进行了纵向与横向梳理（陈嘉印 2003；Johnson 2004）。结果表明，词义是哲学、语言学（如词汇语义学和词汇语用学）、认知科学和教育心理学等多个学科共同关注的话题，语言研究者持两种

　　[①] lexical competence 这个英文表达在中文研究文献中通常对应词汇能力。本书认为词语能力更为恰当，因为词汇顾名思义指词的汇集，似乎强调词汇记忆的数量，不符合本书所要论证的词汇学习观，而词语这个表达突出语言交际语境词的应用，可以更为准确地表达本书的语义思想。

词义观：静态词义观和动态词义观。前者认为词（比如 book、water）有定义，词典规定标准词义，有指称论和刺激-反应论（胡壮麟 2020；戴炜栋 2020；张韧 2018）；后者认为词无定义，词义取决于交际语境，有印记论、图式论、意义使用论（meaning as use theory）和词义消解论等（Langacker 2017）。动态词义观在语言学各分支学科中展现日益强大的生命力，然而，在语言教学与评测研究中，静态词义观牢固占据统治地位。

3.1.1 静态词义观[①]

静态词义观认为词具有确定的词义，词义与词形之间的联系是任意的。静态词义观源远流长，影响深远，例如：语言哲学家 Locke 的语词标记观、Condillac 的公共词义观、Leibniz 的语词记忆功能论、Mill 的正确词义论、Frege 的含义与指称论、Russell 的指谓论，心理学家 Watson 和 Skinner 的语言行为论，现代语言学之父 Saussure 的语言符号论（霍永寿 2012）等，都是静态词义观的不同表现。

静态词义观在二语教学研究领域根深蒂固，长期占据统治地位，认为词典负责提供权威的标准词义。静态词义观在二语教学研究领域的必然产物是以记忆为目的的行为主义的教学法。词汇教学的任务就是帮助学习者通过模仿、练习、背记等掌握与目标词词形相对应的"正确"词义。基于静态词义观的词汇教学法有两个缺点：一个是，下了很大功夫记忆的词语过一段时间会遗忘，英语中用来描述这一现象的一个专业术语是 attrition，学习者和教师需要努力使学得的词汇进入长期记忆，克服耗损的发生（Calderón & Soto 2017）；另一个是，学习者通过反复练习所记忆的词义在很多情况下与交际语境不符，因而无法满足现实生活中语言交际的需要（Qian 2005）。

例如，shop 是英语中使用频率很高的一个词，EFL 学习者所记忆的关于此词的词义是"买"，意同 buy，但会因此无法理解例[1]：

[1] While we mortals might shop our own closets every day, many figures in the public eye shun recycling their own clothing.（参见 Wang 2019：159）

---

① 在以下章节，我们会使用语言学词义或语义学词义表述静态词义观。这两个表达侧重点有所不同，语义学词义与语用学词义相对，而语言学词义则与基于机械记忆的行为主义词汇教学法有关。

显然，在这个句子中 shop 的词义不可能是大部分 EFL 学习者所记忆的"买"的意思，它在此处合理的词义是"选择"，意同 select。"买"和"选择"之间的联系在于，"买"东西的时候我们通常会货比三家进行"选择"。但是，迅速、敏捷地将"买"和"选择"联系起来，不是每个学生都能够做到的。笔者的一个经历很有趣，也很能说明问题。作为中美福布赖特高级研究学者，作者曾在夏威夷大学马诺阿分校二语习得系访学，其间，在与合作导师的一次谈话中，做了一个小实验，请他读这个句子，并说说他是如何理解的。他是从事二语教学法研究的著名学者，英语是他的母语，但是，当他读这句话的时候，在 shop 处迟疑了一会儿，因为他本能地把 shop 理解为 buy，所以无法理解这句话，如果给他提供更大的语境，以其英语水平无疑可以对 shop 一词在此处的词义进行推测，但这已经能够说明记忆的词义不仅会影响二语学习者对句子的理解，同样也会影响英语本族语者对具体语境中词义的理解。

3.1.2 动态词义观

动态词义观源自现代语言哲学的奠基人 Wittgenstein 的意义使用论和语言游戏论（Language as game theory）的哲学思想（Wittgenstein 2009）。持动态词义观者认为词义是动态的、临时的，一个词的词义取决于使用者及其使用的语境。

Wittgenstein 一生的哲学研究可以划分为两个截然不同的阶段（Baghramian 1998）。第一阶段的语言哲学思想集中体现在他的语义图画论。语义图画论的中心思想是：词义的语言和语言所描述的现实有着相同的形式，都由一些简单因素构成，找到两者相同形式的途径是逻辑分析。在第二个阶段，他完全抛弃前期的观点，强调在有血有肉的人类生活场景中语言用途的多样性。他认为从柏拉图开始，哲学家就犯了一个错误，误认为一个词在不同使用场景中有一个确定的词义。他提出"意义即使用"这一划时代的语义观，认为一个词的词义包含运用该词的能力。语义来源于生活形式。语义只能在语言游戏中得到表达和理解。

Wittgenstein 所说的生活形式就是使用词语的特定社会文化场景，语言游戏指特定社会文化场景中语言的运用。同一个词在不同语言游戏即社会文化场景中意义不同，在一个语言游戏中，可能被用来指称一个物体；在另一个语言游戏中，则可能被用来发布命令，或提问等。Wittgenstein 以英语 game 一词为例说明词义的多样性，game 在 board games（下棋）、betting games（赌博）、sports games（体育）、war games（战争）等中的意义不同。另外一个例子是"Water!"，它可以表示"感叹"、"命令"、"请求"和"回答"等不同意义（Baghramian 1998：89）。一个词的词义取决于使用该词的语言游戏，即特定社会文化场景。

Wittgenstein 语义观的核心思想是，一个词的词义包含我们运用它的能力。他认为哲学界之所以在"什么是词义"这一问题上存在各种争议，根本原因是大家都是在"让语言去度假了"的基础上寻求问题答案的。"让语言去度假了"就是把语言看作是脱离生活实际的、静态的、抽象的东西。词典可以提供词形与概括其不同用途的基本词义，但词义的多样性则只能在不同的语言游戏中去领会。

Wittgenstein 的动态词义观得到后代语言哲学家以及其他领域学者的大力继承和发展。基于语言运用的动态词义观，语言哲学家 Austin 提出了言语行为理论（speech act theory），Grice 提出了会话含义理论（theory of conversational implicature），Putnam 提出了语义外部论（semantic externalism），教育心理学家 Vygotsky 提出了符号学理论（semiotic theory）等。近年来，语言学的一个新的分支学科，词汇语用学（lexical pragmatics）发展迅速。该学科旨在系统阐释词义的语用充实现象，其核心任务就是研究动态词义特征，包括词义收缩、词义扩充、词义延伸等现象。词汇语用学试图解释语境知识和百科知识如何帮助确定一个词的词义（Blutner 2011）。

3.2　学习者词义观

在语法-翻译法、读写法、听说法、任务交际法和多模态法等主流二语教学法的发展变化中，词汇教学始终扮演灰姑娘的角色，服务于二语语言技能的培养。

虽然学习者不会像学者一样去探究"何谓词义"的问题，并明确表达自己的词义观，但同样拥有自己的词义观，阅读中遇到生词时，会下意识地在某种词义观的驱动下推测词义。

静态词义观不仅导致学习者畏惧生词和词义推测，还会在很大程度上制约他们的语言信息思辨能力和文本自主阅读能力。例如，"While we mortals might shop our own closets every day, many figures in the public eyes shun recycling their own clothing."中 shop 是熟词，但记忆的词义或查词典都无济于事。

3.3 词义的临时性和语境适应性

Rapaport 是美国纽约州立大学计算机系从事计算机软件开发及人工智能研究的一位学者。他率领其团队长期致力于人工智能词义推测程序的开发和应用。他的研究基于这样一个词义理念（Rapaport 1981）：绝大多数词都有多种词义，词的多义性源于两个原因，一是词在具体运用中会产生语义模糊的现象，二是不同人由于心理状态及知识水平等不同，对同一个词的理解也会不尽相同。但是词的多义性、模糊性，不会导致交流无法进行，在特定语境中，一个人所表达的词义可以被另外一个人理解。Kibby 是 Rapaport 的项目组成员，是一名中学英语教师。

Rapaport 和 Kibby（2007）建议用 a meaning for a word 取代 the meaning of a word 来表达词义，两者的区别在于，前者强调"一人一词一境一义"，后者则强调"一词一义"。除此之外，a meaning for a word 的深层含义还包括：不存在正确词义，只有合理词义；词义是动态的、临时的、多变的，取决于读者和语境。基于这样的词义观，Rapaport 和 Kibby（2007）认为在特定语境中推测一个词的词义，目标既不是寻找词典规定的正确释义，也不是确定作者所要表达的语义。词义推测是关于目标词词义假设的构建过程，步骤包括：①形成一个词义假设；②将该词义假设临时赋予目标词；③在其他语境中对该词义假设加以验证（Rapaport & Kibby 2007）。Rapaport 和 Kibby（2007）尝试通过一个计算机词义推算程序"语义网络加工系统"（semantic network processing system，SNePS）证明，"一人一词一境一义"的词义观可以提高阅读中文本语言信息加工的效率。他们建立了 CVA 哲学（philosophy of contextual vocabulary acquisition）和 CVA 课程大纲（CVA curriculum），用以培养文本阅读语境的词汇习得能力。遗憾的是，这项研究至今没有引起语言教育界的关注。笔者考察发现，与其他文本语境二语词汇教学模型相比较，该项研究有一独到之处，即它充分考虑到语境词义的多变性和临时性。但是，它也有一处缺陷，即用语义计算程序模拟人脑的语义构建机制，忽略了电脑与人脑的本质差异和人类主观能动性的巨大作用。

Velasco（2009）认为在语言交际中，促使语言交际顺利进行的，不是参与者记忆中关于目标词的正确词义，而是他灵活运用语境信息实时构建动态词义的能力。为了帮助普通人理解词义的动态特征，他提出用英文 lexical competence（词语能力）取代 lexical meaning。Velasco 把 lexical competence 定义为"在交际语境中实时构建词义的能力"。他认为 lexical competence 这个表达可以揭示词义是动态多变的，需要文本读者根据使用的场景或时间等的不同临时构建。基于这一词义观，文本读者会在阅读过程中根据文本语境所提供的信息，不断修正原有的思想观点，调整固有的知识结构，在线（on-line）构建关于目标词的合理词义。受很多因素的制约，不同人在阅读语境中构建词义的能力不同。

语义的动态性和语境适应性是近年来兴起的话语心理学（discursive psychology）的研究中心。话语心理学中的语义索引性理论可以解释阅读语境中动态词义的认知心理特征。语义索引（semantic indexing）是实时语言交际中的词义特征，指具体交际语境会赋予词具体语义。词典释义和语义模型试图给词规定一个或数个适用于所有不同用途的抽象词义，但任何抽象词义也无法涵盖实际语言运用中具体语境所赋予的具体语义（Edwards 1997）。

3.4 静态词义观与词义推测研究

词义推测是一项学习者的自主活动，是篇章语义构建的基础，也是一种词汇学习的策略（Haastrup 1991）。基于词义和词义观研究，本书推断，静态词义观主导下的词义推测难以成功，因为基于文本语境线索无法推测出词典或他人（如教师或文本作者）规定的词义，结果会导致学生畏惧生词和词义推测，从而影响其文本语义构建能力和词汇习得能力。

为了证明以上推断，笔者系统梳理了国内外词义推测研究的文献（Wesche & Paribakht 2010；杨连瑞等 2012；李仑营 2020），发现有两类研究，描述性研究和实证性研究，前者数量远多于后者。两类研究均聚焦推测过程，试图辨识制约成功推测目标词正确词义的个人因素（如语言水平、词汇量、背景知识、学习动机等）和文本因素（如文本主题、生词密度、线索质量、词频、词性等），或验证某种推测策略的有效性词义推测的成功率低（11%～25%）（Wesche & Paribakht 2010）；词义作为推测过程的起点和终点，其性质、特征与作用研究完全空白。实证性研究普遍采用多项选择题的评测模式，依据词典释义设置答案，结论是在自然文本语境（指无词典或他人帮助下的文本阅读语境）中，词义推测难以成功。由于很多问题长期循环无解（Wright & Cervetti 2017），有学者提出（Schmitt 2010；Wang 2019），需要考证当前词汇教学与评测的理据，系统解析脱离语境记忆词义和依托语境推测词义的信息加工机制之间的区别与联系。

总之,静态词义观长期主导词汇教学评测和词汇习得研究。自然文本语境中词义推测难以成功是研究者和实践者一致的论断,多项选择题词汇评测模式应用广泛,影响深远。

词义推测是复杂的认知心理活动,为了探析词义推测难以成功这一结论的成因,本书盘点了认知心理学研究的文献,最终在教育心理学家阿列克谢·莱昂杰夫(Alexei Leont'ev)的活动理论(activity theory,AT)(Leont'ev 1978)中寻得解答方法。

根据该理论的分析框架,本书把词义推测活动的结构分解为自上而下相互作用的三个部分:预设目标词义(presupposed goal of lexical inferencing)、目标导向行动(goal-oriented inferencing action)和推测实施(inferencing performatives)。据此解析词义观与预设目标词义的关系和作用:推测活动启动时,推测者会自觉或不自觉地在某种词义观的驱动下预设目标词义,如在静态词义观驱动下预设词典或他人的规定词义,推测活动就会是非对即错的封闭性尝试,成功概率低,因为规定词义与具体语境中临时形成的词义假设之间总会有差距;如在动态词义观驱动下预设符合语境的合理词义,那么词义推测就是线索搜寻、信息思辨和逻辑推理的开放性词义构建,最终形成的词义假设因人而异,但都有不同程度的合理性。由此揭示,词义构建与词义推测隐含不同的词义观,忽略推测者的主观能动性和根深蒂固的静态词义观是当前词义推测研究的两个重大缺陷。

3.5 动态词义观与语境词义构建能力

根据以上论述,本书提出,词语能力隐含动态词义观,文本语境的词语能力主要表现为语用学词义观驱动下的语境词义构建能力,即综合运用文本语境线索、相关语言知识、文本内容背景知识、社会文化知识等,自主构建目标词合理词义假设的能力。动态的语用学词义观是 CLCC 的关键。CLCC 是文本理解能力、IVA 和自主学习能力的核心。仔细观察就会发现,CLCC 这一概念的定义中包含了几个基本要素:生词辨识自愿性、线索运用灵活性、词义假设合理性、词义构建自信心。这四个要素也可以作为评价 CLCC 的基本维度。由这四个维度所构成的 CLCC 评测模型如图 3.1 所示。

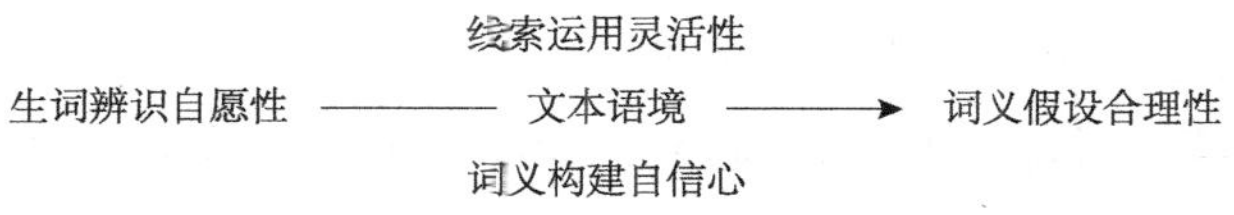

```
                        线索运用灵活性
        生词辨识自愿性 ──── 文本语境 ────▶ 词义假设合理性
                        词义构建自信心
```

图 3.1　CLCC 评测模型

图 3.1 的 CLCC 评测模型从生词辨识自愿性（起点）、线索运用灵活性与词义构建自信心（过程）和词义假设合理性（结果）等四个维度，量化评估不同阶段的语言学习者的 CLCC，或同一学习者在不同语言学习阶段的 CLCC。本书第 6~9 章会对 CLCC 评测模型的作用和操作方法进行更为具体详细的描述。

3.6　本章小结

本章聚焦词义观，吸收语言哲学、认知语言学、词汇语义学、词汇语用学、计量语言学、心理语言学和语言教育学等多个学科的词义研究成果，区分静态词义观和动态词义观两种词义观，说明在理论语言学各分支学科中，动态词义观展现出日益强大的生命力，然而，在二语习得研究中，静态词义观始终占据统治地位，把词汇学习看作词汇记忆，把词汇记忆的广度（即词汇量）和深度（即词义复杂度）作为词汇水平的主要指标（Nation 2001；Schmitt 2001）。静态词义观主导当前二语教学与评测研究，是诸多语义问题长期无解的根由。

在辨析静态词义观与动态词义观、词典释义与语境词义的基础上，深入剖析词语能力的概念内涵，本书认为词语能力的实质是 CLCC。由此探析自然文本语境词义推测难以成功这一研究论断的成因，揭示了人类与生俱来的主观能动性使然，学生在长期的词汇学习过程中形成了自己的词义观，在词义推测活动中，会下意识地在某种词义观的驱动下预设目标词义，主导推测活动；静态词义观驱动下的词义推测活动是非对即错的封闭性尝试，成功概率低；动态词义观驱动下的词义构建是开放性的语言信息思辨过程和逻辑推理过程。词义观制约词义构建的灵活性，进而制约篇章语义构建和 IVA 的质量，因此，树立语用学词义观是二语教学与评测的重要任务，也是语言素质教育的必然要求。

除此之外，本章还对自然文本语境词义推测难以成功这一研究论断的合理性进行了考证，考证的基本步骤如下。

（1）梳理理论语言学各分支学科关于词义的研究，揭示词义推测成功/不成功这一表述的概念内涵和合理评价标准。

（2）梳理第二语言文本 CVA 研究，考察应用语言学领域对词义推测活动成功/不成功的评判标准。

（3）根据（1）考证（2）是否合理。

以上步骤中，步骤（1）是关键，它是完成步骤（2）和步骤（3）的前提和基础，其中，澄清推测成功的概念内涵和确立推测成功的评估标准，是两个相互关联的不同任务，前者决定后者。由于词义推测是以词义为目标的人类特有的（区别于其他动物和人工智能）一种认知活动，而推测成功则是对词义推测活动结果的判断，因此，要澄清推测成功的概念内涵，一方面需要对词义的本质属性有所了解，另一方面需要对词义推测作为人类活动区别于一般动物活动或计算机词义推测程序的基本属性有所了解。

考证结果表明，该论断不能成立，因为它不具备两个先决条件：①尚无关于词义推测成功（success of lexical inferencing）概念的明确界定；②尚无评测推测成功或推测失败的明确标准。笔者发现，在当前二语词义推测研究中，通常会基于某种心照不宣、约定俗成的共识去理解推测成功这一概念，并在合理性不予阐释的情况下，采用多项选择题的评测方法，以词典释义为标准，对词义推测结果进行正或误（成功或失败）的评判。

本书试图在 Wittgenstein 的意义使用论框架下讨论语境词义区别于词典释义的基本特征，在 Vygotsky 的认知发展理论框架下，解析文本阅读中介入 CLCC 教学培养的意义和价值，在莱昂杰夫所建立的 AT 框架下，解析词义构建作为人类活动的基本属性和区别于词义推测的认知特征；在教育学家彼格斯和科利斯（2010）的学能评估分类框架（Structure of the Observed Learning Outcome, SOLO）①下，考察当前词义推测评测模式的问题所在。在质疑词义推测难以成功这一研究结论的合理性的基础上，阐释了本书的几个基本观点。

（1）当前二语词义推测研究以词汇知识记忆为导向，混淆了词典释义与语境词义的概念界限。

（2）当前研究的中心是词义推测的过程，旨在揭示其认知机制和制约因素，忽略了推测者的主观能动性，忽略了推测活动启动前推测者预设词义环节的作用，忽略了预设词义对推测过程与推测结果的影响。

---

① 请见本书第 6 章的相关内容。

（3）"何谓词义"这个问题是理论语言学各分支学科的研究焦点，但在二语教学研究领域被忽略。二语学习者虽然不会像学者一样思考这个问题，但同样拥有自己的词义观，尽管词义观很模糊，自己无法说明。

综上所述，本章梳理了语言哲学、认知语言学、词汇语义学、词汇语用学、计量语言学、心理语言学和语言教育学等领域关于词义的研究成果，区分了词典释义和语境词义、词汇知识与词语能力的概念界限和评测标准，揭示：词语能力隐含动态词义观，文本语境的词语能力主要表现为语用学词义观驱动下的CLCC；阐释词义构建区别于传统意义上的词义推测，后者隐含静态词义观。至此，解析了学习者的词义观及其来源，论证静态词义观在我国二语教学研究领域根深蒂固，是词义推测难以成功这一研究结论和推测者心理的根源，并提出 CLCC 这一概念。下文将探寻培养 CLCC，化解文本语境的词义问题的有效路径。

第4章　CLCC 发展模型

本章将介绍一个 CLCC 发展模型，以此说明在 CLCC 发展过程中教学介入的作用和意义。为此，首先，我们厘清脱离语境的词汇教学法和依托语境的词汇教学法的基本特点和不同作用；其次，阐释两种词汇教学法在三个方面的互补功能；再次，说明在以中高水平学习者为对象的二语教学中，教学介入的主要作用在于帮助学生树立语用学词义观；最后，详细介绍 CLCC 发展模型的特征和用途。

4.1　词汇教学法的类型

词汇教学的方法多种多样，由于文本阅读是目的语输入的最大渠道，因此在文本阅读中帮助学生"记忆目标词，扩大词汇量"是二语词汇教学的主要途径。基于文本阅读的词汇教学有两类：一类可统称为去语境法（uncontextualized approach），指脱离语境，基于词表、辞书或词典释义记忆目标词，也叫词表法；另一类可统称为语境法，基于文本语境习得（acquire）或学得（learn）词汇。词表法可进一步分为语义相关词列表法和语义无关词列表法两种（Nakata & Suzuki 2019）；语境法可进一步区分为加强语境法与自然文本语境法，前者指添加了词义注释，调整了目标词使用频率、辅助词汇练习等的文本语境，后者指没有任何调整或辅助手段、需要推测目标词词义的文本语境（Schmitt 2010）。

4.1.1　词表法

词表法，指把所有目标生词从文本语境取出、单独列表教学的方法，是包括我国 ESL 学习者和汉语作为二语/外语（Chinese as a second language，CSL）学习者在内的二语学习者熟悉并广泛应用的词汇学习法，又称直接学习法（direct learning method）、基于词典的学习法（dictionary-based learning method）、机械记忆法（mnemonic learning method）或显性学习法（explicit learning method）。词表法的基本操作模式是 PPP（presentation—practice—production）：首先，教师根据词典释义和例句等进行演示以说明目标生词的词义；其次，学生反复练习，以巩固关于目标词词形与词义的记忆；最后，在特定学习任务中尝试使用记忆的目标词相关知识，以进一步巩固关于目标词的记忆。

词表法有着悠久的历史和深远的影响，其理论基础是行为主义心理学和形式语言学关于语言符号与符号所指关系的任意论。词表法的基本理念是：一个词的词形、词义与所指事物之间的关系是单一的和固定的。词表法之所以长期在二语教学中普遍使用，原因有二：①便于教学操作；②能使学习者在短期内扩大词汇量。但是，词表法有两个缺陷：一方面，通过背记词汇表所学的词汇知识无法运用于现实语言交际；另一方面，词表法"会让人误以为语言形式所表达的语义与其具体使用场景无关"（Edwards 1997：34）。

词表法所用的词表可分为两类，语义相关词列表法和语义无关词列表法。语义相关词列表法指把语义相关的词如同类词（如 apple、orange）、同义词（如 fast、rapid）、反义词（如 increase、decrease）或与某一主题或情景有关的词等罗列在一个表中，形成一个语义群（semantic clustering）（Bolger et al. 2011；Nation & Webb 2011）。语义无关词列表法则把语义完全不相关的词罗列在一起。Nakata 和 Suzuki（2019）采用母语（日语）和目的语（英语）配对方式（paired-associate format），研究了语义相关的词和语义无关的词罗列的密集程度（massing and spacing degree）对词汇学习（记忆）的影响。受试是 133 名日本大学生。目标词是 48 个英语低频词，其中 24 个语义相关，24 个语义无关。两种词汇罗列方法：聚集罗列（massed list）和间隔罗列（spaced list）。24 个语义相关的词有四组：①baboon、badger、otter、porcupine、raccoon、weasel（哺乳动物）；②diaphragm、intestine、placenta、rectum、tympanum、womb（器官）；③bluff、estuary、plateau、ravine、shoal、strait（地质特征）；④azalea、camellia、camphor、cedar、magnolia、willow（植物）。24 个语义无关的词也有四组：①alloy、apparition、kerosene、kiln、plumage、rudder；②cistern、insurgen、pall、parable、sardine、venom；③alcove、pail、pigment、potassium、relic、toupee；④berth、fuselage、ointment、ore、sentry、tuberculosis。研究结果表明，语义关联与否（语义相关和语义无关）对词汇记忆并无显著影响；目标词放置的密集程度（聚集和间隔）对词汇记忆也无显著影响。这个实验推翻了目标词之间留有间隔可以减少语义相近词之间的相互干扰的假设。

4.1.2 语境法

语境法指在听、说、读、写、译等语言交际语境中习得或学得词汇知识（Schmidt 1994），在二语习得领域，主要指作为阅读过程副产品的词汇习得（Laufer & Hulstijn 2001），因为阅读是目的语词汇输入的主要途径。语境法分为加强语境法与自然语境法。加强语境指添加了词义注释，调整了目标词使用频率、辅助词汇练习等的文本语境；自然语境指没有任何调整或辅助手段，需要通过推测目标词词义习得目标词的文本语境（Schmitt 2010），如在阅读语境中，在没有词典或他人帮助的情况下，一个人习得词汇知识的能力取决于他的词义推测能力。对于二语学习者而言，词义推测能力是他二语综合能力的反映，受语言水平、背景知识和词汇量等二语学习者个人因素以及语境线索水平、生词密度、目标词使用频率等文本因素的制约。一方面，由于推测所形成的关于一个词的词义往往不同于其词典释义或一个规定的词义，二语学习者对词义推测心存畏惧；另一方面，由于耗时长、见效慢，语境法至今难以被二语学习者和教师广泛接受和认可。

4.1.3 语境去留的优劣之争

词表法和语境法孰优孰劣、如何取舍，长久以来，在二语词汇教学研究领域，仁者见仁，智者见智，难有定论。

由于词表法被二语教师和学习者普遍应用，很多学者希望能够找到证据证明基于词表学习词汇要比基于语境习得词汇更为有效。多项研究对比两者的效果（Nation 2015；Laufer 2013；Pressley et al. 1987；Griffin 1992），得出的结论是：有"充分"证据表明（Walters 2004），如果目标生词相同，在实验的后测中，采用词表法一组受试的成绩会远远高于采用语境法一组受试的成绩（Nation 2015；Laufer 2005；Jenkins et al. 1989；Nemko 1984；Pressley et al. 1987）；在"学习目标生词部分知识的特定任务中"，脱离语境的词表法的效果尤为明显（Nation 2001：145）。

然而，有一些学者认为在语境中学得或习得词汇要比脱离语境机械背记（mechanically memorize）词汇表更为有效（Engelbart & Theuerkauf 1999），遗憾的是这一观点缺少实证性研究加以验证。尽管如此，Beheydt（1987：3）坚持认为："脱离语境学习词汇是荒谬可笑的，因为一旦脱离语境，词汇就无法展示其内在的多义性。只有在语境中，学习者才能领会到词义的多变性，才能明白多义和多变是词义的本质特征。"Nagy 等（1987：237）明确指出：

> 在阅读课上，教师把课文中的生词挑出来一个个专门讲解，或许对理解正在学习的特定课文有效，但并不会使学生的词汇总量有任何显著的增长。就短期效果而言，（基于词表的）直接教学法的效果更为显著，附带习得法无法使学生的词汇量在短期内有明显增长。但是只要让学习者保持一定的阅读量，假以时日，阅读中附带习得所积累的词汇知识会远远超过通过直接教学法所掌握的词汇知识。

与以上争议相呼应，倡导词表法的学者主张研究记忆，因为学习者的词汇量大小通过记忆的词汇数量来衡量（Nation 2015；Laufer 2005；Jenkins et al. 1989），而倡导语境法的学者则呼吁研究推测，以提高推测的效率，因为只要推测效率提高了，词汇习得数量就会增长（Wesche & Paribakht 2010；Paribakht & Wesche 2006；Sternberg 1937；Sternberg & Powell 1983）。争论的焦点最后落在这样一个问题上：记忆和推测，哪个更有助于词汇学习？

4.2　词表法和语境法的互补作用

我们只要仔细思考一下就会发现，以上争论中，各方都秉持静态词义观，因为"记忆目标词，扩大词汇量"的二语词汇教学理念是静态词义观的反映。在二语词汇教学研究领域，迄今为止很少有人考证这个词汇教学理念的合理性。在此，我们需要回顾一下第 3 章，其中关于词义本质、词义观以及词语能力概念由来的论述充分说明语言学词义（静态的）和语用词义（动态的）的不同，说明有必要调整以"记忆目标词，扩大词汇量"为目标的词汇教学理念，说明如果把词汇教学目标转变为词语能力培养，关于词汇教学法优劣的争论就会自行化解。因为词语能力的培养与提高是个漫长的过程，在这个过程中词表法和语境法相辅相成，发挥不同作用。词表法建立在静态词义观的基础之上，词汇学习就是牢固记忆目标词；语境法则是建立在动态词义观的基础之上，需要具备灵活的词汇知识应用能力。词表法适用于低水平学习者，语境法适用于中高水平学习者。在二语学习的初期，牢固记忆一定数量的词汇可为后期培养灵活 CLCC 打下良好的基础，高度灵活的 CLCC 是二语词汇知识持续发展的根本保证。

基于以上知识仔细梳理二语词汇教学研究的相关文献（Griffin 1992；Pressley et al. 1987），就会发现根本不存在对词表法和语境法进行优劣比较的基础，完全没有必要争论两者孰优孰劣，因为在二语词汇知识的发展过程中和在以培养学习者 CLCC 为目标的二语教学过程中，它们发挥的作用不同。如果用"哪种方法更有助于记忆目标词、扩大词汇量"作为标准，对语境法和词表法进行高下、优劣的比较，是静态词义观的表现，合理性未经考证。如果从语用学词义观的角度出发去重新认识词表法和语境法的性质和作用，就会发现两者至少在以下三个方面作用互补：在帮助学习者扩大词汇量的过程中，作用互补；在 CLCC 培养中，作用互补；在不同学习阶段，作用互补。

4.2.1　帮助学习者扩大词汇量的过程中作用互补

从事二语词汇习得研究的学者和二语教师大都认为，通过课堂教学帮助学习者专门学习词汇是扩大词汇量最为有效的方法（Horst et al. 2005；Laufer 2005；Prince 1996），但是，由于课堂授课时间有限，教师能够专门讲授的词汇数量极为有限，因此，需要根据词频进行选择。

1. 关于词汇量

以英语为例，如果学习者能够掌握所有的英语词汇，是最为理想的，但是没人能够做到。即使对于本族语者来说，在阅读中仍会遇到大量的生词，特别是一些专业领域使用的专业术语，只有该领域的专家熟悉。关于"英语的词汇总量有多大"的问题，很难有一个明确的答案。因为回答这个问题，首先需要弄清什么是词。词是很难明确定义的一个概念，例如，book 和 books 是一个词还是两个词，green（绿色）、green（绿地）是一个词还是两个词，Thomas、Beijing、Pepsi、KFC 等人名、地名、产品名称、品牌名算不算单词。有的人试图借助词典所收集的词汇数量来弄清英语的词汇总量。例如，《韦氏第三版新国际英语大辞典》（Merriam-Webster Third New International Dictionary）收录了 450 000 个词条，约 114 000 个英语词族，其中不包括专有名词（Goulden et al. 1990）。这是一个非常庞大的数字，远远超过了大部分母语或二语学习者的词汇学习能力。

因为缺乏统一的英语词汇统计单位，难以明确回答英语词汇量究竟是如何统计的。常用的英语词汇统计单位有以下几种。

词符　对所使用的每一个英语词形进行统计，如果同一个词形出现两次，就算两个词符，例如："It is not easy to say it correctly." 一句计为八个词符，it 出现两次，按两个词符计算。在回答以下问题时，通常以 token 为单位统计词汇：一页中（或一行中）有多少个词？这本书有多少词？你的阅读速度有多快？一般人的语速有多快？

词类　对重复出现的词只计算一次，例如，在"It is not easy to say it correctly."一句中有七个词类，it 出现两次，是同一个词类。在回答以下问题时需要用词类来统计：莎士比亚的词汇量有多大？阅读这本书需要知道多少个词？这本词典收录了多少个词？

词目　一个词目包括词典中一个词条（item）及其屈折变化形式。英语词汇的屈折变化形式包括名词复数、第三人称一般现在时、过去时、过去分词、现在分词、比较级、最高级（Bauer & Nation 1993）。词频统计通常以词目为基础，拼写相同但词性不同的词，被视为不同的词目，如名词 walk 和动词 walk 就是两个词目。以词目为单位统计词汇可以用来检测词汇的学习负荷（work load）。一个词的学习负荷就是学习该词及其屈折变化形式（词目）所需要的努力程度。学习者一旦掌握英语词汇的屈折变化规则，学习一个词的屈折变化形式的负担就可以忽略不计。以词目为单位统计词汇量，大大减少了语料中的词汇总量。Bauer 和 Nation（1993）统计发现，布朗语料库中有 61 805 个词类，经过标记，共有 37 617 个词目。用词目统计，词汇数量减少了约 40%。

词族　一个词族不仅包括一个词的屈折变化形式，还包括其派生词。以词族为单位进行统计有个问题，就是有的时候很难界定一个词族的界限。根据语言水平的不同，一个词族的容量也不同。总的来说，随着英语水平的提高，有关前缀和后缀的知识也会随之提高，一个学习者认为属于某一词族的词在另一位学习者看来并非如此，因此，词族的容量需要逐步建立。

在二语习得研究领域，词族是被广泛接受的词汇量评测单位（Nation 2001）。据估计，母语为英语的人群在高中毕业时平均掌握的词汇量在 45 000 （Nagy & Anderson 1984）至 60 000 个词族（Miller 1996），其中特别优秀者所掌握的词汇量可以达到 120 000 个词族（Miller 1996；Nagy & Anderson 1984）。我们计算一下，一个英语为母语的人成长到 18 岁时，即经过 12 年的学校教育，到高中毕业时，即使要掌握平均词汇量的底线，即 45 000 个词族，平均每年至少需要掌握 2500 个词族；然而 Nagy 和 Anderson（1984）研究发现，每一年通过课堂教授的词汇数量不会超过 400 个词族，也就是说，在一个学生高中毕业之前的 12 学年中（小学 6 年＋中学 6 年），通过教师在学校专门教授所掌握的词汇总量不会超过 12（年）× 400（每年所教授的词汇数量）=4800 个词族。Fukkink（2002）研究发现，在这 4800 个词族中，能被学生掌握的最多只有其中的 75%，即 3600 个词族。与有效地进行英语阅读所需要的词汇量相比，学习者通过课堂教学所学的词汇远远不够，因此，词汇学习任务异常艰巨。可以说没有任何课堂词汇教学方案可以帮助学生掌握足够多的英语词汇，使他们熟练地进行英语阅读。为了弥补词汇教学研究的不足，有必要鼓励二语学习者扩大课外阅读量，在课外阅读过程中附带习得词汇（Nagy et al. 1987）。

2. 关于词频

词频是英语词汇研究中的一个重要概念，指词在语言中的使用频率。词频决定一个词究竟应该由教师在课堂上专门讲授，还是应该让学生在阅读中自己学。

根据使用频率，英语词汇通常被分为高频词（high-frequency word）和低频词（low-frequency word）两大类（Nation 2001）。

高频词是使得日常交际活动得以顺利进行所需要的最基本的词汇。虽然高频词的具体数量有多少，并没有一个固定的上限，但是英语中约定俗成地把使用频率最高的 2000 个词族视为高频词。研究表明（Schonell 1956），在英语口语词汇总量中，2000 个高频词占了 99% 的比例；在英语书面语词汇总量中，2000 个高频词占了 80% 的比例。

表 4.1 是 Carroll 等（1971）按英语文本中词频的高低等级确定的词汇量与普通英语文本单词辨识率之间的关系。

表 4.1 词汇量与普通英语文本单词辨识率之间的关系

词汇量/个	辨识率/%
86 741	100.0
43 831	99.0
12 448	95.0
5000	89.4
4000	87.6
3000	85.2
2000	81.3
1000	74.1
100	49.0
10	23.7

Brezina 和 Gablasova（2015）以词汇总量（running words）超过 120 亿个单词的四个大型英语语料库为基础，进行了迄今为止工程最为浩大的词频比对研究。这项研究的结果显示，在这四个英语语料库中，有一组共同的、数量非常稳定的核心词汇。这组由 2122 个单词组成的核心词汇，覆盖了四个语料库词汇总量的 70.7%，构成"最新英语最常用词汇表"（A New General Service List）的基本词汇。以这 2122 个核心词汇为基础，在最终正式推出的"最新英语最常用词汇表"中，还增加了语料库中能够反映当代英语用法特征的、使用频率较高的一些新词。最终的"最新英语最常用词汇表"包含 2494 个单词，覆盖了四个语料库词汇总量近 81%的词汇。

除此之外，根据英语学术题材文本中（如论文、专著等）词汇的使用频率，Coxhead（2000）、Gardner 和 Davies（2014）分别建立了学术词语表（Academic Vocabulary List）。为了弄清这两个表哪个更有助于大学阶段不同学科对英语词汇的要求，以提高以英语为媒介的不同专业或不同学科的教学效率，Qi（2016）独立建立了一个容量为 72 000 000 个词符的学术文本语料库，对比这两个词汇表所列的词汇在这个语料库中的覆盖率。

低频词，顾名思义，就是使用频率较低的词。高频词和低频词的划分没有严格的界限。学者对低频词的理解存在很大的差异。在 Nation（2001）设计的 Vocabulary Profiler 词频、词貌检测工具中，低频词被定义为 2000 最高频词和 580 个学术词汇以外的所有的词。Nation 的这个词频、词貌检测工具根据词频，把英语词汇分为四大类：第一个 1000 词汇水平（K1 Words：1～1000）、第二个 1000 词汇水平（K2 Words：1001～2000）、学术词汇和其他词汇。这个词频、词貌检测工具在不同研究中被广为应用，其中关于低频词的划分界线得到不少学者的认可。在一些研究中，低频词则被笼统地定义为 10 000 最高频词汇以上的词，一个原因是 10 000 个词族的词汇量是一般英语"词汇知识水平测试"（Schmitt 2010）设计的上限；另外一个原因是 10 000 个词族的英语词汇量是以英语为媒介完成大学学业的基本词汇量要求（Hazenberg & Hulstun 1996）。

Nation（2006）对传统的英语高频词、低频词划分界线质疑，传统的观点认为高频词指使用频率最高的 2000 个词族，因为这 2000 个词族占了口语交际 99%的词汇、书面语交际 80%的词汇，保证书面语交际顺利进行所需要的词汇量是 5000～6000 个词族。Nation 则估计一个英语使用者要保证英语口语交际的顺利进行，至少需要 6000～7000 个词族的词汇量；要保证书面语交际的正常实施，则至少需要 8000～9000 个词族的词汇量。据此，他认为，8000～9000 个使用频率最高的词族是保证英语口语交际和英语书面语交际顺利进行所需要的基本词汇，应该把这部分词汇以外的词视作低频词。

表 4.2 是 Nation（2014）以千词（词目）为词频等级的递进单位，统计了词频等级与布朗语料库中的词汇覆盖率的对应关系。布朗语料库是最大的美国书面语语料库，汇集了各种体裁的美式英语文本。

表 4.2　词频等级与布朗语料库中的词汇覆盖率的对应关系

词频等级/词目	覆盖率/%
1000	72.0
2000	79.7
3000	84.0
4000	86.7
5000	88.6
6000	89.9

Schmitt（2010）将传统的词频分类和 Nation（2006）的估算相结合，建议在高频词、低频词之外，增加一个新的词频类型，即中频词。他把 2000～9000 词频水平的词汇划分为中频词（mid-frequency word），是介于高频词和低频词之间的词汇，也是语言应用所需要的词汇。中频词至关重要，但在语言教学实践中却被忽略掉了（Pellicer-Sánchez & Schmitt 2010）。

在传统的二语课堂教学中，教师会通过教学活动（包括各种词汇评测）帮助学生牢固记忆目的语书面语中使用频率最高的 2000 个单词，这可以辅助学生在课后广泛的阅读中自主习得一部分使用频率较高的单词，如使用频率等级在 3000～5000 水平的单词，但可以忽略低频词（Nation 2001）。低频词之所以在教学中被忽略，原因有二：①课堂时间有限，不值得占用宝贵的课堂时间专门去教；②低频词的使用频率太低，它不会影响一般的学习活动，学生也没有必要浪费自己的时间和精力专门去学。针对不同词频等级，传统词汇教学法可归纳如表 4.3 所示。

表 4.3　词频等级与传统教学介入模式的关系

词频等级	教学介入模式	教学介入程度
高频词（约 2000 个词族）	脱离语境	强介入
3000～5000 个词族	依托语境	弱介入
低频词	忽略、不介入	

Schmidt 认为，如果二语学习者掌握 2000 个词族最高频词汇确实可以满足英语口语交际的需要，5000~6000 个词族词汇量确实可以满足他们书面语交际的需要（Nation，2006），以上教学安排就是合情合理的，因为需要学生自己在课外阅读中通过一定的策略独立习得的词汇数量似乎不算太大（3000 个词族左右），在他们的能力范围内（Schmitt 2010）。但是，如果需要学生独立在课外阅读中习得 6000~7000 个词族（即 2000 高频词以上用以满足书面语交际需要的词汇），而教师不给予任何帮助，似乎是不现实的。

如何解决这个问题，迄今为止，还没有答案，Schmitt（2010：196）因此呼吁"二语学习过程的所有参与者（包括学习者、教师、教材编写人员、研究人员等）都应该把注意力放在如何帮助学生习得中频词上，只有帮助他们习得中频词，才有可能使得他们掌握足够的词汇，最终在目的语交际中词汇不再是一个问题"。Schmitt（2010）提出，按照使用频率把英语词汇划分为"高频词""中频词""低频词"三类，根据目标词的词频等级采取不同的教学方法，中频词应成为词汇教学的重点，如表 4.4 所示。

表 4.4 词频等级与教学介入模式的关系

词频等级	教学介入模式	介入程度
高频词（1~2000 个词族）	脱离语境	弱介入
中频词（2000~9000 个词族）	依托语境	强介入
低频词	忽略、不介入	

4.2.2 CLCC 培养中作用互补

从上节可以看出，尽管大家意见不一，如是否应该对语境法进行教学干预，但是有一个共识，即无论根据传统的词频与词汇教学关系的理念，还是根据 Nation（2001，2006）和 Schmitt（2010）等人关于词频与词汇教学合理关系的观点，词表法（脱离语境专门讲授/学习词汇）和语境法（在课外阅读语境中习得词汇）两种词汇教学法（教法即学法）在帮助学习者扩大词汇量方面作用互补。然而，只要仔细思考一下就会发现，这一结论其实是建立在静态词义观的基础之上的，也就是说，在致力于扩大学习者词汇量的传统教学理念中以及从事词汇量相关研究（如词汇量评测或词汇量扩大等）的学者的潜意识中，两种词汇教学法的目的是一致的，都是帮助学习者记忆尽可能多的词形及其正确词义。因此，认为两种词汇教学法在帮助学习者扩大词汇量方面作用互补，是静态词义观的表现。如果我们能够认识语言学词义和语用学词义的辩证关系，能够根据语言哲学家（Wittgenstein 2009）和教育心理学家（Vygotsky 1997）关于词义本质的论述，接受动态词义观的合理性以及语境词义的多变性与临时性，我们就会发现，在培养二语学习者的CLCC方面，两种词汇教学法也作用互补。

1. 语言学词义与语用学词义

词义在不同流派的语言学理论中都占据重要地位，专门研究词义的语言学分支学科是词汇语义学，其发展经历了五个阶段：历史语文语义学、结构主义语义学、生成主义语义学、新结构主义语义学和认知语义学（Geeraerts 2010；贾磊和杨忠 2013）。

历史语文语义学启蒙于19世纪早期，被认为是现代语义学的开端。这一时期的词汇语义研究采取历史取向，主要关注词义的变化，认为对词语当前意义的恰当理解需要彻底掌握其语义历史，同时，突出语义变化的心理机制，关注语义变化的识别、分类和解释。

结构主义语义学是由以Saussure语言学理论为基础发展起来的音位学、语法学研究方法延伸至语义研究领域而产生的。词汇语义研究摒弃了心理和历史取向，从概念出发研究词语。这一立场实际上将语言框定为一个独立的系统，语义研究只能在系统内部开展。在结构主义语义观界定下的理论立场和描述方法中，最主要的是词汇场理论、语义成分分析和关系语义学。关系语义学发展了描述相关词语之间结构关系的思想，试图用纯语言的方式如同义、反义等来进行描写，却不能避免其无法将语言层面与百科知识或语用层面明确划分的缺陷。

生成主义语义学在一定程度上是结构主义语义学的延续和发展。美国语义学家Katz和Fodor将结构主义的语义成分分析方法与形式主义的描写系统和心灵主义的意义概念结合起来，在形式语法框架下关注意义的描写，同时又重提语义的心理现实性。卡茨试图描述的词汇特征和语义关系，如语义同一性（同义关系）、分类组织等，也是结构主义语义学所关注的现象，而词汇语义学与形式语法的结合又增加了对组合关系的考察。在分类的基础上，卡茨通过形式化表明，词汇语义关系和特征如何随意义的特征表征和投射规则的运作而自动生成，通过将心理因素引入自然语言语义学来描写语言使用者解释句子的能力。这一阶段的词汇语义研究直接影响生成语法理论是否考虑语义因素的决定，从而引发了生成语义学和解释语义学关于语义优先还是句法优先的争论，使语义研究的繁复主义（maximalism）和简约主义（minimalism）两条路线更加清晰化。

新结构主义语义学涵盖多个词汇语义研究理论分支，这些分支直接或间接延续了结构主义的理念并以生成主义语义学关注的问题为背景，主要探寻语义形式化的可能性。新结构主义范式的语义研究多采取简约主义的路径，大体沿着语义成分分析和关系语义学两个方向发展。从词汇语义分析的心理现实性和形式表征的充分性来说，前一类又同时关注词汇和认知的互动，考察语义成分描述的认知基础或语义与语境的界面；后一类则与计算词汇语义学密切联系，为之提供词汇资源或发展从语料库中提取语义信息的计算方法。

认知语义学是当代语言学中最流行的词汇意义研究框架，主张语义学和语用学、词汇知识和世界知识、结构和使用等结合的观点，坚持语言是认知的一部分，语言研究应该采取基于使用的方法，词汇语义的描述要与百科知识和世界知识联系起来。认知语义学对词汇语义研究有四个方面的贡献：范畴结构的原型理论、概念隐喻和转喻理论、理想化认知模型和语义框架以及认知语义学对意义变化的解释。原型理论说明认知范畴并非以充要条件界定，其边界是模糊的。同样，词汇语义之间也没有清晰划定的界限，新的词义通过原型的扩展而产生，其理解和分析不可能独立于百科知识和世界知识。概念隐喻和转喻理论解释了日常语言中词汇意义扩展的动态性，词汇语义的描述要充分考虑语言基于体验的特点，以及语境和心理因素对意义的影响。理想化认知模型和语义框架提供了词义描述的结构，将词汇语义的分析放在完整的认知背景中进行。认知语义学还强调词汇意义随语言的使用和观察视角的不同而发生变化，从而推动对语义变化机制和规律的考察。因此，认知语义学将语境、百科知识和意义的动态性结合起来，从共时和历时两个角度考察，使传统的二分观点得以有效地沟通，充分体现了语义解释的心理现实性和全面性。

认知语言学家 Taylor 提出心理语料库假说，试图消解词义。他认为没有边界清晰、恒定的词义，探索一个词的意义可能是徒劳的，词的稳定意义是个幻觉，他认为 open、cut、book 等词具有一个或多个词义是错误的。Taylor 的词义消解论与很多哲学思想和语用理论相契合（张韧 2018）。特别值得一提的是，Taylor 明确承认他的词义消解论是对 Wittgenstein 有名的意义使用论的具体阐述。

Wittgenstein 是现代语言哲学的奠基人，他的研究标志着语言哲学从语义层面向语用层面的过渡，最能反映这种范式转变的是其名著《逻辑哲学论》（1922年）和《哲学研究》（1951年）（霍永寿 2012）。在《哲学研究》中，他提出了具有划时代意义的意义使用论和语言游戏论。从此，词义被区分为相互关联的两个层面：语言学层面的词义和语用学层面的词义。语言学层面的词义比较稳定、持久，是词典编撰的基础；语用学层面的词义灵活、多变，只能在具体的交际语境中临时构建。

在词义被区分为语言学层面的词义和语用学层面的词义之后，词汇语义学和词汇语用学两个相互独立的学科应运而生，分别对两种不同词义的本质特征加以系统研究。

词汇语义学是语义学的一个分支学科，其研究对象是语言学词义；词汇语用学是语用学的一个分支学科，是个较新的研究领域，出现在20世纪90年代，以弥补词汇语义学研究的不足。词汇语用学的研究对象是词在具体语境中的意义，即语用学词义。词汇语用学的核心观点是：一个词的词义取决于使用该词的语境（Wilson & Carston 2007）。

词汇语义学和词汇语用学虽然研究对象不同，但都有助于揭示语言应用中词义的临时性和可构建性的本质特征。词义的临时性源自语言交际活动的多变性，词义的可构建性则源自以语言学词义和语用学词义为基础的语境信息（冉永平 2008；王改燕 2022）。关于语言学词义和语用学词义的关系，很多学者都有非常生动、形象的描述，如 Elman（2007：4）是这样描述的："Words don't have meaning; they're cues to meaning!" 这句话的意思是：一个词（包括其词形及基本语言学词义）并没有固定的语境词义，它（词形及基本词义）仅仅是找到其特定语用词义的线索。

Wittgenstein 是这样描述的（引自 Baghramian 1998：86）："说出一个词就像在思维的键盘上敲打出一个音符。"他把一个词（包括其词形及基本语言学词义）比作琴键上敲出的一个音符，它的作用是唤起富有创造力（imagination）的语用词义。

Wilson 和 Carson（2007：230）是这样描述的："词的字面意义（即语言学词义）通常都需要根据使用的语境加以调整，因此词在用来表达一个命题时所具有的词义（即语用学词义）往往不同于其字面意义（即语言学词义）。"

基于以上讨论，我们可以把两种词义的关系总结为：一个词的语言学词义是对其语用学词义的抽象，一个词的语用学词义则是其语言学词义的具体运用。两种词义可以相互转换，互为补充。语言学词义是词表法的目标，语用学词义则是语境法的目标。语言学词义和语用学词义相互作用、相互影响的关系可以充分证明两种词汇教学法有互补作用。Vygotsky（1986）的符号学理论对两种词义的转换进行了系统的阐释。

2. 语言学词义观与语用学词义观的相互转换

Vygotsky 的符号学理论与 Wittgenstein 的语言哲学思想一脉相承。Vygotsky 提出 znaczenie 的概念，即语境词义，以区别于 smysl，即非语境词义。smysl 所表示的非语境词义是高度抽象、较为稳定的大脑表征，犹如词典释义，具有指称功能，不会随语境而发生变化。znaczenie 所表示的语境词义则与其可辨识的外部词义没有多大关系，主要取决于诸多心理因素和语境。例如，英语 green 一词的 smysl 表示一种颜色，znaczenie 则不仅可以表示颜色，还可以表示一个政治团体（如 the Green Party）、人的一种性格特征等。一个词的 znaczenie 和 smysl，即语境词义和非语境词义不是一一对应的关系。语境词义是"一个词使我们产生并意识到的全部心理体验……它是一个多变的、动态的、复杂的整体，由数个稳定性程度不同的层面组成"（Vygotsky 1986：244-245）。

Vygotsky 的符号学理论系统阐释了符号系统（主要是语言符号系统）在人的社会文化活动与人的大脑思维间所起的中介作用，说明在一个人的发展过程中，外部（即社会文化）层面与内部（即认知心理）层面相互作用、辩证统一的关系。Vygotsky 拒绝把语言与语境分裂开来，他把词义区分为 znaczenie 和 smysl，用以对人的认知思维能力进行符号学分析（Johnson 2004：114）。他认为儿童从早期习得的语境词义抽象形成脱离语境的词义，是其认知心理从"人际界面"（属社会文化界面）向"内省层面"（属认知心理界面）过渡发展的必要条件。这一过渡是一个渐进的过程，需要经过以下四个阶段。

第一阶段，儿童根据自己的主观判断对事物进行分类。以英语为母语的儿童为例，他们认为 dog 这个词可以用来指称任何有四条腿的物体。

第二阶段，儿童通过观察发现，四条腿的物体有不同的特征，并对所观察到的四条腿的物体进行分类，例如，他们可能会根据颜色、大小、形状等的不同，对周围所看到的四条腿的物体进行分类。

第三阶段，儿童表现出能够用概念对具体物体进行抽象思考的特征，但是用以抽象思考的概念界限不清，会出现概念模糊、前后矛盾的情况，因此这个阶段也叫伪概念阶段，例如，在这一阶段，关于 dog 一词的词义概念萌芽了，但是并不明确，会有词义概念混乱的现象发生。

第四阶段，真正的词义概念形成了，例如形成了明确的关于 dog 的概念。形成脱离语境的抽象词义概念，使得儿童更高级的认知心理功能得以开发。开发更高级的大脑认知功能只能通过教育实现，教育创造和促进了儿童在最近发展区[①]的成长。

表 4.5 所示的是母语为英语的儿童在习得 dog 一词的过程中，从语境词义向脱离语境词义过渡所需经过的四个阶段及基本特征。

表 4.5　母语习得者从语境词义向脱离语境词义的过渡过程（Johnson 2004：116）

阶段	特征	以 dog 一词为例
第一阶段	儿童根据自己的主观判断对事物进行分类	dog 可能被用来指称任何有四条腿的物体
第二阶段	儿童能够根据事物的客观特征对事物进行分类	儿童可能会根据颜色、大小、形状等对周围所看到的物体（如狗）进行分类
第三阶段	儿童表现出能够用概念对具体物体进行抽象思考的特征，尽管对概念的界限尚不明确，缺乏连续性	关于 dog 一词的词义概念萌芽，但有时会混乱使用
第四阶段	儿童真正形成了词义概念	儿童能够用 dog 一词概念进行抽象思考
结论	形成脱离语境的抽象词义概念是通过教育介入去开发儿童更高级认知功能的前提和基础	

二语习得者的词汇学习经历，不同于母语学习者的母语词汇学习经历。所谓二语习得者，指在外语语境（即非目的语语境）中学得，或在自然语境中（即目的语语境）习得母语以外的另外一种语言的学习者。对于在非目的语语境中学得母语以外一种语言的二语学习者（如中国的英语学习者）而言，课堂环境下的二语词汇知识学得过程（learning process）与 Vygotsky 所描述的儿童母语词汇知识习得过程（acquiring process）有着本质的不同。

在二语词汇知识学得的过程中，二语学习者通常需要经历以下三个阶段。

第一个阶段，学习者主要通过机械背记词形及其基本词义（指基于词典释义的非语境词义）的方式，掌握一定数量的目的语高频词汇，即入门词汇量[②]。这

---

① 最近发展区即 zone of proximal development（ZDP）是由苏联著名心理学家 Vygotsky 提出的，他认为学生的发展有两种水平：一种是学生的现有水平，指独立活动时所能达到的解决问题的水平；另一种是学生可能的发展水平，也就是通过教学所获得的潜力。两者之间的差异就是最近发展区。

② 入门词汇量指一个人可以在阅读语境中习得词汇所必备的词汇量。

个阶段的词汇知识既非人际界面,如不能运用机械背记的目的语词汇知识进行社会文化交流;也非内省层面,如不能运用机械背记所掌握的目的语词汇进行思考。这个阶段比较短暂。

第二个阶段,学习者运用记忆的入门词汇知识进行社会文化交流,这是词汇知识发展从记忆向人际层面过渡,将机械背记的抽象词义运用于具体语境的过程。

第三个阶段,学习者把经过具体语境检验的目的语词义知识进行抽象概括,使其具有内省层面的认知功能。这是使语境词义知识抽象脱离语境的过程。

图4.1所示的是母语(L1)词汇知识与二语(L2)词汇知识的发展过程对照。

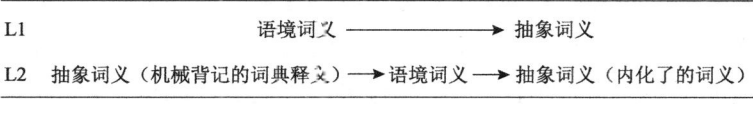

图4.1 母语(L1)词汇知识与二语(L2)词汇知识的发展过程对照

二语词汇知识发展过程完全不同于母语词汇知识发展过程。二语初学者需要通过机械背记,积累一定数量目的语高频词汇的词形及基本词义(如基于词典释义的抽象词义);然后,在长期的学习过程中,逐步掌握这些词汇的基本词义在各种具体语境中的词义,体会基本词义与语境词义之间的不同和关系,这是抽象词义应用于具体语境的过程,这一过程是二语词汇学习的核心。二语词汇教学的核心任务,就是培养将所背记的抽象词义灵活应用于具体语境的能力,这一能力的培养会极大地促进他们多语能力[①]的发展(Cook & Wei 2016)。受学习环境和学习者个人条件等各种因素的制约,只有少数二语学习者能顺利完成这个过程的学习任务,具备根据具体语境灵活调整、构建词义的能力,从而顺利进入更高一级的学习(即无须担心目的语词汇知识不足的学习阶段)。大部分二语学习者会在这个过程中的某个阶段止步,他们能够机械背记词汇,但始终无法根据具体语境调整所记忆的词义或临时构建词义。能够把一个词在不同语境中的词义进行抽象概括,即具体语境词义概念化,是二语词汇学习的高级阶段,在这个阶段,二语学习者由于能够熟练驾驭两种语言,要比只会使用单一语言的人拥有更加灵活

---

① 多语能力(multi-competence)是 Cook(1991)提出的一个概念,指驾驭两种以上语言系统的能力。多语能力拥有者的头脑中关于语言系统及词义的知识不同于一语使用者。较之于一语使用者,他们具有更为复杂的认知思维方式,观察力更敏锐,母语阅读速度更快,抽象思维能力、创造能力和分析推理能力更强。

的认知思维能力（Cook & Wei 2016）。二语学习者在词汇学习过程中所经历的抽象词义应用于具体语境的过程和具体语境词义概念化的过程，既是两种语言系统融会贯通的过程，也是两种概念体系、思维模式融合并形成一种新的、更为灵活的思维模式的过程。

至此，我们可以看到无论是在母语词汇知识发展过程中，还是在二语词汇知识发展过程中，语境词义知识和脱离语境的抽象词义知识之间会相互转换，这说明，认为两种词汇教学法相互对立的观点是站不住脚的，因为无论在母语词汇教学中还是在二语词汇教学中，都可以通过直接词汇教学法掌握目的语高频词汇的抽象（脱离语境）词义，不同的是，母语习得者是在已经拥有一定程度母语高频词语境词义知识的基础上，进一步掌握他们的抽象词义，而二语学习者则是在没有任何语境词义知识的基础上，主要通过机械背记学习掌握二语高频词的抽象词义。相同的是，母语习得者和二语学习者，都需要在掌握抽象词义知识的基础上，进一步在具体语境中习得母语或目的语词汇的语境词义知识。

Vygotsky 的符号学理论说明两种词义（语境词义和脱离语境的词义）之间通过相互转换，共同促进词汇知识发展，这表明分别以（背记）语言学词义和（推测）语用词义为目标的两种词汇教学法相辅相成，共同提高学习者的 CLCC。

由于 Vygotsky 完全没有从形式语言学的视角去研究词汇知识发展的规律，也基本没有考虑语言习得（如二语习得）的路径和效率问题，其词汇知识发展理论受到众多应用语言学家的质疑（Mitchell & Myles 1998）。但是 Song 和 Kellogg（2011）认为，正是由于 Vygotsky 放弃语言学视角，忽略语言习得研究的传统方法而另辟蹊径，使得他的词汇知识（主要是词义知识）发展理论更有价值。Vygotsky 使我们对词义的理解以及词义知识的发展有了历史性的突破。

但是，需要说明的是，关于语言学词义知识与语用学词义知识之间相互转换的讨论，仅仅是关于语义层面的词汇知识发展的讨论。语义层面的词汇知识发展并非词汇习得。习得一个词意味着习得其词义和词形两方面的知识。有一个问题对语境法至关重要，推测一个词词义的过程是否会自动形成对其词形的记忆，这个过程可以图示为：推测词义→记忆词形。遗憾的是，至今没有充分的证据可以证明这个图式是成立的。Song 和 Kellogg（2011）认为推测词义的过程与对词形的记忆无关，很可能构建词义知识的过程与记忆词形的过程之间没有连接的路径。

4.2.3 不同学习阶段作用互补

在说明两种词汇教学法在扩大学习者词汇量和提高 CLCC 方面的互补作用之后，我们可以得出这样一个结论：在服务不同教学对象中，两种词汇教学法同样作用互补。以下我们对此进行说明。

词表法、脱离语境法或直接词汇教学法通过专门的词汇练习、背记词表等，帮助学习者记忆目标生词静态的语言学词义，适合二语初学者，可以帮助他们尽快掌握二语入门词汇量。例如，对于 EFL 学习者而言，入门词汇量指英语中使用频率最高的 2000 个词族，掌握了这 2000 个词族之后，EFL 学习者就可以进行简单的英语交流，为交际语境中习得词汇做好了准备，进入了语境词汇学习法的大门（Huckin & Coady 1999）。

语境法通过推测目标生词词义来习得词汇知识。语境法的核心是培养学习者灵活运用各种相关知识、线索，临时构建关于目标生词合理语境词义的能力。语境法适用于已经掌握 2000 个高频词的中高水平 EFL 学习者（Huckin & Coady 1999）。在中高水平二语学习阶段，学习者应该懂得，通过机械背记所掌握的词汇知识在具体运用语境中只起索引的作用，需要具备利用索引词义构建符合特定语境具体词义的能力（Edwards 1997）。

显而易见，语境法具有以下优点。

第一，有助于学习者领会词义的丰富内涵及用途。这是因为语境词义是动态的，有时很微妙，只可意会不可言传，只能在具体语境中去体会。

第二，有助于提高二语学习效率。语境法使词汇习得和阅读理解两种学习活动有机结合、同时进行，既可以增加词汇学习的趣味性，又有助于阅读理解效率的提高。例如，为了确定某一目标生词在特定语境中的具体词义，学习者会开动脑筋，千方百计地搜寻、加工、整理文本中的线索和大脑记忆中的相关知识等推测词义。词义推测过程是信息深加工的过程，这一过程的灵活运用不仅有利于词汇习得能力的提高，还有利于阅读理解能力和灵活运用知识能力的提高。

第三，有助于二语词汇自主学习能力的提高。这是因为阅读过程中 IVA 的质和量均取决于学习者利用语境线索临时构建目标生词合理词义的自觉性和自信心。词义推测的自觉性和自信心越高，语境中自主习得词汇的能力就会越高。

4.3 词汇教学语用转向的必要性

从以上论述可以看出，脱离语境的词汇教学法和依托语境的词汇教学法不是相互对立的，在扩大词汇量、培养 CLCC 和服务不同水平的学习者中作用不同，互为补充，没有优劣之分。

每一种词汇教学法都隐含着某种词义观。词义观不仅决定教师的词汇教学理念，而且决定学生的词汇学习理念。

当前，两种词汇教学法（词表法和语境法）都隐含着根深蒂固的静态词义观，这是不合理的。通过对语境词义本质的探析，我们可以看出问题所在：一方面，当前的语境法所秉持的词义理念存在严重的问题；另一方面，当前二语词汇教学研究领域对两种词汇教学法的作用及相互关系的认识上存在混乱。我们认为，要使两种词汇教学法在二语词汇教学实践中能够真正有效地发挥各自不同的作用，需要对这些问题有充分的认识并积极加以纠正。当前语境词汇教学理念存在如下问题。

问题 1：当前依托语境进行词汇教学的中心任务是帮助学生利用语境（主要是阅读语境）记忆目标生词的词形与词义。

仔细研读早期从事词汇习得研究的学者的著述（Pressley et al. 1987）就会发现，他们已经意识到直接词汇教学法不同于语境词汇教学法，因为他们能够指出直接词汇教学法就是帮助学习者记忆生词的词义，而语境词汇教学法则需要帮助学习者了解如何去推测生词的词义（Pressley et al. 1987）。然而令他们深感迷惑但无法解释的是，通过直接记忆学习词语和通过推测学习词语究竟有何不同。因为按照他们当时对词汇教学的了解，语境法和直接法的唯一差异似乎就是语境法更为耗时耗力，因为学习者需要花费更多时间和注意力去推测词义，这无疑会影响对目标生词（包括词形和词义）的记忆。他们试图寻找或建立合理的理论以说明：如果学习者在阅读过程中能够运用适当策略，利用语境线索去推测目标生词词义，会有助于他们对目标生词词义的记忆（Pressley et al. 1987）。遗憾的是，他们始终没能做到。简而言之，问题就在于，他们没能摆脱静态词义观，始终在静态词义观的框架内思考 CVA。按照传统的词汇教学理念，推测的词义与记忆的词义没有差别，都是可以进行正误判断的理想词义。Pressley 等人意识到推测的词义有别于记忆的词义，他们试图弄清如何通过推测去记忆目标生词的正确词义，但无法解释记忆的词义与推测的词义之间的区别与联系。

Sternberg（1987）也曾断言，大部分词汇知识是在语境中学得的，但是他同样没能解释为什么大部分词汇知识是在语境中学得的。

语境给予我们对词义本质的认识，可以理解，他们之所以有这些疑惑，是因为他们忽略了对词义观与词汇教学理念和实践之间合理关系的认识。只要了解它们之间的关系，就会发现通过直接词汇教学法学生所记忆的是基于词典释义的抽象词义，而通过语境学生所推测出的是只适合某一特定语境的一个临时词义，两种词义有着本质的不同，一个是静态的抽象词义，另一个是动态的具体词义。

问题 2：当前词义推测策略训练的目的是使得学生能够通过推测寻找目标生词的正确词义。

根据上文关于词义本质的论述，可以看出，在阅读语境中学习者所推测出的目标生词词义会因人而异、因景（境）而异，对推测结果只能依据具体语境的情况，用"是否合理"去评估，而不能以"是否正确"为标准去评价。就是说，学生实际上只能根据所找到的线索，通过推测，形成一个关于目标生词的词义假设，不同推测者关于同一目标生词所形成的词义假设不同，只能用合理程度进行比较评估，因为推测者经过努力所形成的词义假设总是具有一定合理性，不同的只是合理性程度。如果简单用"非对即错"的二分标准去衡量，一方面，推测者以正确词义为目标的推测是在做无谓的努力，因为交际语境根本就不存在所谓的正确词义，对与错的标准本身就在误导推测者；另一方面，简单粗暴的错误结论，是对推测者为词义推测所做的努力的全面否定。然而，受静态词义观的影响，在当前二语词汇教学研究领域，学者和教师试图通过语境法，帮助学习者掌握一些词义推测策略，希望他们更好地利用语境线索去推测目标生词的标准或正确词义。然而，学习者在运用这些策略时，往往会觉得所学的推测策略无济于事，因为无论他们怎样认真、努力地学习、运用教师所教的推测策略，目标生词的正确词义仍然遥不可及，以下问题都在所难免，这些问题在很大程度上影响学习者的语境词义推测心理（如推测自信心和努力程度等）。

首先，难以推测出正确词义。一个词在具体语境中的词义很微妙，难免会有误导信息使得推测者无法识别或确定其准确词义。例如，Nassaji（2003）研究了 EFL 学习者词义推测的成功率。在其实验中，确定了 199 个英语目标生词，结果发现，受试平均推测出 51 个目标生词的正确词义，推测成功率为 25.6%；推测出 37 个目标生词的部分正确词义，部分推测成功率为 18.6%。在 Bensoussan 和

Laufer（1984）的研究中，学习者的推测成功率只有 24%。Haastrup（2008）研究发现，推测成功率受很多因素的制约。她研究了母语为丹麦语的 7 年级、10 年级和 13 年级的学生在母语及 EFL 阅读中的词义推测情况。她发现受试在母语阅读中的推测成功率要高于 EFL 阅读中的推测成功率。推测成功率还受年龄因素和语言水平的制约，无论在母语还是在二语推测中，年级越高的受试，推测的成功率越高。然而，即使 13 年级的学生的词义推测成功率也不会超过 50%。Wesche 和 Paribakht（2010）的研究对象是一组高水平的 EFL 学习者，结果发现，他们的推测成功率只有 11%。这些研究都以能否推测出目标生词的正确词义作为标准，来评估推测成功率，但是在评估过程中对什么是正确词义并没有加以说明，应该都是以词典释义为标准进行评估的。最后的统计结果差异很大，但都发现推测成功率不高。

其次，无法找到高质量的语境线索。推测者通常会根据某一语境线索在多大程度上有助于正确词义的推测，来判断其质量的高低。在推测过程中，常常会因为无法在目标生词所处的文本语境中找到"高质量"的语境线索，而无法进行推测（Webb & Chang 2015；Paribakht & Wesche 2006；Laufer 2013）。这个问题不难解决，如果推测者能够换个角度去认识可能推测出的词义，抛弃传统的词义推测观念，不把正确词义作为推测的目标，不以是否有助于推测正确词义作为评估语境线索质量和成功率高低的唯一标准，用"合理性"取代"对或错"去评判推测结果，就不会再由于缺乏高质量的语境线索而丧失推测自信心。

最后，词义推测与词汇习得无关。很多人（包括学者、教师以及学生）认为推测是语义层面的认知活动，而习得则是包括词义和词形两个方面的记忆活动（Huckin & Coady 1999），词义推测不等于词汇（词形与词义）记忆。词义推测究竟能否转换为词汇记忆，是当前二语 IVA 研究领域的一个热门话题，目前尚无定论，有的学者持肯定态度，有的学者则持否定态度。例如，Song 和 Kellogg（2011）认为词义和词形是两个独立的认知系统，词义形成和发展的认知加工机制与词形的认知加工机制无关，很可能两者之间没有固定的连接途径。尽管存在争议，但是有一点是肯定的，词义推测不同于查词典，词义推测训练培养的是一种能力，即词语能力，而查词典只能加深对词的记忆。

问题3：以"记忆目标词，扩大词汇量"为目标的传统词汇教学。

通过对词义观与词汇教学理念关系的讨论，可以看到，以扩大词汇量为最终目的的词汇教学理念是不合理的。Nagy 等（1987）指出无论试图帮助学生利用语境或脱离语境记住多少词汇，这些词汇与他们最终在没有词典或他人帮助（包括教师、同学等）的情况下独立阅读所需要的词汇量相比无异于沧海一粟。对于二语教学而言，真正重要的不是帮助学生利用语境或脱离语境记住多少词汇，重要的是帮助他们能够在离开学校、脱离教师的帮助之后仍然有能力、有信心继续自己的学习，并乐此不疲。不可否认二语学习是个漫长的过程，词汇学习是个终身的任务，词汇教学的目的不应该是授之以鱼（记忆一定数量的词汇），而应该是授之以渔（培养词汇自主学习能力），如 Rapaport 和 Kibby（2007）指出：送人一条鱼只够他吃一天；教他钓鱼的本领，则可以让他一辈子有鱼吃。同样，专门教学生一个词，他只能掌握一个词；如果培养他的词汇自主习得能力，他就可以永远摆脱词汇问题的困扰。

词语能力教学以培养 CLCC 为目标，是学习者词汇知识得以持续增长的根本保证。培养中高水平学习者的词语能力，教师不仅需要了解如何利用语境帮助学习者记忆目标词，还需要了解如何帮助学习者利用语境习得词汇知识。

当前二语词汇教学的根本问题就在于，受传统的静态词义观的影响，把帮助学习者记忆尽可能多的词汇作为词汇教学的唯一目标。特别是基于静态词义观的语境词汇教学理念，时至今日，仍然根深蒂固，致使二语词汇教学研究领域普遍存在对 CVA 法的作用及目标认识混乱的现象。以下，我们举例说明这种混乱现象的普遍性。

Mondria（2003）的研究比较了通过猜测词义习得词汇和专门记忆词汇两种不同的方法学习词汇，把目标词的记忆质量作为评估的唯一标准，结果发现两者之间没有显著差异。然而，根据上文关于语言学词义和语用学词义性质的分析，以目标词的记忆质量为标准评判这两种不同教学法的教学效果没有依据，是不合理的，因此，这个研究结果有待商榷。

Nation（2015）建议学习者在通过语境线索猜测出目标生词词义之后，再查一下词典，以核实所猜测出的目标生词词义是否与其词典释义一致。他认为这种推测+查词典的方法有助于提高阅读过程中词汇学习的效率，因为在词义推测的基础上，再利用词典所提供的权威释义，制作方便携带、随时查看的词汇卡片，便于学习者提高对目标生词的记忆。不难看出，这项研究把词汇学的主要任务视为通过帮助学习者记忆基于词典释义的标准词义，扩大词汇量，推测仅仅是加深记忆的过程。

Eckerth 和 Tavakoli（2012）研究了目标词的"使用频率""加工深度"等自

变量对高水平 ESL 学习者词汇习得这一因变量的影响。他们采用多项选择题的方式评测受试对目标生词的正确词义的记忆情况，结论是：阅读结束后，对目标词进行再加工，要比仅仅通过阅读更有助于目标词的记忆。不难看出，在这项研究中，同样，记忆目标词被视作词汇学习效果的评判标准。

Webb 和 Chang（2015）研究了学习者词汇量与阅读过程中词汇习得能力的关系。在实验进行前和实验完成后分别对受试的词汇习得能力进行了评测，评测题型是完成一列目标词和一列母语等值词的配对任务，即给每一个目标词搭配一个母语等值词。显然，这个任务旨在检测受试对二语目标词固定词义的记忆情况，没有考虑在具体使用语境中是否存在真正意义上的等值词的问题。

Jones 在 2014 年发表于《硕、博论文和专业学术论文》(*Theses, Dissertations, Professional Papers*) 的一篇论文是当前 CVA 研究的一个典型代表，论文题目是《三、四、五年级小学生词义推测能力比较研究》("A comparison of lexical inferencing skills in third-, fourth-, and fifth-grade students")，在这项研究中，正确词义被视为词义推测的目标，"非对即错"是评判词义推测结果的标准，这一点清楚地体现在这篇论文的摘要部分 correct、incorrect、error 等词使用的频率上。在 135 个字符的摘要中，使用了 correct3 次，incorrect1 次，error3 次。

> **Abstract** …The purpose of the current study was to analyze third-, fourth-, and fifth-grade students' correct and incorrect responses to determine incremental progress in vocabulary knowledge and to more specifically examine how students used contextual cues to infer the meaning of unknown words. Thus, the current study examined (1) students' abilities to infer the correct meanings of unknown words based on contextual information in reading passages across grade levels, (2) the change in error patterns produced by students across the grade levels, and (3) the impact of six weeks of instruction in word learning strategies on students' correct and phonemic error responses. Additionally, teachers' knowledge of effective vocabulary instruction strategies was examined (4). Initial results have indicated that students show a significant difference in the use of semantic and phonemic error response types across grade levels.

（摘要译文：……本项研究通过分析3、4、5年级学生所推测出的正确和错误词义，揭示词汇知识的发展途径，并且更加具体地考查学生如何运用语境线索推测生词词义。本研究主要考察：（1）不同水平学生运用语境信息推测生词词义的能力；（2）不同年级的学生的词义推测错误类型的变化规律；（3）6周针对推测策略的教学对正确和错误推测结果的影响；（4）同时考查学生对词汇教学策略有效性的理解。初步结果表明，不同年级学生的错误类型显著不同。）

毋庸置疑，当前词义推测教学研究普遍把帮助学生记忆目标词的正确词义视作依托语境词汇教学的目标。

4.4 CLCC 发展模型

总之，试图帮助学生利用语境推测目标词正确词义、记忆目标词、扩大词汇量等问题，都源自静态词义观。教师试图帮助学生利用文本上下文语境线索推测出目标词正确词义。正确词义这一推测目标或推测要求，可望而不可即，会令推测者怀疑自己能力不够、自然文本语境线索质量不高、完全语境法耗时耗力效率低等，而渐渐放弃尝试推测目标词词义，转向查词典或求助他人。

二语学习大致可以分为三个阶段：初级阶段、中级阶段和高级阶段。针对中级阶段的学习者的二语词汇教学至关重要，因为这个阶段的学习者迫切需要在语境中习得词汇，但无法由二语学习初级阶段惯用的机械记忆法自动形成语境法所需要的临时词义构建能力，需要教师给予一定帮助。二语学习者由初级阶段向中高级阶段发展，需要通过教学介入帮助他们做到以下几点。

首先，转变词义观。所谓转变词义观就是能够区别静态词义观和动态词义观，能够理解并接受动态词义观，认识到词义是多变的、灵活的，可以根据语境、时间的不同加以调整、修正、延伸。词义观的转变意味着：放弃词义推测的目标就是寻找并记忆目标词正确词义的观念，因为这个目标不切实际；接受以培养 CLCC 为目标的二语词汇教学理念，致力于培养学生在交际语境中构建关于目标词合理词义的能力。

其次，需要接受 CLCC 这一概念。只有接受 CLCC 这个概念，才能认识到词汇知识记忆不同于词语能力培养，它们是两种完全不同的学习任务，需要在二语学习的不同阶段采用不同方法去完成。CLCC 培养应是贯穿两种教学法或两种学习目标的桥梁，需要两种教学法有机结合和灵活运用。词表法适合二语初学者，语境法适合中高水平二语学习者。CLCC 的培养对于中级阶段的二语学习者至关重要，因为这个阶段的学习者还不能灵活运用各种策略自主解决文本语境的词义问题，CLCC 的培养不仅有助于提高他们阅读中的 IVA（Walters 2004；Kuhn & Stahl 1998；Fukkink & de Glopper 1998）和各类文本阅读理解能力（Sternberg 1987；Buikema & Graves 1993；Fukkink 2002），更为重要的是有助于提高他们二语学习的自主性和积极性（Jenkins et al. 1989）。

表 4.6 说明词表法和语境法适用于不同阶段的二语学习者。词表法适用于帮助二语初学者记忆 2000～3000 个词族的高频词，这是可开启自主学习模式的入门词汇量。CLCC 培养是中级阶段二语学习者的主要任务，需要加强不同教学介入模式，帮助他们逐渐由初级阶段的背记脱离语境的词表学习词汇，过渡到部分依托语境学得或习得词汇，最后到高级阶段的完全依托语境习得词汇，并能够在阅读中自主掌握 6000 个词族左右的中频词。高水平二语学习者和使用者可以十分灵活地在各类文本阅读语境中构建目标生词的临时语境词义。

表 4.6　不同教学介入模式与 CLCC 培养的关系

目标词	教学对象	教学介入模式	介入强度
高频词（2000～3000 个词族）	初学者	脱离语境	强介入
中频词（3000～9000 个词族）	中级水平	部分依托语境	强介入
低频词/多义词/引申义	高级水平	完全依托语境	强介入

图 4.2 展示的是在 CLCC 发展中由词表法（脱离文本语境）向语境法（依托文本语境）过渡的三个主要特征。词表法的三个主要特征是：①学生需要根据教学任务或评测模式的要求，被动学习记忆教师或词典规定的词义；②静态词义观主导下的教学理念和评测理念（如设置非对即错的多项选择题）；③尽可能记忆目标词、扩大词汇量。语境法的三个主要特征是：①学生在自然文本语境中自主学习词汇知识；②动态词义观主导下的词汇教学方法和评测模式；③高度灵活的词语能力。树立语用学词义观、提高 CLCC 是由词表法向语境法过渡的主要途径。

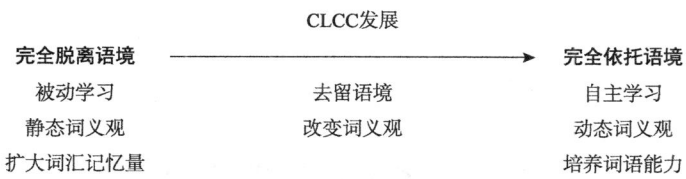

图 4.2　CLCC 发展模型

表 4.7 说明培养 CLCC 需要各种不同的教学介入模式，在教学目标（扩大词汇量 vs. 高度灵活的 CLCC）、词义观（语言学词义观 vs. 语用学词义观）和学习者自主性（完全被动 vs. 完全自主）等三个维度呈递进连续体，由一端向另一端过渡发展。递进连续体的两端是词表法和语境法。在递进连续体两端之间的不同位置上，不同词汇教学介入模式在词义观、教学目标和学习者自主性等三个参数上有所不同，也呈现由扩大词汇量向高度灵活的 CLCC、由语言学词义观向语用学词义观、由完全被动学习向完全自主学习逐渐过渡，递进发展。

表 4.7　CLCC 发展中的词汇教学介入模式

评估维度	词汇教学介入模式		
词义观	语言学词义观	语境	语用学词义观
教学目标	扩大词汇量	留 → 去	高度灵活的 CLCC
学习者自主性	完全被动		完全自主

第 6 章将进一步讨论 CLCC 发展模型的理论依据。

第 5 章　CLCC 概念模型

本章的主要任务是扩大 CLCC 培养的适用范围。超越词汇习得的范畴，建立 CLCC 与阅读理解能力和自主学习能力之间的关系，进而为基于文本的语言信息思辨能力培养和自主学习能力培养提供理论依据。首先，进一步深入细致地考查词语能力的概念内涵，以明确与其相关的概念；其次，阐释 CLCC 在词语能力以及相关能力培养中的核心作用；最后，建立 CLCC 概念模型，揭示 CLCC 教学培养的作用和价值。

5.1　CLCC 相关概念

如果我们仔细观察一下 CLCC 的概念内涵，就会发现它与以下概念密切相关：文本语境（context）、词义推测、IVA、阅读理解（reading comprehension, RC）、学习自主性（learning autonomy, LA）。

这些概念都是当前二语词汇习得研究的热点。以下我们通过梳理相关研究文献，揭示在当前二语习得研究中这些概念所隐含的语用学词义观，说明有必要从语用学词义观的角度，重新审视它们与词语能力的关系。

5.2　文　本　语　境

CLCC 这一概念包含了文本语境、语境词义、词义构建和词义构建能力等要素，其中文本语境是最基本的概念成分。文本语境是一个非常复杂、非常模糊的概念，很难明确定义，我们发现有两种语境观：静态语境观（static view of context）和动态语境观（dynamic view of context）（Wang 2019）。

5.2.1 静态语境观

在二语 CVA 研究的文献中,通常不会明确定义词义推测所依托的语境,但由于语境是个无法回避的概念,研究者通常会根据自己的研究目的,采用分类法,从不同视角对词义推测所需要的语境进行分类描述,即描述而非定义语境,如 Qian(2005)的语境分类和 Walters(2004)的语境分类,他们根据自己的研究目的,通过分类法对词义推测的语境进行描述,避免直接回答 what is context 这个问题。用来描述语境的分类法有两种:文本线索分类(text-based classification of context)和学习者(推测者)语境知识源分类(learner knowledge-based classification of context)。

1. 文本线索分类

通过对目标生词所处的文本上下文进行分类,以对推测词义所需要的语境进行间接说明,而不加以明确定义,是早期学者回答 what is context 这个问题的主要方式。例如,Ames(1966)把有助于词义推测的线索统称为结构线索,并对目标生词上下文中可作为词义推测线索的线索词的句法结构进行分类,如表 5.1 所示。

表 5.1 线索词的句法结构分类

分类	例句
并列词	*sonnets* and *plays* of William Shakespeare
修饰词	…*slashed* her repeatedly with a knife
熟悉的表达	Expectation was written all over their *faces*.
因果关系	He reads not for fun but to make his conversation less *boring*.
联想线索	All the little boys wore short *pants*.
指示词	These *statistics* carry an unpleasant message.
同义词	it *provokes*, and she *provokes* controversy, …
定义或描述	Some looked alive, though no *blood* flowed beneath the skin.
介词	He sped along a *freeway*.
问答	Now, what about *writing*…?
比较或对照	Will it be a blessing or a *bane*?
主要观点及细节	I soon found a *practical* use for it. I put orange juice inside it.
非限定性从句	24 hours—*hardly* a significant period of time.

Müller（1970）把词义推测的语境分为两类：一类是语言语境（verbal context），另一类是非语言语境（nonverbal context）。语言语境也称真实文本语境（authentic context），非语言语境也称非真实文本语境（non-authentic context）。这是因为在 20 世纪 70 年代，阅读材料的真实性是二语教学研究领域的一个重要话题。不仅如此，当时，语境等同于情景（situation），指语言交际的参与者、地点、时间及话题等，对文本的语言语境与非语言语境不予区分。Müller 是最早提出有必要对文本的语言语境和非语言语境进行区分的学者，他认为语境不同于情景，语言语境不同于非语言语境。情景指非语言语境或非真实文本语境；语境则指语言语境或真实文本语境即目标生词周围可以看到的（即真实的）词语和句子等。值得注意的是，尽管 Müller 已经清楚地意识到当时在 CVA 研究领域关于语境的理解存在问题，并试图通过区分语言语境（即语境）与非语言语境（即情景）去澄清 context，但他没有试图定义语境这个概念，以明确回答 what is context 这个问题。

Beck 等（1983）非常笼统地把语境定义为：目标生词周围可以用作词义推测线索的词。不同线索词对推测目标生词词义的贡献不同，根据线索词的信息量及对推测词义的重要性大小，可以依次分为四种类型，呈现为一个连续体。这个连续体的一端是误导语境（misdirective context），这类语境线索会误导推测者推测出关于目标生词的错误词义；第二类是无指导语境（nondirective context），这类语境线索对推测者推测目标生词的词义没有任何引导作用；第三类是普通语境（general context），这类语境线索可以引导推测者推测出关于目标生词的一个基本词义；第四类是指导语境（directive context），这类语境线索可以引导推测者推测出关于目标生词的准确词义。

Henrici 和 Köster（1987）把有助于词义推测的语境统称为典型语境（typical context）。典型语境分为以下几种：情景性语境（situative context）、描述性语境（descriptive context）、语言学语境（linguistic context）和文本相关语境（relation to the original text）。

Beheydt（1987）生造了 pregnant context（创意语境）这个表达，专门用来描述有助于词义推测的语境，指对目标生词词义进行直接或隐晦描述的上下文，有助于推测者推测出关于目标生词的典型词义或者部分典型词义。另外，"富含语义语境"（pregnant semantic context）包含有关目标生词的拼写结构、句法结构及词语搭配等信息的线索。

Nation 和 Coady（1988）把词义推测的语境分为文本内语境（context within a text）和基本语境。文本内语境指有助于推测目标生词词义的目标生词构词结构（拼写、前缀、后缀等）、目标生词所处句子的句法结构以及篇章结构等方面的信息；基本语境指与文本主题有关的背景知识。

De Florio-Hansen（1994）把词义推测的语境分为情景性语境和描述性语境两种。在情景性语境中，目标生词是理解所描述情景的一个重要因素；描述性语境则对目标生词所指的物体进行客观描述，是经过一些"伪装"之后，对目标生词词义的描述。

从 Ames（1966）开始，由于不同学者对词义推测的语境进行分类时所采用的视角不同，采用的分类术语不同。结果产生了很多不同的语境分类，不仅无助于澄清语境的概念界限，反而使其更加模糊、混乱了。Engelbart 和 Theuerkauf（1999）试图将各种不同的语境分类以及分类术语加以整合、规范。他们首先把用于词义推测的语境分为语言语境与非语言语境两大类。然后，他们把语言语境进一步划分为语法语境（指词法、句法和音系）和语义语境（包括词语搭配、同义词、反义词等）；把非语言语境进一步划分为情景性语境（指语言交际发生的时间、地点、参与者等）、描述性语境、文本主题语境（也称读者背景知识）以及总体语境（指推测者关于世界常识）。

表 5.2 是有助于词义推测的文本上下文语境分类一览表。

表 5.2 文本上下文语境分类一览表

研究者	语境分类	术语释义
Ames（1966）	结构线索	按语法特征分类
Müller（1970）	语言语境	也称真实文本语境，指目标生词周围的词语、句子等
	非语言语境	也称非真实文本语境，指与参与者、地点、时间、话题等有关的线索
Beck 等（1983）	误导语境	误导推测者推测出错误词义
	无指导语境	无助于推测者推测词义
	普通语境	有助于推测者推测出基本词义
	指导语境	有助于推测者推测出准确词义

续表

研究者	语境分类	术语释义
Henrici 和 Köster（1987）	情景性语境 描述性语境 语言学语境 文本相关语境	统称典型语境
Beheydt（1987）	创意语境	直接或隐晦描述典型词义
	富含语义语境	拼写结构、句法结构及词语搭配
Nation 和 Coady（1988）	文本内语境	构词、句法和篇章结构
	基本语境	文本主题背景知识
De Florio-Hansen（1994）	情景性语境	目标生词是情景的重要因素
	描述性语境	伪装了的关于目标生词词义的描述
Engelbart 和 Theuerkauf（1999）	语言语境	语法语境和语义语境
	非语言语境	情景性语境、描述性语境、文本主题语境以及总体语境

仔细观察表 5.2 中不同的语境分类，就会发现从文本这个视角的语境分类是从三个小视角进行的：①是否语言学语境（语言学语境 vs. 非语言学语境），这是大部分学者采用的角度，如 Müller（1970）、Henrici 和 Köster（1987）、Beheydt（1987）、Nation 和 Coady（1988）、Engelbart 和 Theuerkauf（1999）等的研究；②是否目标生词上下文，如 De Florio-Hansen（1994）的研究；③是否有助于词义推测，如 Beck 等（1983）的研究。

2. 学习者（推测者）语境知识源分类

给推测者用于词义推测的语境知识源分类是避免直接定义语境的另外一种方法。例如，Carton（1971）把词义推测所需要的知识分为三类：语内知识（intra-lingual knowledge），即推测者关于目的语的语言知识；语际知识（inter-lingual knowledge），即推测者关于母语和目的语间语言迁移现象的知识；语外知识（extra-lingual knowledge），即关于客观世界和目的语文化的知识。

Sternberg 和 Powell（1983）把词义推测所需要的知识分为两类：外部语境知识和内部语境知识。外部语境知识指对目标生词上下文的了解，包括关于目标生词所参与描述的事件发生的时间（具体时间、频率、持续的长度等）、空间（地点）、价值（人们的态度、褒贬）、状态（大小、形状、颜色、味道、感觉等）、功能（用途）、原因（导致目标生词参与描述的事件发生的原因）、类别（词类、物类等）、相关词（如同义词、反义词等）等方面的知识。内部语境知识即关于目标词的内部结构知识。

Haastrup（1991）把二语学习者用于词义推测的知识分为三大类：文本知识、语内知识和语际知识。文本知识又可以进一步分为上下文知识和世界知识两小类，其中，上下文指目标词周围可作为推测线索的词、短语和句子等。语内知识也可分为两小类：目标词知识和目标词的句法知识。目标词知识指关于目标词的拼读、拼写、构词、修辞、词性、词语搭配和语义等知识。目标词的句法知识包括四小类：定冠词知识、形容词知识、介词知识和数词知识。语际知识也有两小类：母语知识和其他语知识。其他语知识指推测者的母语和目的语之外的关于其他语言的知识。这项研究发现，这三大类知识对于词义推测贡献大小的排序是：文本知识、语内知识、语际知识。各小类知识的重要性排序是：上下文知识、目标词知识、世界知识和语际知识。

Chern（1993）把有助于词义推测的线索知识分为四类：句内线索（sentence-bound clue）知识、平行线索（parallel clue）知识、前置线索（forward clue）知识和后置线索（backward cue）知识。句内线索知识是局部线索；另外三类是总体线索，其中，平行线索知识指词与词之间的语法关系及语义的相似性，前置线索知识指位置在目标词之前的线索，后置线索知识指位置在目标词之后的线索。

de Bot 等（1997）的研究对象是 10 名母语分别为法语、汉语、波斯语、西班牙语、越南语和阿拉伯语的 ESL 学习者，他们发现这些 ESL 学习者用于词义推测线索的知识可分为以下类型：句法知识、构词知识、标点符号知识、客观世界知识、篇章结构知识、同义词知识、词语搭配知识以及同源词知识。

Qian（2005）把有助于词义推测的线索知识分为四类：线索位置知识、世界知识、词汇知识和语际知识。线索位置知识决定线索搜寻的范围，如目标词内部、T-unit（T 单元，指包含目标词的句子）中或 T-unit 外。世界知识包括实践知识、态度、信念、偏见等关于客观世界的知识。词汇知识包括目标词拼写知识、构词知识（如词根、词缀和屈折变形等）、句法知识（目标句法结构知识）和语义知识（如与目标词有聚合关系的同义词、反义词和多义词知识）。语际知识指用于推测目标词词义的母语知识。

Wesche 和 Paribakht（2010）系统研究了二语词义推测中的语言迁移现象，如母语对用于词义推测的知识类型的影响，但没有描述或定义"语境"，也没有对（语境）线索知识进行分类。

表 5.3 是以上研究中用以说明语境的推测者线索知识源分类一览表。

表5.3 线索知识源分类一览表

研究	线索知识分类	分类术语释义
Carton（1971）	语内知识	关于目的语的知识
	语际知识	关于外来词、词源以及语言迁移的知识
	语外知识	关于客观世界和目的语文化的知识
Sternberg 和 Powell（1983）	外部语境知识	关于目标词上下文的知识
	内部语境知识	关于目标词的内部结构知识
Haastrup（1991）	文本知识	上下文知识和世界知识
	语内知识	目标词知识包括拼读、拼写、构词、修辞、词性、词语搭配和语义等。目标词的句法知识包括定冠词知识、形容词知识、介词知识和数词知识
	语际知识	母语知识和其他语知识
Chern（1993）	句内线索知识	关于包含目标词的句子构成成分的知识
	平行线索知识	关于词与词之间的语法关系及语义的相似性的知识
	前置线索知识	关于置于目标词前的线索的知识
	后置线索知识	关于置于目标词后的线索的知识
de Bot 等（1997）	线索知识	句法知识、构词知识、标点符号知识、客观世界知识、篇章结构知识、同义词知识、词语搭配知识以及同源词知识
Qian（2005）	线索位置知识	目标词内部、T-unit 中或 T-unit 外的线索知识
	词汇知识	词形、构词、句法、语义、多义词、反义词、同义词以及其他义群关系知识
	语际知识	有助于词义推测的母语知识
	世界知识	实践知识、态度、信念、偏见等关于客观世界的知识
Wesche 和 Paribakht（2010）		研究了推测过程中的语言迁移现象，如母语对用于词义推测的知识类型的影响，没有描述或定义词义推测的语境概念

从以上描述可以看出，学者主要从文本上下文语境分类和线索知识源分类的

角度对用于词义推测的语境进行分类描述（表 5.2 和表 5.3）。有的学者则避免说明或定义语境，如 Wesche 和 Paribakht（2010）。采用分类法描述语境代替定义语境存在以下问题。

（1）分类角度不同，所用的术语内涵混乱、界限不清。可以理解，随着基于任何角度的语境内涵研究的深入，如无论是文本上下文分类，还是知识源分类，分类类型会愈加精细，分类名目会愈加繁杂，分类列表会随之越来越长。不仅如此，由于同一术语在不同分类中的含义不同，如线索知识源可分为语内知识和语际知识两类，但在不同研究中，语内知识和语际知识有着不同的内涵，这会使语境的界限更加模糊不清。

（2）可以把所有不同角度的语境分类归纳为两大类，源自推测者内部（大脑中已经储存的）固有知识的线索和源自外部文本的语言线索。推测者内部固有知识的线索指学习者所掌握的关于母语、目的语、社会文化、客观世界、人类情感、信念、态度、偏见等方面的知识；外部文本的语言线索指关于目标生词所处文本的语言因素与语言相关因素的知识。

（3）持静态语义观。试图通过上下文语言线索分类或基于推测者的线索知识源分类去说明词义推测的语境这一概念，是静态语义观的反映。因为，无论是基于文本的上下文语言线索分类，还是基于推测者的线索知识源分类，都是将所分类的事物设定在某一静止状态进行分析、研究、认识事物的性质、特征的思维模式。

Edwards（1997）充分阐释了人的认知心理在语言交际中不断发展变化的动态本质特征，指出基于传统心理语言学的静态语义观[①]有着很大的局限性，静态语义观视角下的词义不同于真实交际语境中的词义。在静态语义观视角下，词义被视作"定格"在某一瞬间的大脑表征，Edwards 认为无视语义的动态性，将语义"定格"，实际上就是对语义进行分类，不同视角的分类，都是从不同维度在对现实推测语境的特征进行提炼总结的基础上形成的，具有很强的人为色彩。分类的优点是便于人们描述和讨论现实，对语境进行分类，有助于学者对语境进行分析、讨论、预测。但是，无论分类如何周密、细致（包括语义分类在内）也无法完全反映现实。旨在说明词义推测语境的上下文语言线索分类和相关线索知识

[①] 心理语言学的主要研究对象是语义在大脑中的表征（representation），把语言同语言所反映的现实分开，观察语言在大脑中的表征。它忽略了一个事实，即由于现实是动态的，大脑中的语义表征不可能是静态的，静态的语义是不存在的。

源分类，便于学者分析、讨论语境，但不能完全反映词义推测的真实语境。语境分类是主观地使语境处于一种静止状态下进行的，因此，忽略了客观语境的灵活性。灵活性是词义推测语境的一个固有的特征。词义推测的客观语境应该是这样的：在阅读过程进行中，通过眼睛看到的一个词，视觉信号经过大脑认知加工形成特定词义，影响大脑信息加工的因素是错综复杂的，这些因素以及这些因素的相互作用共同构成词义推测的语境。

Hirst（2009）对通过上下文语言线索分类和相关线索知识源分类说明词义推测语境的合理性质疑。他指出，只要浏览一下具体分类，就可以得出这样的结论：交际环境中的任何东西，包括推测者所拥有的知识以及过往与当前的经历都可以成为语境的构成因素。可以说，目标生词"前文"中的任何信息都是构成其词义推测的语境的因素。如果仔细想想"前文"的信息因素究竟包括什么，就会发现可以包括的东西很多，范围很大，Hirst 指出词义推测的语境是以天际为界的。英语 define 一词的本义就是给某个概念设定一个界限。天际为界这个比喻生动说明了语境的本质，说明无法通过分类穷尽词义推测的语境，它是个无边无际、无法明确界定的概念。

5.2.2 动态语境观

上文中说过，在二语词汇习得研究领域和二语词汇教学实践领域，静态语义观根深蒂固。在将动态语义思想或语义理论应用于二语词汇教学研究的实践中，Rapaport 和 Kibby（2007）的研究不容忽视，他们重新定义了语境和词义，使得动态语义思想得以落实在二语课堂教学的具体操作中。

Rapaport 和 Kibby（2007）认为阅读过程中进行词义推测需要两个语境：一个小语境和一个大语境。所谓小语境指目标生词的具体文本语境，也就是目标生词的上下文；大语境的范围很大，无边无际，如果一定要给它确定一个界限，只能说它以天际为界（Sky is the limit.）。在实际的词义推测过程中，真正有助于词义推测的不是小语境，而是大语境。

大语境不在文本中，而是推测者原来所拥有的知识（包括关于客观世界的经验、生活常识、语言知识、关于目标生词词义的原始假设等）与阅读过程中内化了的文本上下文文字信息相结合而产生的大脑表征。

我们可以把 Rapaport 和 Kibby 的大语境的概念内涵进一步分解如下。

文本文字信息的内化过程：指在阅读理解过程中，读者会根据文本上下文文字信息调整自己头脑中原有的观念，吸收新信息，抛弃旧观点，并根据内化的语境，形成关于目标生词的词义假设，并在后续阅读过程中加以验证、调整。

内化了的上下文：指读者对目标生词上下文文字信息的解读在其大脑中的表征。影响读者（后续）阅读的是其内化了的文本而非读过的文本文字，例如，如果读者把文本中的 I'm going to put the cat out 误解为 I'm going to put the car out，对下文的理解就会有不同，所以，影响阅读理解的，不是文本中的文字，而是他认为文本文字所表达的语义。Rapaport 和 Kibby 把文本在读者大脑中的表征称作表征的文本，目标生词的上下文语境因此被称作内化的语境。

在信息内化的过程中调整观点：指读者会把在文本内化过程中所获得的新信息与自己原有的观点相对比，并将两者不一致的地方加以调整。

原来所拥有的知识：指读者原本拥有的关于客观世界的经验、生活常识、语言知识以及关于目标生词词义所本能地、不假思索地形成的假设。

Rapaport 和 Kibby（2007）认为在基于大语境的词义推测中，推测者在特定语境中只能临时构建关于目标生词的一个词义假设，不能赋予它固定词义。所谓推测词义就是形成关于目标生词的（一个或数个可能的）词义假设并对其合理性加以验证的过程。词义推测不是胡乱猜测，而是一项科学任务，需要严谨的逻辑推理。推测一个词词义的过程犹如侦探寻找罪犯的过程。为了找到罪犯，侦探需要尽可能寻找有用的线索，并分析解读每条线索究竟意味着什么，一条线索与另外一条线索之间存在怎样的内在关系等，绝不能简单地确定是谁干的；同样，推测者的推测词义也不是按图索骥，找到目标生词的所谓正确词义，而是需要在线索分析的基础上形成合理的词义假设。推测者在特定语境中依据线索所形成的关于目标生词的词义假设，与侦探基于证据所形成的案情假设、推论、结论等本质上是一样的，都需要在不同语境中继续寻找更多的线索（或证据）加以验证、修正。

Rapaport 和 Kibby 在 CVA 研究中把词义推测等同于 CVA，并特别强调 CVA 需要以"天际为界"为大语境。这种语境，既不包括可以求助的人（如教师、同学、朋友等）或词典这样的外部因素；也不在文本中，它在读者或推测者的头脑中，是动态的，是文本、读者和目标生词三者相互作用的结果。语境的动态性决定了自然文本阅读[①]中词义推测过程的动态性。

---

① 自然文本阅读指没有他人或词典可以求助情况下的阅读。

Rapaport 和 Kibby 的大语境概念和动态语境观得到心理语言学（Anderson & Freebody 1983；Clark 1993）、社会心理学（Krauss & Chiu 1998）以及人工智能（Winograd & Flores 1986）等领域其他学者及相关研究的支持。他们共同得出的结论是：在阅读过程中（或语言交际过程中），读者（或听者）为了解读文本（或话语），大脑认知机制不会停留在文字层面，而是会迅速由所看到（或听到）的文字转向相关信息推测、认知模型或与文字所描述的世界相关的知识表征（Edwards 1997）。在真实交际语境中，所看到或听到的词"只起索引的作用"（Edwards 1997：116），一个词的词义是很多因素共同作用的结果。

为了理解语境的动态性和词的索引性，可以做一个这样的实验，让几位 EFL 受试在听了（或读了）"There is a dog."这个英语句子后，闭上眼睛描述一下自己头脑中所出现的狗的形象。得到的实验结果会是，不同人所描述出来的 dog 的大小、颜色、脾性、种类等各不相同。如果再问他们所描述的狗的形象是从哪里来的，他们就会述说自己关于狗的经历。由此，可以看出，受试大脑中所出现的狗的形象（即 dog 一词的大脑表征，或其词义）与他们的生活经历有关。在读到或听到"There is a dog."一句时，dog 这个词只起语义索引的作用，读者或听者会迅速由它的抽象词义（如词典释义）转向相关的经验、经历或知识模型。

5.2.3　文本语境的操作定义

如上文所述，当前有两种语境观，心理语言学、认知语言学的研究多基于静态语境观，研究静态语境中语义的大脑表征，有学者认为这样的研究是将语言置于实验室进行研究（Edwards 1997）；语用学、社会语言学以及话语心理学等的研究多基于动态语境观，研究在具体社会文化场景中信息的加工、传递、接受等，坚持将语言放置于原野（指真实交际语境）加以研究。在二语习得研究及二语教学研究领域至今静态词义观占据主导地位，在很大程度上，由于这个原因，学习者用课堂所学（正如将学生放置于实验室）无法应对语言运用实践中所遇到的问题，如通过记忆扩大词汇量的词汇教学方法无法帮助学习者具备应对复杂多变的真实语言交际语境所需要的词语能力。动态语义理论的优点就在于它以阐释真实语言交际语境中的语义特征为己任，因此，有助于培养学习者的语言实践能力。然而，从理论到实践需要一定时间和条件。将动态语义理论应用于二语教学实践尚需一段时间，因为还需要具备能够将理论应用于教学实践的合理途径和具体方法，即解决理论的操作问题。Rapaport 和 Kibby（2007）的研究的意义或作用就在于填补了这个环节，使得将动态语义理论应用于二语词汇教学成为可能。他们首先从动态语义观的角度解释了词义推测语境的实质，并且尝试将该语境观应用于英语作为母语与英语作为二语的词汇教学实践，对二语词汇教学有着非常重要的启示作用。

就语境词汇教学而言，对语境的理解不同，或语境观不同，就会对词义推测过程及结果有完全不同的理解。如果基于静态语境观去理解词义推测（Beck et al. 1983），就会认为每个词都有一个特定的词义。关于某一目标生词，不同人在不同语境也许会通过推测形成不同的词义，但是如果秉持静态词义观，就会认为其中只有一个词义是正确的，并且会认为在以正确词义为目标的推测过程中，不同语境线索发挥的作用不同，有的线索质量高，可以准确引导推测者推测出正确词义，而有的线索质量低，无助于词义推测，甚至会误导推测者推测出错误词义。受传统的静态语境观的影响，当前二语教学研究的目标就是找寻最佳教学途径，提高学生利用语境推测出目标生词正确词义的能力。

如果基于动态语境观去理解词义推测，就会认为推测者在文本语境的基础上可以利用的语境线索非常宽泛，推测的目标就是形成关于目标生词的一个合理词义。所谓合理词义就是在一定程度上有助于理解文本、使阅读得以继续的临时词义。

基于静态词义观的词义推测目标是正确词义，而基于动态词义观的词义推测目标则是合理词义。如果以正确词义为推测目标，推测结果只有两种情况，非对即错，是一种封闭的推测；如果以合理词义为推测目标，所形成的任何词义都会具有一定程度的合理性，是一种开放的推测。

Rapaport 和 Kibby 与其他学者的语境观的差异，不仅表现在对推测过程和推测结果的理解方面，还表现在对教材编写的要求方面。大部分学者（很多情况下也是教师）认为应该编写专门教材，"设计服务于词义推测教学的文本语境"（Beck et al. 1983：177），认为没有经过任何调整的自然文本语境常常不能给学习者提供推测目标生词的恰当线索。Rapaport 和 Kibby（2007）则认为没有必要区分自然文本语境和教学文本语境，因为，一方面，在很多情况下，一个人设计的教学文本在另一个人看来也许就是自然文本；另一方面，自然文本中缺少有助于词义推测的恰当线索并不意味着没有任何可以利用的线索，只要努力，总会找到一些线索，形成一个有助于理解文本的词义。例如，在文本特定的选词造句和所描述的内容情景中每一个词都发挥特定的作用，因此，总是可以依据篇章结构和内容框架大致确定目标生词的词义。

总之，传统的语境观认为语境在文本中，而 Rapaport 和 Kibby（2007）则认为词义推测的语境在读者的头脑中，是文本、读者、目标生词三者相互作用的结果。基于对这两种语境观的比较分析，可以看出后者与我们所提出的 CLCC 这个概念中的语境的内涵一致，反映了动态词义观，因此，我们以 Rapaport 和 Kibby 的语境观为基础，将语境定义为：词义构建过程中各种知识（文本知识、读者经历经验、目标词知识）相互作用在推测者大脑中所产生的动态的认知表征（Wang 2019）。

基于对文本语境这一概念内涵的解析，我们在下节将进一步剖析词义构建的概念内涵。

5.3 词义构建

对于本族语者而言，母语中的每个词都能唤起他关于特定人、事、物、景等形象的记忆（Fillmore 1982）。由于文化背景、个人经历的差异，二语文本中同样的字、词、句在二语学习者头脑中所唤起或激活的人、事、物、景的记忆会不同于本族语者的记忆。

人类学家 Wierzbicka（1995）以表示情感的词语为例进行了跨语言研究。她根据 Goddard 和 Wierzbicka（1994）的语义模型界定情感词语，在其研究中的普遍语义，也称原始概念，指界定情感词语认知情景的基本要素。原始概念与认知情景之间的关系犹如一栋建筑物与构筑建筑物的砖头之间的关系。但是，依据这个方案，具有普及性的不一定是情感或表示情感的词语，而是构成不同情感的原始概念。这些原始概念可以被用来研究人类的普遍情感（或其他概念领域）（Wierzbicka，1995）。以下是 Wierzbicka（1995）基于英语提出的一套原始概念分类假设：①名称：I、you、someone、something、people。②限定：this、the same、other、one、two、some、much/many、little/few、all。③思维：know、want、think、feel、see、hear。④说话：say。⑤行为：do、happen、move。⑥存在：there is、live。⑦评价：good、bad。⑧描述：big、small。⑨空间：where、side、inside、far、near、above、under。⑩时间：when、after、before、a long time、a short time。⑪分类：kind、of、part of。⑫增强：very、more。⑬相似：like。⑭连接句子：if, if…would, because。⑮修饰句子：not、maybe。⑯连谓：can。

Edwards（1997）对这个普遍原始语义分类框架的真实性质疑，他认为如果普遍原始语义确实存在，那就意味着在不同语言中存在语义完全相同的情感词语（以英语情感词语为参照）。

社会学家 Lutz（1988）研究了位于中太平洋的密克罗尼西亚联邦（The Federated States of Micronesia）的哈洛克人（Haluk）的语言情感体系，发现在哈洛克语中 song 一词，同英语中 anger 一词的语义近似。在等级森严的哈洛克社会生活中，当某人违反社会准则（如大声说话、散布谣言、不与别人分享资源等），song 被用来表示对其不当行为的道德评价，因此，song 是一种与哈洛克社会的道德准则、生活方式、行为标准等密切相关的情感，这一情感只能在哈洛克社会中得到解释。如果你不是哈洛克社会的一个成员，你就不会有这样的情感。Lutz 的结论是：任何情感都是具体社会文化的产物。不存在完全一样的普遍情感，也不存在概念内涵完全一致的情感词语。如果让一个哈洛克人在 EFL 阅读过程中理解 angry 一词，他的理解一定不同于英语本族语者。这个研究对了解二语阅读中词义推测的过程与结果有重要启示，因为基于母语社会文化经历，同一目标生词，二语读者词义推测所形成的词义假设一定会既不同于母语者所形成的词义假设，也不同于文本作者所要表达的语义。也就是说，二语读者推测的词义是自己临时构建的词义。

基于以上分析，我们可以解析 CLCC 这个概念所包含的第二个概念要素，即词义构建。词义构建的概念内涵不同于词义推测，前者强调"创造"一个合理的临时词义，后者强调"按图索骥"，"找到"一个标准词义，这个概念内涵在二语词汇习得相关研究文献中十分普遍。为了说明构建词义的合理性，有必要对推测词义的概念内涵以及相关研究有所了解。

在词汇习得研究中，语境和词义推测是两个不可分割的概念。如果把 CVA 这一概念比作一个硬币，那么语境和词义推测就是这枚硬币的两个面。词义推测被视作阅读过程中附带习得词汇的必经渠道（Haastrup 1991）。

5.3.1 关于推测

在日常生活中，人们会进行各种不同的推测，词义推测是一种特殊的推测。推测是哲学、心理学、语用学、认知语言学等不同科学领域的共同研究对象，在不同领域中有着不同的概念内涵。例如，在哲学领域，推测指依据一定前提通过逻辑推理形成一个结论；在心理学领域，推测是连接、联通不同假设的认知过程。早期语用学主要研究母语文本框架中的推测，二语习得领域则主要研究与文本理解和 IVA 有关的推测现象（Haastrup 1991；Wesche & Paribakht 2010）。

普遍认为，推测具有三种主要作用（Brown & Yule 1983）：①提供信息链条中缺失的环节；②有意识地把看似无关的信息联系起来；③弥补理解中的漏洞。Brown 和 Yule（1983：265）指出这三种主要作用反映了推测的一个重要特征。

> 读者（或听者）为了理解所读（或所听）的语言材料，会通过推测将所接收到的信息片段连贯联通起来，试图理解作者或说话人所写（或所说）的愿望越强，推测的努力就会越大。

Brown 和 Yule 的这一观点遭到一些学者质疑，因他们认为"这会使推测成为因语境、文本、读者而异的认知活动"，会导致无从了解推测的普遍规律（Brown & Yule 1983：266）。Haastrup（1991）认为，如果无法了解推测的普遍规律确实是个问题，然而，推测的个体差异性也是不容忽视的，个体差异性说明推测（过程）是推测者主动在片段信息间建立联系的过程，不仅仅是文本句子之间的联系，或文本内部因素之间的联系。因此，推测的个体差异性实际上突出了推测者的主观能动性（Brown & Yule 1983）。

推测是文本阅读的中心认知过程（Anderson & Pearson 1984；Kintsch 2013；Estévez Monzó & Calvo 2002；Nassaji 2002，2003），在母语及二语学习中推测能力起着关键作用（Haastrup 1991）。在认知心理学中，阅读被定义为（读者）积极构建文本内容及其大脑表征的过程，推测发生在这个过程的各个层面，如在把文本内容与相关背景知识结合的过程中，在把文本不同部分的内容联系起来的过程中，在把文本中已知因素与未知因素联系起来以使文本信息连贯的过程中（Anderson & Pearson 1984；Nassaji 2004）。在相关英语文献中，学者会根据自己对推测这一认知现象的理解，为了形象地揭示阅读中文本内容与相关知识在读者大脑中相互作用的推测过程，还会选 figure out、construct、deduce、derive、induce、guess、infer、predict、compute 等具有不同隐喻含义的词替代 infer 一词，如 figure out 表示"一步一步推算"，construct 表示"像构建一栋建筑物一样构建"，deduce 表示"追溯根源"，derive 表示"从……中提取"、induce 表示"归纳",guess 表示"胡乱猜测",predict 表示"预见",compute 表示"精确推算"等。

5.3.2 文本语境的词义推测

词义推测可能在听、说、读、写等不同语境中进行,其中,文本语境中的词义推测被定义为"在阅读过程中,利用各种可以利用的线索,包括语言线索、非语言线索及相关背景知识,对目标生词的词义进行合理的猜测"(Qian 2005:39)。

在二语习得研究领域,人们认为词义推测过程也是词汇学习的过程(Haastrup 1991)。学习者在二语阅读中遇到生词时有三种策略可以选择:①视而不见,继续阅读;②查词典或向人求助;③推测词义。

研究表明,推测词义是成年二语学习者在阅读过程中遇到生词时,使用最为频繁、最愿意采用的策略(de Bot et al. 1997;Frantzen 2003;Fraser 1999;Huckin & Bloch 1993;Paribakht & Wesche 1999)。例如,Fraser(1999)的研究结果表明,阅读中遇到生词时,58%的受试会通过推测了解其词义;39%会查词典;32%会对所遇到的生词视而不见,继续阅读;3%根本没有注意到生词。选择推测词义者超过一半。

Paribakht 和 Wesche(1999)的研究对象是大学 ESL 学习者,结果表明,在阅读中遇到生词时,80%的受试会选择通过推测了解词义,只有 20%的受试会选择其他策略。

尽管成年二语学习者愿意选择通过推测词义习得二语词汇,而且普遍认为英语母语使用者也主要在阅读中通过推测词义掌握词汇知识(Sternberg 1987),然而,通过词义推测习得词汇的策略是否确实适用于二语学习者,存在很大争议。有人认为词义推测是有效的二语词汇学习策略,因为:①词义推测是在特定交际语境中进行的,二语学习者需要通过努力形成关于目标生词的词义假设,并对所形成的词义假设进行检验,这有助于培养他们的信息分析能力(Ellis 1994;Haastrup 1991);②文本所提供的丰富的心理语境和语言语境有助于对目标生词的记忆(Schouten-van Parreren 1989)。也有研究发现,由于文本的复杂性(如文本中缺乏可用于推测的有效线索)、读者的局限性(二语学习者可能无法利用或错误利用文本中的线索)等原因,对二语学习者来说,词义推测并不总是一个简单、有效的策略(Bensoussan & Laufer 1984;Haastrup 1991;Issidorides &

Hulstijn 1992）。除此之外，影响词义推测的因素还包括：目标生词的词性、目标生词的上下文情况（Paribakht & Wesche 1999）、目标生词周围的文本中可以找到的线索的信息量（Dubin & Olshtain 1993）、利用文本外线索的能力（de Bot et al. 1997；Haastrup 1991）、目标生词对于文本理解的重要性（Brown & Hagoort 1993）、为推测词义所付出的认知努力程度（Fraser 1999）、对文本细节的注意以及他对目标生词词义的预设（Frantzen 2003）、原有的知识基础（Nagy & Scott 2000）等。

尽管二语阅读语境中的词义推测会受到各种因素的制约，研究者仍然对其重要性给予充分肯定，遗憾的是，缺乏系统、合理的解释。原因之一是对词义推测过程的研究不足。Rapaport 和 Kibby（2007）认为在英语中用 construct、deduce、derive、educe、guess、decipher、predict、unlock 等不同具象的词语描述推测词义的过程，说明对词义推测的认知机制认知不够，尚未达成共识。他们建议用 figure out（推算、演算）或 compute（精确计算）取代 infer 恰当地表达阅读语境中的词义推测是一项科学任务而非胡乱猜测的思想，deduce、educe、decipher 等的词义内涵太狭窄，无法客观反映大语境下词义推测的认知过程。Rapaport 和 Kibby 的观点得到 Simon（1996）的支持，Simon 认为 infer 一词会产生歧义，因为与其说读者根据文本 infer（推测）词义，不如说文本 suggest（提示）目标生词的词义。除此之外，guess 有"任意猜测"或"胡乱猜测"的含义，unlock 有"囊中取物"的含义，否定了语境词义的动态性。

5.3.3 词义推测与词义构建

对于二语学习者而言，由于二语阅读文本的复杂性以及二语水平等各种局限性，在阅读过程中推测一个生词的词义是一个有难度的任务，尽管如此，大部分学者仍然认为词义推测是词汇学习的有效策略。

围绕词义推测作为词汇学习策略的有效性有很多争议和质疑，如果我们对有关争议进行仔细观察就会发现，这些争议主要源自争议双方为推测所预设的一个非常"不现实"的目标，即通过推测要形成关于目标生词的正确词义。当能否实现这个不切实际的预期目标被作为评估词义推测是否成功的唯一标准时，词义推测就变成一个封闭的、艰难的，而且在大部分情况下，令人失望的认知行为过程，推测者明知不可为而为之。如果把形成一个动态的、适合特定语境的词义作为推测目标以及推测结果的评估标准，我们就有把握相信，词义推测就会成为一个开放的、愉快的、充满希望的旅程，因为在合理推测的基础上，无论形成一个什么样的词义假设，推测总是可以取得一定程度的成功。

根据以上对语境的概念内涵以及语境词义动态性的本质特征的了解，我们由此可以把词义构建定义为：学习者努力寻找文本语言线索，结合自己原有的关于客观世界的知识、对文本的理解以及相关语言知识等，推测出一个关于目标生词的合理词义的、积极的、开放的、有助于词汇学习的过程。

在此，需要特别说明的是，当前二语词汇习得研究领域有一种倾向，就是把阅读语境中的词义推测与阅读过程中的 IVA 混为一谈，这也是对词义推测目标缺乏必要了解的结果（Rieder 2002a）。用词义构建取代词义推测有助于两者的区分。表 5.4 说明了词义推测与词义构建在概念上的区别。在 5.4 节，我们将说明语境词义构建与 IVA 是相互联系，但完全不同的认知过程。

表 5.4　词义推测与词义构建的对照

对照角度	词义推测	词义构建
目标词义	标准词义	合理词义
词义观	语言学词义观	语用学词义观
学习理念	记忆正确词义	词无定义
验证与否	否	是
显/隐性词义观	隐性语言学词义观	显性语用学词义观
认知过程	推测正确词义	构建合理词义
评测理念	非对即错，封闭的，如多项选择题	多维度，开放的，合理性程度区间为 1%～100%
心理影响	畏惧词义推测，消极	视词义构建如警察抓小偷的游戏，积极
学习目标	正确记忆目标词义；扩大词汇量	灵活构建临时语境词义的能力
学习效率	记忆的词汇知识无法有效解决文本语境中遇到的词义问题	高度自主的语言信息思辨能力、IVA 和文本理解能力
结论	中高水平二语学习阶段应调整词义观和词汇学习理念 树立语用学词义观、培养 CLCC 是化解文本语境词义困境的途径	

5.4　IVA

IVA 这一概念最早由 Nagy 等（1985）提出。IVA 研究分为两大类，一类是

IVA 作为认知现象的研究，另一类是 IVA 作为学习策略的研究。作为认知现象，IVA 有显性 IVA 和隐性 IVA 之分；作为学习策略，IVA 区别于词汇刻意学习（intentional vocabulary learning）。Rieder（2002b）建立了一个 IVA 统一模型（united model of IVA），系统解析了阅读过程中显性 IVA 和隐性 IVA 的不同认知机制，揭示词义推测在隐性 IVA 中的核心作用。Rieder 的研究有助于我们了解以词义为目标的推测和以"词义+词形"习得为目标的推测之间的差异及联系。本节将首先介绍 IVA 假说的来源与验证研究；其次，澄清词义推测与词汇习得之间的关系；最后，界定词义推测、IVA、文本理解和 LA 等概念在本书中的含义。

5.4.1　IVA 假说

IVA 假说是 Nagy 等（1985）在研究儿童母语词汇知识习得现象的基础上提出的。他们通过观察发现，英语为母语的儿童，在 2~7 岁这段时间，平均每天能够学会多达 15 个英语单词。他们认为如此快的词汇知识增长速度不可能通过直接词汇教学实现。由此，他们提出一个假设：儿童所掌握的绝大多数词汇，是在广泛阅读过程中，由于同一目标生词多次反复出现，从而渐渐习得的。基于同样的思路，Coady 和 Huckin（1997）认为，具有较高二语阅读能力水平的二语学习者所掌握的绝大多数词汇知识，也不是通过专门的课堂词汇教学学得的，而是在大量的阅读过程中，经过同一目标生词反复出现，而渐渐习得的。

只要回顾一下二语词汇习得研究的相关文献（Loewen & Sato 2017；Huckin & Coady 1999；Laufer & Hulstijn 2001）就会发现，大部分学者都认为除了最初几千个常用词汇需要刻意学习外，二语学习者的词汇知识主要是在广泛阅读过程中学习掌握的（Chen & Truscott 2010；Ender 2014；Gass 1999；Hulstijn 2001），因为阅读是目的语输入的主要途径。如果专门针对词汇的学习可以被称作直接词汇学习的话，在其他交际活动中（如阅读）附带学习词汇则可以被称作间接词汇学习，或附带词汇学习，因为在后一种情况下，词汇学习是主要认知活动（如阅读）的副产品，而不是直接目标（如阅读的直接目标是阅读理解）。尽管很多学者认为，不借助语境专门进行词汇教学更为有效（Elgort 2011），Huckin 和 Coady（1999）认为，在阅读过程中词汇附带习得具备三个直接词汇教学所不具备的优点：①与直接词汇教学的一词一意配对练习相比，阅读中词汇附带习得，可以使学习者领会到一个词在特定语境中丰富的内涵及用途；②阅读中词汇附带习得可以提高学习效率，使词汇习得和阅读理解两种活动同时进行；③阅读中词汇附带习得是学习者自主的学习活动，可以兼顾学习者的个体差异，如学习者可以根据自己的兴趣选择阅读材料。

Rott（2007）根据阅读语境把二语/外语学习者的 IVA 分为两种：加强条件下的 IVA 和自然条件下的 IVA。所谓加强条件指通过增加母语或双语注释、改写文本以增加目标生词出现的频率等帮助学习者理解、记忆目标生词；所谓自然条件指在原文本的基础上不提供任何辅助手段帮助学习者理解、记忆目标生词。

目前，IVA 作为词汇学习策略已经得到普遍认可（Chen & Truscott 2010；Ender，2014；Gass 1999），但是作为一种认知现象，还有待进一步研究，许多问题还没有合理答案（Schmitt 2010）。例如，附带习得是如何发生的？在自然文本语境中，学习者需要多少词汇知识、什么样的词汇知识才能进行有效推测词义，进而习得目标生词？一个生词在阅读材料中出现多少次、出现在什么样的阅读材料中，才能被成功习得？什么样的推测策略最为有效？应该由学习者自己去揣摩词义推测的方法，还是有必要通过课堂教学帮助他们掌握词义推测策略？在阅读课程中进行词汇教学是否有助于学习者词汇知识的提高？是否有的阅读文本有利于 IVA，而有的阅读文本则不利于 IVA？提供目标生词的母语等值词、注释等输入辅助手段是否有效？制约阅读中 IVA 的主要因素有哪些？（Schmitt 2010；Loewen & Sato 2017）。值得注意的是，学者试图找到这些问题的答案，但是在找寻这些问题答案的过程中，他们至今秉持的基本理念是：有效帮助学习者在语境中附带习得目标生词的正确词义。

5.4.2 隐性 IVA 与显性 IVA

隐性学习是认知心理学家 Reber（1993）提出的一个概念，指学习者在对知识的习得过程和所习得的知识均没有主动意识的情况下发生的学习。这一概念后来被用来研究意识（awareness）、注意（attention）、记忆（memory）等认知现象，如隐性记忆、隐性语言习得等，也被用来研究二语词汇习得现象。隐性学习这一概念被引进二语 IVA 研究领域之后，促使人们重新认识基于文本的词汇习得现象，从而极大地推动了二语词汇习得研究的发展。

在 Reber 提出隐性学习概念之前以及之后很长的一段时间，人们认为阅读过程中词汇附带习得理所当然是一种隐性的词汇学习方式，因而 IVA 就成了隐性词汇习得的代名词；它们的反义词都是显性词汇学习，而显性词汇习得又是有意词汇学得的代名词。简而言之，就是把附带学习等同于隐性学习，而有意学习等同于显性学习。这几个概念之间的关系如表 5.5 所示。

表 5.5 附带习得相关概念之间的关系

附带 vs. 有意	隐性 vs. 显性
附带习得	隐性习得（implicit acquisition）
有意学得	显性习得（explicit acquisition）

在 IVA 相关研究文献中，这些概念常常被不加区分地使用。Rieder（2004）从梳理这些概念的界限入手，解析了 IVA 的认知机制，并建立了一个 IVA 认知模型，这个模型有助于我们了解在第二语言文本语境习得词汇的过程中学习者的词义构建能力所起的作用。

Rieder 区分和澄清了 IVA 与有意词汇学得、隐性词汇习得与显性词汇习得两组概念。附带学习和有意学习是一组教学法的概念，区分它们的标准是：有无学习目的。没有明确目的的学习是附带学习；有明确目的的学习则是有意学习。这一组概念最早起源于行为主义教学理念。以 William James、John Dewey、John Watson 和 Edward Thorndike 等人为代表的 20 世纪早期的美国语言哲学家和心理学家认为语言学习的过程就是刺激-反应（S-R）的过程（Laufer & Hulstijn 2001）。例如，一个中国人学习英语，如果他在听到英语单词 computer 时能马上明白它的汉语意思是"电脑"，就说明[kəm'pju:tə]这个发音（刺激）和词义"电脑"（反应）已经在他的大脑中建立起了联系。语言学习过程就是建立语言信号和语义之间的刺激-反应的过程，学习者的学习意愿，即是否有意去建立两者之间的联系，对最后的学习效果起着决定作用（Postman 1964）。语言信号和语义之间的联系既可以有意识地通过练习去建立，即有意学习；也可能无意而为之，即学习者自己都没有意识到，就下意识地在刺激 S（词形）和反应 R（词义）之间建立了联系，即是无意学习，因而，就有有意学习和无意学习之分。无意学习后来被附带学习一词所取代，两者被视为等值词。

大概在 1940~1965 年的二十多年的时间中，在二语教学研究领域，区分有意学习和附带学习的标准常常是，是否在某一学习活动开始之前告知学生该学习活动结束后会对其学习活动的情况进行评测。如果学生提前知道会对其学习情况进行评测，接下来所进行的学习活动就是有意学习；学生在不知道之后会对其学习活动进行评测的情况下进行的学习就是附带学习。也就是说，学习活动的目的性和有准备性被作为区分有意学习和附带学习的主要特征，依据测试内容有目的的学习被认为是有意学习，不以测试内容为导向的学习则是附带学习。因此，附带学习和有意学习在很长一段时间是一组二语教学法的概念。IVA 被定义为"指在听、说、读、写的过程中附带获得一些词汇知识"（Schmidt 1994：186），在二语/外语教学领域，主要指"作为阅读过程副产品的词汇习得"（Laufer & Hulstijn 2001：11）。这是因为阅读是二语学习过程中获得目的语词汇输入的主要途径。有意习得词汇则被定义为"以目标词记忆为目的的学习活动"（Hulstijn 2001：271）。

　　隐性学习与显性学习出现在 20 世纪 90 年代，是一组认知心理学的概念。根据 Arthur（1993），区分某一学习活动是显性学习还是隐性学习，判断的标准是看学习者在从事某一学习活动时是否对自己的知识习得过程以及所习得的知识有清醒的意识。对自己的知识习得过程和结果有意识的学习是显性学习，对自己的知识习得过程和结果没有意识的学习是隐性学习。因此，简单地说，两者区分的标准就是：对自己的学习过程和结果有无意识。Ellis（1994：3）给隐性学习所下的定义是自然地、毫不费力地、无意地习得一个复杂语言表达的基本结构；给显性学习所下的定义是有意识地努力形成关于某一语言规则的假设并加以检验。

　　因此，IVA 与有意词汇学得、隐性词汇习得与显性词汇习得是两组完全不同的概念，前者是一组教学法的概念，而后者则是一组认知心理学的概念。如果把 IVA 视作隐性词汇习得的代名词，就会让人误认为 IVA 是学习者在阅读过程中无意识地（即隐性地）发生的（Rieder 2002b），它们之间的关系如图 5.1 所示。

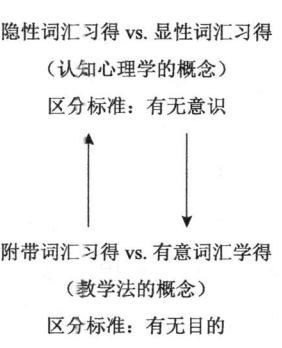

图 5.1　隐性/显性词汇习得与附带词汇习得、有意词汇学得的关系

图 5.1 表明，学习者在阅读过程中附带习得词汇并不意味着其中没有任何学习者有意识的思维活动。附带习得词汇可以有意识，也可以无意识。有意识附带习得词汇即显性附带习得词汇，无意识附带习得词汇即隐性附带习得词汇。Gass（1999）因此认为不应该把 IVA 定义为另一活动的"副产品"，因为这样会忽略学习者在活动过程中的主观能动性。IVA 的认知过程可以如图 5.2 所示。

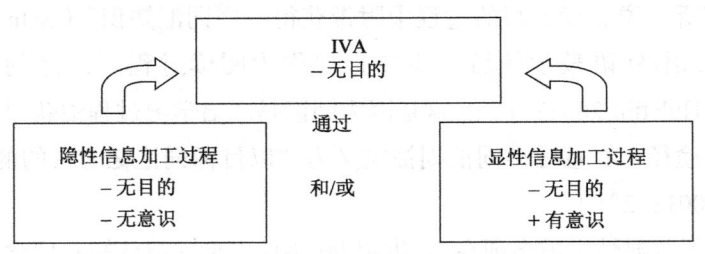

图 5.2 IVA 的认知过程

图 5.2 说明 IVA 的认知过程可以是隐性的认知过程（无意识），也可以是显性的认知过程（有意识），取决于推测者词义推测过程的认知努力是否足够积极活跃。因此，附带并不意味着对学习过程及学习结果无意识，IVA 并不完全等同于隐性词汇习得。

Ellis（1994）也质疑把附带等同于无意识的合理性。他认为在阅读过程中，如果读者（或学习者）没有明确的词汇学习目的，仍然能够在不知不觉的情况下习得一定词汇知识的话，是隐性 IVA（例如如果学习者阅读的主要目的是理解文章内容）。但是，在阅读过程中，学习者完全有可能有意识（即显性的）地习得词汇。

从以上讨论可以看出，在 IVA 研究领域，隐性学习概念的出现，引起了术语使用的混乱，同时也推动了对 IVA 现象研究的发展，从把它作为一种教学法进行研究转向对阅读中 IVA 过程认知机制的研究。Rieder（2002b）研究发现，混乱的缘由是对于意识一词理解的不同。

Ellis（1994）和 Schmidt（1990）研究发现，在二语习得研究领域，意识（consciousness）是个非常宽泛的概念，至少可以有五种不同的理解：意识就是有目的性的，意识就是注意到，意识就是在线意识，意识就是指导，意识就是控制。

因此，以有无意识为标准划分学习方式，就会产生五种不同的分类：有无目的性，有意学习 vs. 附带学习；有无注意到，注意力集中的学习 vs. 不经意的学习；有无在线意识，有意识的学习 vs. 下意识的学习；有无指导，指导下学习 vs. 自己学习；有无控制，显性记忆 vs. 隐性记忆。

例如，Reber（1993）根据学习者对习得过程和习得结果有无意识区分隐性学习、显性学习，显性学习是有在线意识的学习，而隐性学习则被理解为没有在线意识的自动过程。Schmidt（2001）认为意识与注意有关，但又不等同于注意。它们是两种不同的认知现象，注意是通往意识的大门，因此强调注意是学习的必要条件，只有注意到的东西才可能被学得（Schmidt 2001），隐性学习虽然是无意识的，但需要在一定程度上注意到所要习得的语言符号。

总之，Rieder（2002b）通过追溯各个术语的来源，说明附带不等于隐性，隐性词汇习得不同于附带词汇习得。附带词汇习得可以是隐性的学习过程（即学习者对习得词汇的过程和结果均无意识），也可以是显性的学习过程（学习者有意识地推测词义并尝试习得目标生词）。但是，随之产生一个新的争论焦点，即隐性认知过程和显性认知过程在 IVA 过程中是完全分离的认知过程，还是可以共同作用？

Ellis（1997）对 IVA 中隐性和显性认知过程进行了全面解析，他依据与词汇习得、词汇认知、隐性记忆、健忘症等有关的大量心理语言学实证性研究，提出了词汇习得认知模型（图 5.3）。根据这一模型，IVA 的认知机制可以是隐性的，也可以是显性的：通过隐性认知机制可以习得目标生词的词形、词语搭配、词性信息；通过显性认知机制可以习得目标生词的语义特征，并将特定词形与特定词义相匹配。Ellis 还认为在 IVA 过程中隐性认知机制（负责习得词形）与显性认知机制（负责习得词义）是分离的，如图 5.3 所示的隐性习得词形与显性习得词义之间并无认知关联。

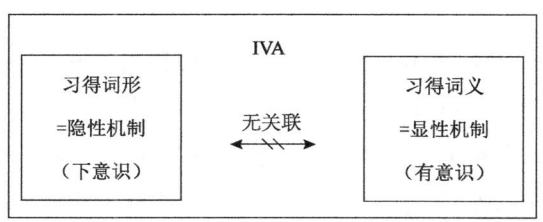

图 5.3　词汇习得认知模型

Singleton（1999）对 Ellis 关于词汇习得的隐性认知机制和显性认知机制分离的观点质疑，他认为即使习得词形和习得词义分属不同的认知机制，也不能说明它们在任何认知加工阶段都是分离的、没有交集的。Singleton 认为隐性认知机制和显性认知机制可能是连接的，如显性地（有意识）认知加工一个目标生词的词义（词义推测）会导致隐性地（下意识）记忆其词形。

　　Börner（1997）认为有必要根据认知加工的显性程度的不同，以及词形习得过程中显性认知机制和隐性认知机制共存的可能性，对 Ellis 的词汇习得认知模型加以调整，以说明 IVA 可能存在不同的情况。

　　学者对修改和完善 Ellis 的 IVA 理论，提出各种建议和意见，但是 Ellis 的词汇习得认知模型的基本要义得到普遍的认可。这是因为 IVA 意味着习得一个词的词义和词形两个方面的知识。习得词形和词义究竟需要同样的认知机制，还是不同的认知机制，至今没有定论。

　　我们的一项 CLCC 培养的实证性研究表明（见本书第三部分），推测者以词义为目标的推测（显性认知机制）能够使其自动习得目标词的词形（隐性认知机制），说明显性认知机制和隐性认知机制不是完全分离的，可以在一定程度上是连接的。因此，我们可以这样说，尽管词义推测不等于 IVA（因为词汇习得包括习得词义和词形两个方面），但是词义推测有助于 IVA，即通过推测不仅有助于习得词义，还有助于习得词形。

　　围绕词汇习得的显性认知机制和隐性认知机制究竟是连接的，还是分离的问题，至今争议不休。在本书中，考察词义层面的认知努力（推测）是否会自动产生词形习得（记忆），即显性认知机制和隐性认知机制是否连接也是关于词语能力研究的内容之一。

5.5　IVA 统一模型

　　至此，我们可以看到文本语境中的词汇习得和词义推测是两个不同的概念，词义推测是词汇习得的核心环节。Rieder（2004）建立了一个以词义推测为核心的 IVA 统一模型。在本节中，我们将以此模型为基础说明语用学词义观主导下的词义构建与文本 CVA 之间的关系，并从词义构建的视角重新定义词汇习得、阅读理解和自主学习。

　　Rieder（2004）建立了一个把词义推测过程、IVA 过程与阅读理解三者有机统一的认知概念模型，简称 IVA 统一模型。该模型说明 IVA（在多大程度上习得一个词）和阅读理解（在多大程度上理解一篇文章）取决于读者（二语学习者）

词义推测的自主性。根据这一模型，以习得词汇为目的的词义推测是自上而下和自下而上的过程（a top-down and a bottom-up process）。也就是说，词义推测中的信息加工从上下两个层面，双向进行，一个是文本层面，另一个是词汇层面。下文首先说明文本层面的推测（目标是文本理解），其次说明文本层面的推测如何与词汇层面的推测（inferencing at the lexical level）相结合，最后，说明聚焦（focus）和充实（enrichment）的程度如何决定文本和词汇两个层面推测的程度，而推测自主性及推测兴趣，又是如何决定聚焦和充实的程度的。

5.5.1 文本层面的推测

查阅最新的研究文献与阅读相关的研究文献，我们可以看到，阅读过程不再被看作是一个读者消极解码的过程，而是读者积极参与的一个内容构建的过程，即读者会根据文章所提供的信息，结合相关背景知识，在大脑中再现文章所要表达的内容（Meutsch 1987）。

所谓阅读理解过程就是读者根据文本语言信息，以及文本语言信息所激活的各种相关知识，构建文本内容的大脑表征的过程（Johnson-Laird 1983；van Dijk & Kintsch 1983）。这个过程可以具体描述如下：读者对文本语言信息进行加工，运用自己的语言知识透过词、句，提取语句命题；根据不同语句命题，建立文本内容的基本命题。这个基本命题并不完整，因为理解文本所需要的大量信息并没有显而易见地包含在文本语言中。读者需要激活相关知识加以补充，如关于客观世界的知识、相关背景知识等，通过文本中"明说"（explicature）和"隐含"（implicature）的信息对文本的基本命题加以完善（Blakemore 1992），最终形成关于文本内容的一个完整连贯的大脑表征。

在文章理解的过程中，自下而上和自上而下两个过程相辅相成。通过自下而上的认知过程，读者以语言知识为基础对文本内容进行认知加工；通过自上而下的认知过程，读者将文本以外的相关知识、文本中已加工的语言信息、文本中待加工的新信息相联系，对文本内容进行预测（Brown & Yule 1983）。在整个阅读过程中，通过自下而上和自上而下过程的相互作用，读者构建并不断完善关于文本内容的认知模型。在阅读的任何一个阶段，已经形成的关于文本内容的认知模型，一方面是解读新的文本信息的基础，另一方面得到新的文本信息的检验和完善（Rickheit & Habel 1995）。在整个阅读过程中，读者始终在寻求全文内容的连贯性和逻辑性，出现任何不连贯、不符合逻辑的地方，读者都会想尽办法使之与头脑中已有的信息协调、连贯起来（de Beaugrande & Dressler 1981）。

当文本内容出现信息断裂时，读者会主动、积极地采取策略进行填补，这一现象对阅读中词汇附带习得有着重要的意义。在二语阅读过程中，当学习者在阅读中遇到生词，头脑中的文本信息模型就会出现一个断裂的地方，这时，他就会采取策略，努力弥补断裂的地方所缺失的信息，以使文本的整体内容连贯起来。这一现象说明，在自然阅读过程中只有当某个生词使上下文的内容不连贯时，才会引起读者或学习者的注意。但这时候，即使他努力去猜测生词词义，他的努力还只是停留在文本层面上，他只会努力填补文本信息模型中的信息空缺，以确保理解上的连贯。从 IVA 的角度来看，这意味着他不会自动把在文本层面构筑的目标生词的某个语义概念与该词的词形相联系。换句话说，他注意的是词义，不是词形，因此不会自动习得这个生词，因为词汇的习得包括词义和词形两个方面。

基于对学习者阅读理解认知机制的深入研究，Day（2015）提出"阅读能力的提高取决于学习者自己的读并非教师的教"的观点。他认为阅读教学必须澄清以下几个问题：何谓阅读？（What is reading?）如何学习阅读？（How do we learn to read?）如何理解阅读速度？（How to understand reading rate?）何谓流畅的读者？（What is a fluent reader?）

第一个问题，Day 认为阅读是读者与文本的多渠道互动过程，在互动过程中读者运用自己的知识去构建文本语义。

第二个问题，Day 认为学习阅读的唯一途径是阅读。阅读的越多，阅读能力就会越强。二语学习者的阅读能力是通过阅读提高的，教师的阅读教学无济于事。教师讲的时候，二语学习者无法读，教师讲的越多，二语学习者读得越少。真实的阅读（real reading）是一个人安静、广泛地阅读，这样的阅读才可以让二语学习者（读者）领略到所谓阅读就是自己与书籍的交流。

第三个问题，Day 认为人们阅读，目的是获得愉悦、信息或知识；阅读速度与愉悦感和文本理解程度密切相关；阅读速度快比慢好，阅读速度是阅读能力水平的重要指标，流畅的读者能够更多地体会到阅读的愉悦。Day 强调应帮助二语学习者改变遇到生词就查词典的习惯，因为，查词典会影响阅读速度，降低阅读的愉悦感。广泛阅读有助于二语学习者提高阅读速度，提高阅读的通畅性。

第四个问题，Day 认为流畅的读者应该能够轻松、自信地以正常速度阅读并理解文本，遇到生词时基本不查词典。

5.5.2 词汇层面的推测

在上文所描述的阅读模型中，文本中的词义被视作构建文本内容的原子基础（atomic basis）（Rieder 2004）。词义不是可以明确界定的物体（definable object），而是与 IVA 密切相关的认知关系（cognitive relation），包括：词与语言外现实之间的外延关系（denotational relation）、词与词之间的搭配关系（collocational relation）、词的意义关系（sense relation）和词与相关知识范畴的框架关系（frame relation）等。

当词义被理解为一种认知关系时，就很难确定一个词词义的界限了。例如，具体语境的不同就可能使一个词的词义外延发生变化。确定一个词在具体语境中语义的过程就是消减歧义的过程。就 IVA 而言，有一点很重要，需要特别说明，读者在确定或推测生词词义时，注意力通常会停留在文本层面，他推测某个词词义的目的是填补文本信息模型中空缺的信息，以使阅读得以持续。如果读者在推测词义的过程中注意力主要在文本层面，意味着他不会自动把通过推测所构建的关于目标生词在特定语境中的语义概念，与其词形联系起来，即自动将注意力由词义转向词形，因而不会自动习得目标生词。然而，在当前 IVA 相关文献中，词义推测往往被看作等同于词汇习得。

5.5.3 聚焦、充实与推测

Rieder（2004）认为 inferencing（推测）这个表述不恰当，不能用来描述阅读中确定一个生词词义的过程，她建议用 focus（聚焦）和 enrichment（充实）取而代之。聚焦包括目标生词在文本中的突显度（词形和词义）、读者对该词的个人兴趣和特定的阅读目标，这将共同决定他们投入多少精力来弄清楚目标生词的含义（即对该词的关注程度）；充实指读者通过文本和背景知识所获得的策略和知识资源，这将决定他们能够在多大程度上确定目标生词在特定语境中的具体词义（即词义的丰富程度）。

5.5.4 IVA、RC、LA 的操作定义

Rieder 所建立的 IVA 统一模型细致地解析了文本语境中词汇附带习得的认知机制，以及读者自主性的作用，为我们理解 CLCC 的认知机制和作用提供了强有力的理论支持。至此，我们可以根据本书的目的，重新定义文本语境以词义构

建为核心的 IVA、RC 和 LA 三个相关概念。

把 IVA 定义为：通过词汇层面的语义构建所形成的关于目标生词的形式和意义的记忆。

把 RC 定义为：通过文本层面的语义构建所形成的关于文本内容的大脑认知表征。

把 LA 定义为：学习者对文本语境词义构建的兴趣和自信。它们决定学习者为构建目标生词词义所付出的努力程度，制约他们对目标生词词义聚焦的程度和充实的程度。

5.6　CLCC 概念模型

以上，我们通过梳理相关研究文献，重新定义了语境、词义构建、IVA、RC 和 LA 等五个与 CLCC 相关的概念，以此为基础，我们可以建立一个 CLCC 概念模型（CLCC conceptual model），解析这些概念之间的相互关系，以便在二语教学中操作应用。图 5.4 是 CLCC 概念模型的图示，说明词义构建在文本阅读和基于文本阅读的词汇习得中起着关键作用。

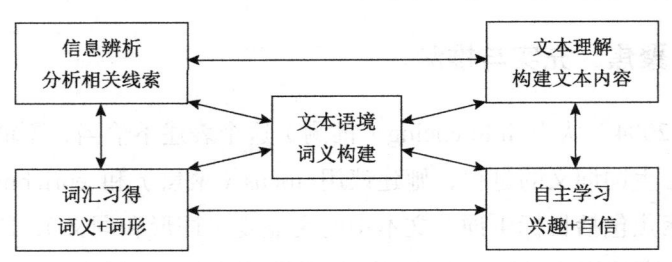

图 5.4　CLCC 概念模型

在图 5.4 的 CLCC 概念模型中，词义构建指学习者积极寻找并灵活运用各种与文本语言线索相关的知识，临时构建关于目标词（target word）的合理词义。所谓目标生词指文本阅读过程中造成认知加工机制停顿的一个认知语义单位，可以是一个单词、一个短语（phrase），也可以是一个习语（idiom）。在特定语境构建词义的过程中，学习者应清楚地知道，无须对自己所要形成的关于目标生词的词义假设进行对与错的评判，该词义假设只要在特定语境中合理即可，可以根据各种不同的语境对其加以调整，经过反复多次调整，最后形成一个相对稳定的词义。词义构建过程中聚焦的深层语义加工，有助于文本理解和目标生词词形记忆，有助于阅读理解能力的提高和词汇知识的积累。阅读理解能力的提高和词汇量的扩大又能够促进 CLCC 的提高。除此之外，学习者对自己词语能力的自信心可以促使他在阅读中遇到生词时更加努力地去构建词义。学习者积极努力地构建语境词义有助于他们文本理解能力和 IVA 的提高，而文本理解能力和 IVA 的提高又可以进一步增强他们对自己词语能力的自信心。因此，CLCC 与 IVA、文本理解能力和词汇自主学习能力呈正相关的关系，也就是说，在文本语境中，学习者的词义构建能力决定着他们的文本理解能力、词汇习得能力和词汇自主学习能力。不仅如此，文本理解能力、IVA 和词汇自主学习能力彼此之间也呈正相关关系，文本理解能力的提高有助于 IVA 和词汇自主学习能力的提高；词汇自主学习能力的提高同样有助于文本理解能力和 IVA 的提高；词义构建决定并制约文本理解、词汇习得和 LA，CLCC 的培养与提高是其他相关能力培养与提高的前提和基础。

5.7 本章小结

本章在梳理相关文献的基础上，重新定义了与 CLCC 相关的五个概念：文本语境、词义构建、IVA、RC 和 LA。而且，在 IVA 统一模型的基础上，建立了 CLCC 概念模型，解析了以 CLCC 为核心的五个概念之间相互作用、相互依存的关系，说明词义构建在各种概念关系中起着纽带、桥梁作用。

第 6 章 CLCC 教学模型

本书第 3 章阐释了 CLCC 这一概念的由来。第 4 章构建了 CLCC 发展模型，明确了在阅读语境介入 CLCC 教学培养的理论依据。第 5 章基于语用学词义观，重新定义了以 CLCC 为核心的文本语境、词义构建、IVA、RC、LA 相关概念，并且建立了 CLCC 概念模型。本章的主要任务是依据 CLCC 的概念内涵、发展模型和概念关系模型，梳理依托文本语境的词汇教学研究文献，搜寻或创建一个可用于 CLCC 培养的教学模型。

6.1 CLCC 教学的特征

建筑工人盖大楼需要图纸，我们在建立 CLCC 教学模型之前，也需要首先给所要建立的模型"画图纸"。在此，所谓"画图纸"就是确定建立 CLCC 教学模型所应遵循的具体标准。据此，一方面可以避免建立教学模型的过程中各种努力的盲目性，另一方面可以对最后建成的教学模型加以检查，确定它是否能够实现预期目标，即可以用来培养二语学习者的词义构建能力。

要明确 CLCC 教学模型的基本标准，需要对 CLCC（见第 3 章）及其相关概念（见第 4 章）有深入了解。CLCC 概念模型（图 5.4）表明 CLCC 是文本语境中 IVA、文本理解能力和词汇自主学习能力的前提和基础，决定着文本理解、词汇习得和 LA 的水平。CLCC 所依赖的语境是超越文本的动态的大语境，目标词义是一个临时构建的、一定程度合理的词义，既不是词典规定的标准词义，也不是文本作者或教师期待的正确词义。随着文本阅读的展开，学习者会获得更多、更加丰富的关于目标词词义的线索，就会对已经形成的关于目标词词义的假设进行验证或修正，并形成更为合理的目标词词义假设。在词义构建活动中，当学习者的目标词义由正确词义（理想但难以实现）转变为更为现实的合理词义，就可以摆脱长久以来一直困扰他们的词义推测难以成功的消极心理，有助于培养他们利用语境线索构建生词词义的自信心；学习者在文本语境中构建词义的自信心越强，对文本信息进行思考分析的主动性就增强；积极主动地进行文本信息分析、思考不仅有助于词汇层面的语义构建，还有助于文本层面的语义构建。

CLCC 概念模型凸显以词义构建培养为核心的教学模式，应具备三个特征：①接受并树立动态词义观，理解并放弃静态词义观；②目标是合理词义假设的临时构建能力培养，并非牢固记忆正确词义；③充分认识到基于词义构建的词汇习得能力培养有助于文本理解能力和词汇自主学习能力的提高，词汇学习的目标并非"记忆目标词，扩大词汇量"。

以上三个特征反映 CLCC 教学所应实现的目标，即通过课堂教学帮助学生理解并接受：①如果上下文不同，在构建同一目标生词的词义时，可以用来构建词义的线索不同；②只需要尽自己所能构建一个符合特定语境的合理词义，无须推测或推断关于目标生词的正确词义；③提高词义构建能力，不仅有助于 IVA 的数量，更有助于提高文本理解能力和词汇自主学习能力，还可以体会和享受到分析思考的乐趣。

以上分析说明，理想的 CLCC 教学模型必须满足以下条件：①教学理念是同一目标生词的词义，因人而异，随境不同；②教学目的是培养线索知识的运用能力；③教学目标是高度灵活的 CLCC；④教学手段不拘泥于一种词义推测策略或方法；⑤教学评估信度效度高，操作性强。

据此，CLCC 教学模型的评估应包括以下三个指标。

首先，教学目标是否明确。这个指标用来评估某一教学法的理论基础与 CLCC 教学目标是否一致。评估这一点需要回答的问题有：①有没有告知学生通过课堂活动帮助他们学会利用语境线索推测生词词义所要达到的最终目标？②如果上一个问题的答案是肯定的，那么通过教学帮助他们学会利用语境线索构建词义的最终目标究竟是什么？

其次，教学方法是否明确。这个指标用来评估某一教学法进行 CLCC 教学的可操作性。评估这一点需要回答的问题有：①通过哪些具体教学步骤培养学生利用语境线索推测词义的能力？②每个教学步骤是否清楚、明确？

最后，教学评估方法（evaluation methodology）是否合理。这一指标考察目标教学法用来评测 CLCC 教学效果的信度与效度。评估这一点需要回答的问题有：①采取什么方法评估学习者的词义推测行为？②该评估方法的理论基础是什么？③采用该评估方法所得到的评估结果在多大程度上能够真实反映学习者的词义推测能力？

理想的 CLCC 教学模型必须同时满足以上三个指标。可以设想，如果在现有的词义推测教学中某一教学法已经可以用作 CLCC 教学模型，我们就无须再花费时间精力去建立一个新的教学模型。可以预测，如果我们用以上三个指标进行对照检查，梳理相关研究文献，查验当前的词义推测教学法是否可以用来培养 CLCC，会有三种可能的结果：成功找到一个教学法可以满足所有的三个指标；无法找到任何一个教学法可以满足任何一个指标；设法找到一个教学法，可以满足一两个指标，但是不能满足所有指标。

如果文献梳理的结果是第一种情况，那么所找到的教学法就可以直接用于 CLCC 培养与训练；如果是第二种情况，那么就需要从零开始建立一个全新的教学模型；如果是第三种情况，那么就需要对所找到的教学法加以适当调整以符合 CLCC 教学模型的三个指标。

为了在现有的词义推测教学中搜寻符合 CLCC 培养要求的教学模型，我们对与语境词义推测能力教学培养相关的研究文献进行了全面、细致的梳理。根据梳理结果，我们把当前语境词义推测能力教学研究分为以下三类：以英语母语者儿童为对象的研究；以英语二语者为对象的研究；一项模拟人工智能的 CVA 教学研究。

6.2 以英语母语者儿童为对象的研究

以英语母语者儿童为对象的词义推测教学研究有两类：一类是文献荟萃分析（meta-analysis）；另一类是实证性研究。

文献荟萃分析就是对已有的研究进行研究（study of studies），通过梳理分析相关研究，在统计、整合、归纳、总结的基础上，得出研究结论。为了了解教学能否有效提高母语者儿童从上下文中推断词义的能力，Kuhn 和 Stahl（1998）对 14 项研究进行了文献荟萃分析；Fukkink 和 de Glopper（1998）对 21 项研究进行了文献荟萃分析。两项文献荟萃分析（其中有 6 项实证性研究重叠）都发现通过课堂教学能显著提高学生的语境词义推测能力。尽管如此，这两项文献荟萃分析与本书的研究没有多大关系，因为它们只关注课堂教学对学习者语境词义推测的总体影响，具体的教学方法、教学步骤都不在它们的研究范围，因此本节就不再详细描述。

我们需要把考察重点放在词义推测实证性研究的教学操作环节。

以英语母语者儿童为研究对象的实证性研究中，涉及文本语境词义推测能力训练培养的教学方法有四种类型：①语境线索运用能力培养研究；②完形填空能力培养研究；③推测策略运用能力培养研究；④语境线索与推测策略混合应用能力培养研究。

以下，我们以理想的 CLCC 教学模型必须具备的三个指标，对一项以英语母语者儿童为对象的实证性研究中所采用的语境词义推测教学操作方法进行评估，以检视能否找到符合 CLCC 培养要求的教学模型。

6.2.1 语境线索运用能力培养研究

早期的词义推测教学研究大多针对的是某种具体语境线索的应用能力培养，旨在调查课堂教学介入能否（或在多大程度上能够）帮助学生辨识某一种具体语境线索，并通过专门训练培养他们运用这种语境线索推测生词词义的能力。在这类研究中，课堂教学活动主要培养学生辨识某一种或某几种线索类型并用来推测生词词义的能力。

如在 Guarino（1960）的研究中，教学活动的目的是让学生了解六种有助于词义推测的语境线索：目标生词释义、目标生词同义词、目标生词反义词、目标生词词义概括、经历和说明。

在 Hafner（1965）的研究中，教学实验旨在培养学生辨识以下几种语境线索并用以推测生词词义的能力：与目标生词词义形成对照关系的词语；对目标生词词义进行解释的词语或短语；对目标生词词义进行直接或间接解释的句子。

Askov 和 Kamm（1976）研究了学生能否在课后自主阅读中，运用课堂所学的语境线索类型，推测生词词义。实验组的学生通过课堂教学活动学习运用两类语境线索推测生词词义，一类是"因-果"线索（即与目标生词词义有因果关系的线索），另一类是"直接描述"线索（即对目标生词词义进行直接描述的线索）。

Baumann 等（2002）调查了两种语境线索的课堂教学情况：词素分析和上下文分析。词素分析指通过观察、分析目标生词的基本构成要素（词素）来推测其词义。上下文分析包括与目标生词词义有关的八种线索：定义，同义词，同位语，反义词，举例，总结，修辞，以及语态、语调和场景。

以上四项研究得出的共同结论是，通过教学培养学习者辨识、运用具体语境线索的能力，可以使他们的词义推测能力有显著提高。然而，由于以下几个原因，这些研究结果的可信度令人质疑。

第一，在 Hafner（1965）的研究中，只有对调查数据经过一些调整之后，才能观察到语境线索运用能力教学培养的积极作用，因此，所得出的结果并不确定。

第二，只有两项研究验证了教学干预的持久作用，但是结果有一定冲突，如 Askov 和 Kamm（1976）的研究表明，课堂教学之后，受试运用语境线索推测词义的能力得到提高的效果可以持续 6 周，但是在 Baumann 等（2002）的研究中，教学干预结束 2 周后所进行的延测（delayed-post test）中并没有发现教学效果得以持续。

第三，这些研究并没有证明，针对某一具体语境线索的课堂训练可以迁移到另外一种语境线索的利用，因此所采用的教学方法的效果并不确定。具体地说，在这些研究中，用于每一种语境线索的教学培养时间不等，有的持续一小时，有的持续两小时。针对各种语境线索辨识和运用的教学非常耗时，从一种语境线索的教学过渡到另一种语境线索的教学，前者不仅可能会对后者有正面影响，也可能会有负面影响。

第四，学者之所以愿意花费时间和精力进行语境词义推测的教学实验，是因为实验结果是肯定的，这样的教学可以取得一石二鸟（一举两得）的教学效果，不仅有助于二语学习者文本理解能力的提高，而且有助于他们词汇知识的快速增长。然而，以上四项实验中，只有两项对受试的文本理解情况进行了检测（Baumann et al. 2002），但它们并没有发现针对特定语境线索的教学培养对文本理解能力的提高有显著的影响，Baumann 等（2002）承认这也许与他们评测文本理解水平的方法有关，每一个试题只有"是/否"（True/False）两个选项，受试只能在其中选择一个答案。以上四项研究都没有对受试实验前和实验后词汇知识水平的变化情况进行检测、评估。

显然，这些研究中的词义推测教学模型都不具备理想的 CLCC 教学模型所必须具备的三个指标，原因如下：在这些研究中，受试均对词义推测教学的最终目标一无所知；尽管这些研究中教学干预的目的是培养受试辨识和运用具体语境线索推测目标生词词义的能力，但对具体教学操作的步骤未作明确说明；这些研究都没有说明为了评测教学效果所采用的量具的理论基础。

总之，这些关于具体语境线索运用能力培养的词义推测教学研究都不具备理想的 CLCC 教学模型所必须具备的三个指标，因此，无法用来构建 CLCC 教学模型。同时值得注意的是，由于缺乏明确的、有理据可依的教学目标、教学步骤和教学效果评估量具，所得出的研究结论也值得商榷。

6.2.2　完形填空能力培养研究

有三项早期的研究调查了利用完形填空练习引导学生注意、辨识语境线索的课堂教学效果（Sampson et al. 1982）。这些研究是基于一个假设："完形填空练习有助于受试深入了解上下文的作用，了解语言单位之间的相互关系，从而有助于提高他们的文本理解能力。"（Fukkink 2002：455）

具体来说，Bissell（1982）比较了强制选择（forced-choice）完形填空（多项选择）对文本理解和词汇学习的影响，与传统的完形填空任务以及多项选择问题（multiple-choice question）对文本理解和词汇学习的影响。Sampson 等（1982）调查了准完形填空（quasi-cloze）的教学过程对文本理解和词汇学习的影响。

然而，从这三项研究中，我们难以得出结论，认为完形填空是培养二语语境词义推测能力的有效手段。有两项研究证明完形填空任务有助于学习者语境词义推测能力的提高，其中一项研究（Sampson et al. 1982）证明完形填空任务有助于文本理解能力的提高，另外一项（Bissell 1982）证明完形填空任务有助于词汇学习。由此可以肯定的是，通过反复练习，受试完成完形填空任务的能力会有所提高。但是，一些学者和二语教师对这种教学方法提出了质疑（Walters 2004），质疑的焦点是：完成完形填空任务的能力是否等同于根据上下文推测生词词义的能力，前者能否被用来准确评估后者？如何在课堂教学中展示和组织完形填空练习？如果完形填空练习有效，如何提高完成完形填空任务的熟练程度，以更好地促进文本理解能力和 CVA 能力的提高？

这些质疑反映了这些研究的不足之处，例如，缺乏对教学目标的明确阐释，缺乏统一的教学步骤，缺乏一致的教学效果评估体系。因此，可以得出结论，这些研究中的词义推测教学方法都无法满足理想的 CLCC 教学模型所必须具备的三个指标。

6.2.3 推测策略运用能力培养研究

这类研究主要考察某种词义推测策略的课堂教学效果。在这类研究中，教学侧重于教导受试学习掌握某种词义推测策略，通常不会明确提及线索类型，也不会说明如何将该策略与某种具体线索类型相结合加以应用。

例如，Carnine 等（1984：197）教他们的受试的策略是："发现句子中有一个生词时，你看看在所描述的故事中是否能够找到其他词可以帮助你了解这个生词的词义。"

Herman 和 Weaver（1988）教给受试一个两步策略：①查看目标生词的内部词素结构；②查看目标生词上下文故事情节如何展开、用何种语气进行描述等。

Kranzer（1988）教受试掌握一个四步策略，这个策略的英文缩写名称是 SCAR：①用一个熟悉的词替换目标生词（substitute）；②查看替换词是否恰当（check）；③接受替换词（accept）；④再次思考（rethink）。

Jenkins 等（1989）调查一个被称作 SCANR 策略的教学效果。SCANR 代表推测一个目标生词词义所涉及的五个步骤：①尝试用一个熟词替换目标生词（substitute）；②检查上下文，寻找是否有线索支持你的替换尝试（check）；③问自己，所选择的替换词是否在目标生词出现的所有不同语境中都恰当（ask）；④检查是否有必要选择一个新的替换词（new）；⑤调整替换词，使其符合目标生词的具体语境（revise）。

在 van Daalen 等（1997）的研究中，受试需要通过课堂训练掌握一个较为复杂的词义推测策略。该策略由三步组成：第一步是"刹车策略"，即遇到生词时放慢阅读速度。第二步是"追踪策略"，由连续的四个分步骤组成：首先，再造一个句子以解释包含目标生词的句子语义；其次，试着自问自答与目标生词上下文内容有关的问题，如发生了什么？哪里发生的？为什么会发生？是什么人？等；再次，试着寻找一个目标生词的同义词，如果找不到，就根据所能收集到的信息，尝试给出一个定义，对目标生词的基本特征进行描述；最后，检查所找到的同义词或给出的定义是否符合上下文。第三步，把注意力集中在选定的同义词或定义上，进一步仔细检查它们是否适合目标生词的上下文语境。

在这些研究中，实验组所展示的积极的教学效果在某种程度上受到以下事实的影响：当一个"只练习"（practice only）任务组被纳入比较时，实验组在词义推测能力方面没有观察到显著差异。这些研究的另一个局限是，没有采取任何步骤来测试受试的文本理解水平和词汇知识水平，因此不清楚在阅读时运用词义推测策略是否有助于提高文本理解能力和词汇习得能力。这些不足，再加上实验操作过程的差异，导致这些研究无法明确回答以下问题：采取何种教学步骤帮助学生掌握这一策略？该策略能否提高文本理解能力和词汇习得能力？

显然，这些不足与完形填空教学研究的情况相似，使得一般策略研究中的词义推测策略训练方法不适合于培养二语学习者的文本 CLCC。

6.2.4　语境线索与推测策略混合应用能力培养研究

Sternberg（1987）、Buikema 和 Graves（1993）、Fukkink（2002）等研究了语境线索与一般策略混合应用的教学效果。

在 Sternberg（1987）的实验中，教学介入环节介绍关于语境的概念知识和利用语境推测生词词义的相关知识，其中，对时间、空间、状态描述、功能描述、因果和等价等六种语境线索进行具体介绍，还介绍将"换个句子"作为理解包含目标生词的句子的方法。

Buikema 和 Graves（1993）也研究了具体语境线索与一般策略混合应用的教学效果。实验组的受试学习利用描述性语境线索推测生词词义，步骤是：首先，把注意力锁定于目标生词；然后，列出上下文中可以用来推测目标生词词义的线索；最后，积极调动相关的语言知识、世界知识和经验知识等，确定目标生词词义。

Fukkink（2002）研究了将一般策略与具体语境线索结合应用对二语学习者语境词义推测能力的影响，包括四个步骤：首先，在上下文中搜索有助于推测目标生词词义的相关线索（如同义词、反义词、定义、解释等）；其次，试着猜测目标生词词义；再次，检测猜测出的词义是否恰当；最后，确定目标生词词义。

需要注意的是，尽管这些研究都意在调查某一推测策略与具体语境线索结合应用的课堂教学效果，但由于不同研究所采取的教学操作不同，因此得到的研究结果相当不确定。除了教学操作模式的不同，研究结果的差异还可归因于受试的差异，如年龄、阅读能力、语言背景、推测策略、语境线索等。除此之外，这些研究都没有对受试的阅读能力进行评估，因此我们无法了解这些研究所涉及的不同教学模式对提高受试的阅读能力是否有效，在多大程度上有效（Walters 2004）。尽管很难确定造成结果差异的来源，但本书在对这些研究进行仔细梳理后发现，如果这些研究的教学目标、教学过程、评估方法能够保持一致，研究结果之间的差异就有可能被化解。因此，同其他三类研究一样，这类研究也不符合理想的 CLCC 教学模型所必须具备的三个指标。

表 6.1 是我们依据理想的 CLCC 教学模型所必须具备的三个指标，对以上四类词义推测教学研究的评估总结。该表说明这些研究中所用的教学方法无一能够满足培养 CLCC 的教学要求。

表 6.1 以理想的 CLCC 教学模型的三个指标为参数对英语母语者儿童研究的评估结果

研究类型	教学目标	教学方法	教学评估
语境线索	无	无	无
完形填空	无	无	无
推测策略	无	无	无
语境线索+推测策略	无	无	无

注：表中无的意思是无法满足规定指标。

6.3 以英语二语者为对象的研究

以英语二语者为对象的词义推测教学研究数量较少，在研究广度和深度方面都无法与以英语母语者儿童为对象的研究相比。除此之外，以英语二语者为对象的研究，绝大多数是描述性研究，实证性研究是极少数。

6.3.1 描述性研究

有些二语教师和学者主张通过课堂教学帮助学生掌握一般词义推测策略，用以在文本语境中解析生词的词义。在以英语二语者为受试的研究中，Clarke 和 Nation（1980）的策略可能最为著名，这个策略的步骤如下：首先，通过分析目标生词内部的词素结构和包含该词的句子语法结构，确定该词的词性；其次，查看目标生词周围的句子，寻找线索，确定该词的语义范围；最后，猜测该词的具体词义。

Williams（1985）提出的一种词义推测策略的操作步骤更加明晰。在该策略的教学中，教师使用"有标记"的文本。所谓"有标记"的文本，即指对可以利用的线索已做标记的文本。基于"有标记"的文本，经过一段时间的训练，学习者掌握该策略之后，再逐渐过渡到在没有标记的文本中应用该策略。

Bruton 和 Samuda（1981）提出的策略不同于 Clarke 和 Nation（1980）的策略。Bruton 和 Samuda 的策略要求学习者首先凭本能对目标生词的词义进行猜测，然后在上下文中寻找可以支持猜测的线索。在指导学生使用该策略时，Bruton 和 Samuda 的"集中提问法"，引导学生注意到某种上下文线索。一段时间的"集中提问法"训练之后，学生就能够在没有标记的文本中自己给自己提出类似的问题，并且能够独立地在文本中搜寻相关问题的答案。但这种训练方法是否真如 Bruton 和 Samuda 预期的一样有效，还需要更多的研究加以验证。

Parreren C 和 Parreren M（1981）提出了一个词义推测策略的基本框架。该策略框架由四个语言层面和三个行为阶段构成。四个语言层面包括句法层面、语义层面、词汇层面和修辞层面；三个行为阶段包括定向、执行和检验。他们认为学生不仅要熟悉这个策略框架，还要知道从哪个层面开始进行推测，而不是依次经过每个层面。除此之外，学生还应该知道如何对推测的正确性进行判断。但是，Walters（2004）认为这个策略太复杂，学生很难掌握。

这些学者所描述推荐的、需要通过课堂教学帮助学习者掌握的词义推测策略存在不少问题，其中的一个主要问题就是，这些策略是否有效没有在教学实践中得到检验。除此之外，其他问题包括：①没有说明某一具体策略意在要实现的目标；②没有对该具体策略的课堂教学步骤的合理性进行论证；③教学效果的评估方法没有理论基础。

以上学者提倡通过教学帮助二语学习者掌握某一词义推测策略，还有一些学者主张通过课堂教学帮助学习者学会利用具体语境线索。例如，Ying（2001）罗列出 12 种语境线索，以及运用这些语境线索的具体策略。12 种语境线索是词素、指示词、连接词、同义词和反义词、下义词、定义、选择、重述、举例、总结、比较对照、标点符号。

Alderson 和 Alvarez（1978）根据可以作为词义推测线索的各种语义关系，提出以下需要通过教学帮助学生掌握的语境线索类型：上下义关系、互补关系、逆反关系（如"He is happy but not rich."与"He is rich but not happy."）、同义关系。其他语境线索类型包括：修辞结构（如举例和定义）、概念关系（如因果、目的和工具）以及语用关系（指对客观世界的了解）等。

Lay（1994）制作了一个策略指南（strategy guide sheet），意在指导学生像在显微镜下观察事物一样，仔细寻找可以用作目标词词义推测线索的前缀、标点符号、平行结构、词性、连接词、语义关系等。

Laufer 和 Bensoussan（1982）设计了专门用来帮助二语学习者运用语境线索推测生词词义的练习，以词性、词根、词缀、句法、词语搭配、重复、褒贬含义等为线索推测生词词义。

从上述综述中可以看出，虽然这些研究者列举出了一系列具体的、易于识别的文本特征，便于二语学习者用来推测生词词义，但这些文本特征是否切实有效尚无实证性研究加以证实。另外，应该通过课堂训练帮助学生掌握哪些文本线索一直存在争议，例如，究竟应该泛泛地训练应用各种上下文语境线索，还是挑选最有用、最常见的文本语境线索加以训练（Walters 2004）。

总之，描述性研究文献不仅反映了教师为帮助二语学习者利用文本语境线索推测生词词义所进行的思考和所付出的努力，也反映了他们对解决这一问题的创造性和想象力。二语词义推测教学研究以描述性研究为主，研究者基本上都是二语教师，充分说明二语教师非常重视对学生的词义推测能力的培养。另外，由于他们描述介绍的文本语境词义推测策略各不相同，说明有必要对这些策略的有效性加以验证。以英语母语者儿童为对象的词义推测教学实证性研究分为策略培养、特定线索运用和完形填空三大类，都不能满足 CLCC 教学模型所必须具备的三个指标；以英语二语者为对象的研究绝大多数是描述性研究，所描述的词义推测策略，同样由于没有明确的教学目标、合理的教学操作步骤和有理据可依的教学效果评测方法，无法用来构建 CLCC 教学模型。

6.3.2　实证性研究

以二语学习者为对象的词义推测教学实验研究数量非常少，基本都采取了前测+后测（pretest+posttest）、实验组+控制组（experimental group+control group）的设计，而且都把二语水平作为一个自变量加以考察。

Kern（1989）的研究检验了一个阅读策略训练的课堂教学效果。该策略训练是受试阅读课程的有机组成部分，侧重于词汇分析、句子分析（搜寻句子中标记衔接或逻辑关系的信号词）和语篇分析（即在语篇层面寻找衔接和信号线索），并运用 Clarke 和 Nation（1980）的步骤推测目标生词在特定语境中的词义。研究结果显示，阅读策略训练非常有助于文本理解能力的提高，低水平二语学习者是最大的受益者。这项研究还发现了一种趋势，即阅读策略培养有助于词义推测能力的提高，尽管这一结果没有达到统计学意义上的显著水平，但有一些数据显示,在这方面,同样是低水平二语学习者获益最大。Kern(1989)认为,低水平二语学习者之所以在阅读策略训练中受益更大,一个可能的原因是,中高水平二语学习者能够将他们的母语阅读策略用于二语阅读,由此削弱了二语阅读策略训练的效果。

Huckin 和 Jin(1986)不仅调查了语境词义推测策略应用能力培养的教学效果,还调查了中高水平二语学习者在未经教学培养的条件下利用语境线索猜测生词词义的能力。这项研究由前测、教学干预和后测三部分组成,前测对实验组和控制组的语境词义推测能力进行检测。教学干预对实验组进行了非常简短的词义推测能力训练,包括在教师的引导下重新阅读前测中读过的一篇短文,并对每个可以用来推测目标生词词义的语境线索进行解释说明;控制组没有教学干预环节。后测对两组受试的语境词义推测能力进行评测。结果显示,实验组与控制组存在显著差异。Huckin 和 Jin 的结论是,即使少量的课堂训练也能显著提高学生的词义推测能力。然而,由于实验组和控制组的后测成绩都高于前测成绩,有人认为实验组在后测中更好的表现很可能是练习效果的作用并非教学干预的结果,因为有一两篇短文在前测和后测中被重复使用。有人则认为教学干预的时间很短,大约持续了 15 分钟,而两个组之间的差异如此显著,说明花少量时间对学生进行语境词义推测的课堂培训是值得的。

在 Fraser(1999)的研究中,受试接受元认知策略训练(metacognitive strategy training)和重点语言教学。前者旨在帮助受试认识到在文本语境中遇到生词时有三种处理选项:①视而不见;②求助他人或词典;③推测词义。后者则帮助受试了解目标生词的词源、词素构成、语法功能、词语搭配以及结构冗余等信息。结果发现,策略训练对词汇学习没有显著的直接影响,但是有间接作用,因为经过元认知策略训练之后,受试忽略目标生词的比例有所下降,而推测成功率有所上升。然而,由于其他两个选项(视而不见和求助他人或词典)同时供受试选择,因此难以确定策略训练对受试词义推测的影响。

Walters(2006)调查了三种教学法对 ESL 受试的语境词义推测能力和文本理解能力的影响:一般策略、对语境线索辨识和解析以及给予任务完成情况的反馈。经过六个小时的教学,结果发现三种教学法都有一定的作用。不同二语水平的学习者会从不同方法中获益,初学者从一般策略教学中获益最大,更高水平的学习者则更得益于对语境线索辨识和解析的教学训练。给予任务完成情况的反馈对提高文本理解水平的贡献大于对提高词义推测能力的贡献。

从以上介绍可以看出，与英语母语者儿童为对象的研究相比，以英语二语者为对象的实证性研究数量不多，只有一项（Huckin & Jin 1986）调查词义推测的教学效果，其余都是描述性研究。实证性研究在二语词义推测研究领域非常珍贵。

显然，导致这种多描述性研究、少实证性研究局面的原因不是教师忽略了对语境词义推测能力的培养，上文所介绍的描述性研究的作者大部分都是一线教师，足以说明教师在二语教学实践中很重视帮助学生掌握利用语境推测生词词义的策略或能力，遗憾的是，忽略了对语境词义推测教学的理论研究。

与以英语母语者儿童为对象的研究一样，在为数不多的以英语二语者为对象的词义推测教学实证性研究中，虽然对教学方法和教学步骤有较为详细的描述，却未能阐释词义推测策略或能力培养所要实现的教学目标。此外，如果我们仔细考察这些研究中用来评估教学效果的量具（通常采用"宽度知识"或"深度知识"量表等）的制作原理，就会发现，这些量具基本上是以词典释义为基础开发的，评测受试对目标词正确词义的记忆，无法用来评测他们在特定语境中灵活运用相关线索构建合理词义的能力。因此，本节所介绍的词义推测教学方法都不适合用做 CLCC 教学方法。

6.4 一项模拟人工智能的 CVA 教学研究

6.4.1 CVA 研究介绍

CVA 是 contextual vocabulary acquisition 的简称，其概念内涵与语境词义推测相似、相关、相近。CVA 研究（Rapaport & Kibby 2014）与 IVA 研究有相似之处，但两者有本质差异。

CVA 是一项模拟人工智能的语境词义推测研究。它是一项涉及语言哲学、教育心理学和认知科学的跨学科研究。Rapaport 与 Kibby 试图将模拟人工智能的文本语境词义推测研究成果推广应用于美国中学生的英语词汇教学。他们以推算理论（computational theory）为基础，提出了 CVA 哲学并研发了一个 CVA 课程大纲。这个 CVA 课程大纲详细描述了文本语境词义推测的具体步骤。可能由于以下几个原因，这项 CVA 研究没有得到 IVA 研究领域的关注。

首先，这项 CVA 研究采用了一套不同于主流词汇习得研究领域常规术语的"另类的"术语。这些术语与 IVA 研究中常用的术语虽然相似，但在概念内涵方面存在很大差异。最典型的差异就表现在 CVA 这一核心术语的概念内涵上。CVA 的字面意思是语境词汇习得，然而仔细考察 CVA 的研究文献就会发现，在 CVA 研究中语境词汇习得和语境词义推测两个概念不加区分地混为一体。

其次，CVA 研究把 CVA 这一概念进一步划分为偶然的 CVA（incidental CVA）和有意的 CVA（deliberate CVA），这与 IVA 领域的偶然 IVA（incidental IVA）和有意 IVA（intentional IVA）颇为相似。然而，CVA 研究中的 CVA 的概念内涵是语境词义推测，CVA 课程大纲描述文本语境的词义推测步骤，CVA 哲学描述语境词义的基本特征。CVA 是有意的 CVA 的简称，是其研究的核心，被定义为：在没有词典或他人等外部帮助的情况下，学生利用文本上下文语境线索、相关背景知识以及文本阅读过程中本能地形成的词义假设，积极有意地习得文本中一个生词的词义（Rapaport & Kibby 2007）。由此可以看出，在 CVA 研究中，词汇习得等同于词义习得，而在 IVA 研究中词汇习得包括词形习得与词义习得两个方面。

最后，尽管在 CVA 研究中使用的一些术语与 IVA 研究中的一些术语表述相似，但在概念内涵上不同，因此可能造成了一些概念混乱，致使这项研究没有得到关注。但是如果仔细考察就会发现，CVA 课程大纲与传统词义推测教学模式有很大差异，这些差异极有可能使 CVA 的研究成果为 IVA 研究和二语词义推测教学研究做出有益的贡献。CVA 课程大纲与其他词义推测教学研究的差异主要表现在以下几个方面。

（1）CVA 课程大纲充分考虑到语境词义的动态性本质特征，这一点长久以来在其他词汇习得研究和词义推测研究中都被忽略掉了，因此，CVA 课程大纲完全颠覆了时至今日仍然占据统治地位的、基于静态词义观和行为主义教育观的词义推测理念以及词义推测教学理念。

（2）CVA 课程大纲的词义理论基础是 CVA 哲学。根据 CVA 哲学思想，CVA 课程大纲不仅对文本语境中词义推测的过程及推测结果十分具体详细地进行了描述，而且为基于文本的课堂词汇教学提供了一个新的思路。传统的基于文本的词汇教学或词义推测教学缺乏系统的理论支持。

（3）CVA 课程大纲放弃了基于词典释义、非对即错、静态的词义观，有助于学生摆脱词义推测难以成功的消极心理的困扰，在词义推测过程中用更为客观、理性、积极的态度去看待自己的推测努力和推测结果。

以下将对 CVA 哲学和 CAV 课程大纲的内容进行介绍，然后，以理想的

CLCC 教学模型所必须具备的三个指标，对 CVA 课程大纲进行评估，并考察其他词义推测教学模型。

6.4.2 CVA 哲学

CVA 哲学是 CVA 课程大纲的理论基础。不同于其他艰涩难懂、只能被学者所理解的哲学，CVA 哲学可以被教师和学生等普通人所理解和接受。CVA 哲学阐释了这样的语用学词义观："对一个读者而言，在不同语境、不同时间遇到同一个词时，其词义不同。"（Rapaport & Kibby 2007: 2）也就是说，一个词的词义是临时的、多变的，词为何意取决于词所处的语境和读者的解析能力。根据 CVA 哲学，语境词义推测应遵循以下几个基本原则。

（1）一个词不只有一个特定的词义。

（2）具体语境中，不存在所谓的正确或标准词义，推测者也无须以作者的意图为标准，去推断其在具体语境中所要表达的词义。一个熟词在新的语境中也可能有新义，只能在特定语境中体会词的新义。

（3）上下文中总是可以找到推测生词词义的一些线索。可以从分析目标生词的句子结构入手，形成一个词义假设，然后以此词义假设为依据去搜寻、识别相关的线索；上下文语言线索必须与文本以外的相关知识相参照；相关背景知识越丰富，参照的范围越大，可以用来精确计算词义的线索就会越多。此外，目标生词的使用频率越高，其语义假设就会越稳定。

（4）词义推测不是对一个词的词义进行胡乱猜测，而是一个开放的形成词义假设、调整并验证词义假设的过程。词义推测是对一个词词义的逻辑推理，目标生词的词性影响词义推测的难度，推测名词的词义最容易，动词次之，然后是形容词，推测副词的词义最难。尽管推测难度不同，经过逻辑推算，可以对任何一个生词的词义有一定程度的了解。

（5）文本语境的词义推测需要积极搜寻各种线索信息，并对搜集到的线索信息进行梳理、分析，这个过程有助于文本理解水平的提高。

（6）有必要通过课堂教学对文本语境的词义推测能力加以培养，事实上也能够通过教学加以培养。

以 CVA 哲学思想为指导，在 CVA 研究中，生词指读者从未见过的或只有模糊记忆的词或短语，读者进行 CVA（即语境词义推测）的目的既不是探寻其正确词义，也不是确定作者所要表达的语义，而是赋予目标生词一个自己认为合理的词义。一个生词的 CVA 过程由以下三个步骤组成：初步形成一个词义假设；把该词义假设临时赋予目标生词；继续阅读文本，当该目标生词再次出现时，检验之前形成的词义假设。

总之，在进行 CVA 时，读者的意图就是确定目标生词在特定语境的一个合理词义，而且只要可以继续阅读下文就可停止。CVA 在专业学术文本的阅读中尤其显得重要，因为在阅读不同专业的学术文本的过程中难免会遇到一些词典没有收录的生僻表达或术语，如果读者不能解析其语义就不能解读文本。

Rapaport 和 Kibby（2007）认为：①可以精确描述 CVA（即文本语境中形成目标词词义假设）的过程，模拟这一过程编写计算机词义推算程序；②可以根据计算机词义推算程序，制作 CVA 课程大纲，培养学生的语境词义推测能力。下一节对 CVA 课程大纲以及操作程序进行更为详细的介绍。

6.4.3　CVA 课程大纲

CVA 课程大纲是 CVA 哲学在英语母语者和英语二语者教学中的实施应用方案。CVA 课程大纲是一个标新立异的、特立独行的词义推测教学模型。与传统的词义推测教学模型相比，它的最显著的"另类"之处在于，它是以一个名为 Cassie 的计算机词义推算程序为基础建立起来的。Cassie 运用一个名为 SNePS 的信息处理系统，通过设定的节点（node）检索信息。CVA 课程大纲的教学目的是帮助学习者学习运用一个由形成词义假设和检测词义假设两个环节组成的目标生词词义推测策略。这个策略包括两个主要阶段：①意识到目标生词的存在，并意识到有必要了解其词义；②形成词义假设和检测词义假设不断循环，直至形成一个合理的词义。需要注意的是，在第二个阶段中，完成形成词义假设或检测词义假设都需要完成一系列相关任务。

在形成词义假设环节，需要依次完成以下任务。

（1）凭本能猜测 x（代表目标生词）可能的词义。

（2）如果凭感觉猜不出 x 的词义，或者经检测发现凭感觉猜出的词义不合理，那么采取以下三个步骤，次序可以调整，既可以选择其中任何一个步骤，也可以选择所有三个步骤：检查一下，是否以前在什么地方见过 x，想想是否对之前见到它时的语境或词义还有印象。运用所掌握的语义知识和构词知识

（如前缀、后缀、词根等）形成一个关于 x 的词义假设。创造一个适当的语境，以便能够依次采取以下步骤规范地对 x 的词义进行猜测：①反复研读 x 所处的句子[用符号 $S(x)$ 表示]；②确定 x 的词性；③尝试对已经读过的文本内容进行总结；④激活记忆中与文本主题相关的知识；⑤把第三、四步结合起来，也就是说，把从已经读过的文本部分所获得的信息与自己所掌握的相关知识相结合。

（3）依次采取以下四个步骤，形成一个关于 x 的词义假设，这是 CVA 词义计算理论的核心环节。

第一，为了破解 x 的词义：调整 $S(x)$ 的句子结构，使得 x 成为句子的主语；列出所有能够想得到的 x 的同义词，作为"候选的词义假设"。

第二，运用自己所掌握的、与候选的词义假设相关的知识，在上下文中[用 $C(x)$ 表示]寻找线索。具体的步骤如下：①如果 x 被假设是一个名词，那么就寻找 x 作为名词，可能具有的以下特征信息的线索：类别（可以问：What kind of thing is an x? What kinds of things are xs?）、属性（可以问：What is x's size, color, etc.?）、构造（可以问：What parts do xs have? What wholes are xs part of? What is x's physical structure?）、行为（可以问：What can xs do? What can be done to or with xs?）、代理人（可以问：Who can do things to or with xs? To whom can things be done with xs? Who can own xs?）、同义词（可以说：Look for, or think of, possible synonyms.）和反义词（可以说：Look for, or think of, possible antonyms.）。②如果 x 被假设是一个动词，那么就寻找 x 作为动词，可能具有的以下特征信息的线索：类别（可以问：What kind of act is $x$ing? What kinds of acts are $x$ings?）、行为特征（可以问：How can it be done?）、及物性/次范畴化特征（可以问：Ask whether one can say "Someone can x" "Someone can x something" "Someone can x something to someone else"?/Look for agents and objects of x-ing）、同义词和反义词（同名词的线索搜寻方法一样）。③如果 x 被假设为一个形容词或副词，那么就寻找有关 x 的以下特征信息的线索：类别（可以问：Does the modifier tell you something about color, size, shape, manner, etc.?）、反义词（如果读 He did it $x$ly instead of $y$ly 一句，知道 y 的语义，那么就可以试着把 x 假设为 y 的反义词或补足语）、平行和并列词（如果在读 He did it $x$ly, $y$ly, and $z$ly 一句时，知道其中 y 和 z 的语义，而且 y 和 z 几乎是同义词，那么就可以假设 x 具有相似的语义）。

第三，形成一个假设（用符号 H 表示），即关于 x 的临时词义假设，是一个尝试性的关于 x 词义的表述，类似于形成一个关于 x 的科学论断，也如同一个侦探破解"谁干的"之谜，形成一个假设的答案，试图回答以下三个问题：它是什么？这个问题帮助识别 x 的类别；它是什么样的？这个问题帮助说明 x 与同一类别中其他事物的不同；哪些例子可以说明？这个问题旨在进一步澄清 x 的语义。

第四，要对所形成的词义假设加以检测，为此，读者（推测者）需要：①用 H 替换所有不同语境中的目标词；②如果用 H 替换过的目标词的句子能够讲得通的话，继续读下文，否则，就需要另外形成一个新的词义假设。

6.5 CVA 研究的评述

在 CVA 课程大纲建立之后，Rapaport 和 Kibby（2014）预料到可能会有两种批评意见。

第一种批评意见针对 CVA 课程大纲存在的必要性。Rapaport 和 Kibby（2014）预料有些人可能会认为读者在阅读中遇到生词时，查词典更加简单方便，根本无须花费时间和精力去推测词义。

对于这种可能的批评，Rapaport 和 Kibby（2014）准备这样回答：CVA 是必要的，因为不是所有的生词都可以在词典中查到释义，也不是需要查词典时手边总是能够找到词典可供查询。

本书赞同 Rapaport 和 Kibby 的这一观点，认为 CVA 是必要的，除此之外，我们还认为有必要质疑词典的作用。词典不是万能的，在很多情况下，即使读者有词典可查，也不能保证能够正确理解词典释义，因为所找到的词典释义不一定与目标生词在特定语境中的语义相吻合。

第二种批评意见针对 CVA 课程大纲的作用。Rapaport 和 Kibby 预料有些人可能会认为教人脑推测词义与教电脑推算词义有着根本差异，CVA 模拟计算机词义推算程序，不适用于人的词义推测教学。

对于这种可能的批判，Rapaport 和 Kibby（2014）准备这样回答：我们进行 CVA 研究的目标并不是制作计算机词义推算程序，我们的意图是建立一个科学的语境词义推测理论和一个更加系统、更具操作性的 CVA 策略教学程序，培养或提高学生在文本语境中的 CVA 能力。

本书认为第二个可能的批评意见有道理，Rapaport 和 Kibby 的回答说服力不足，因为学生的脑子（人脑）与电脑（机器）确实存在本质差异，不能把模拟人工智能的计算机词义推算程序与人的词义推测活动不做任何区分地混为一谈。

如果我们深入分析思考一下第一种可能的批评意见，就会发现它主要针对的是语境词义和词典释义的差异问题、词义的本质问题，或词义推测的目标问题，语境词义和词典释义是一回事吗？批评者没有把这个问题想清楚。第二种可能的批评意见主要针对的是对学习者进行语境词义推测能力培养的教学方法问题，教电脑（设置计算机词义推测程序）和教人脑（教学生推测词义）是一回事吗？Rapaport 和 Kibby 没有把这个问题想清楚。

以下，我们以理想的 CLCC 教学模型为标准对 CVA 课程大纲及其所可能面对的两种批评意见进行比较分析，为建立 CLCC 教学模型奠定理论基础，一方面，用理想的 CLCC 教学模型所必须具备的三个指标，结合 Rapaport 和 Kibby（2014）针对两种可能的批评意见所给的答案，对 CVA 课程大纲进行分析评测；另一方面，在以上分析的基础上，用理想的 CLCC 教学模型所必须具备的三个指标，对比分析 CVA 课程大纲、其他英语母语者和英语二语者词义推测教学研究中的教学程序，考察是否具备理想的 CLCC 教学模型所必须具备的三个指标：明确的教学目标、明确的教学方法和合理的教学效果评估体系。

6.5.1　CVA 教学目标

上文说明，CVA 课程大纲可能面对的第一个批评意见和 Rapaport 和 Kibby（2014）所给予的回答，主要针对作为词义推测结果的词义假设的性质问题，即推测形成怎样的词义，是一个以词典释义为标准的抽象词义，还是视具体语境而定的临时词义。从 Rapaport 和 Kibby 的回答可以看出，他们对通过查词典了解生词词义以理解文本的方法持强烈的保留意见。他们认为词典不能解决文本阅读中遇到的所有生词的词义问题，词典释义不同于语境词义。他们持语用学词义观。其他以英语母语者和英语二语者为对象的词义推测教学研究则持静态词义观。表 6.2 是 CVA 课程大纲的词义观与以 Beck 等（1983）的研究为代表的传统词义推测教学所秉持的词义理念对照表。

表 6.2 CVA 课程大纲的词义观与以 Beck 等（1983）的研究为代表的传统词义推测教学所秉持的词义理念对照表

词义理念	Beck 等（1983）的研究	CVA 课程大纲的词义观
理念 1	词都有确定的词义	词没有确定的词义
理念 2	有正确词义	无正确词义
理念 3	有些文本语境无法推测词义	任何文本语境都可以推测词义
理念 4	词义推测必须在一个特定文本语境中完成	CVA 是一个形成假设、检验假设、修改假设的循环过程
理念 5	应指导学生利用文本上下文语境（小语境）推测词义	应指导学生利用大语境推测词义
理念 6	不是所有文本语境都适用于词义推测教学	所有文本语境都适用于词义推测教学
理念 7	有必要区分专门用于词义推测教学的文本语境和自然文本语境	无须区分教学用的文本语境和自然文本语境
理念 8	文本作者通过目标词表达一个特定的词义	文本作者通过目标词所表达的词义取决于特定语境
理念 9	文本语境中不一定能找到可用来推测目标词义的线索	文本语境中永远能够找到可用来推测目标词义的线索

从表 6.2 可以看出，CVA 课程大纲隐含着 CVA 哲学所反映的词义理念，即词义是动态的，取决于语境。在此，我们需要回顾一下，在 6.1 节中为理想的 CLCC 教学模型所设立的教学目标，使学习者理解并接受语境的灵活性和推测符合具体语境要求的合理词义的必要性，并经过课堂教学训练使得他们具备灵活运用相关语境线索构建合理词义的能力，由此提高他们的 IVA、文本理解能力和词汇自主学习能力。把 CLCC 教学的目标与 CVA 课程大纲的目标进行对比，就会发现两者在本质上是一致的，都强调大语境的重要性和词义的动态性，都以提高学习者的词汇习得能力、文本理解能力和自主学习能力为最终目标。因此，我们可以得出这样的结论：CVA 课程大纲的教学目标与我们所要构建的理想的 CLCC 教学模型所要实现的教学目标完全一致。

6.5.2 CVA 教学方法

我们认为 Rapaport 和 Kibby 预期的 CVA 课程大纲可能面对的第二个批评意见是有道理的，这个批评意见与 CVA 课程大纲的作用有关，Rapaport 和 Kibby（2014：134）对于这个批评准备的回答是"设计计算机词义推测程序有助于提高词义推测的课堂教学效果",这个回答本身没有错,但词义推测是一项认知活动,人非机器,人脑非电脑,指导人(学生)学习词义推测不同于设计计算机词义推测程序。Rapaport 和 Kibby 的回答无法化解"人脑不同于电脑"的质疑。CVA 课程大纲所包含的细致入微的推测步骤,意在弥补传统词义推测教学中指导学生掌握的词义推测步骤模糊、粗略,学生无法操作运用的不足。尽管 CVA 课程大纲特别重视 CVA 推测步骤的具体细致,Rapaport 和 Kibby 认为是 CVA 推测策略不同于其他推测策略的根本所在,但是如果我们仔细思考一下就会发现,其实 CVA 课程大纲的真正亮点并不是其细致的推测步骤,而是其词义理念,因为无论推测目标词词义的步骤多么具体细致,与 CVA 课程大纲所要实现的目标并无直接关系,即在帮助学习者认识语境词义的动态性本质的基础上提高他们的 IVA 和文本理解能力,对此,接下来我们还要做深入的讨论。在此,我们引述所收集到的 Rapaport 和 Kibby(2014)对 CVA 课程大纲和其他词义推测策略的评述,通过这些论述,我们可以清楚地看到作为 CVA 课程大纲的制作者,他们自己认为并一再强调 CVA 课程大纲与传统词义推测策略相比的优点在于其精确、细致的词义推测步骤的描述。

原文:What's missing from most suggested curricula are the details about how to figure out (hypothesize, infer, compute) a meaning and our CVA curriculum aims to "help fill that gap". (Rapaport & Kibby 2009: 9,转引自Wang 2019:126)

译文:传统的教学大纲缺少对词义推理(假设、推测、计算)步骤的细节描述,我们的CVA课程大纲旨在"弥补这方面的缺陷"。

原文:We need to provide a fairly detailed sequence of steps to help a human who would be lost, or feel inadequate, if merely told to "guess". (Rapaport & Kibby 2009: 11,转引自Wang 2019:126)

译文:有必要提供非常详细的推测步骤,因为仅仅告诉学生去"猜测",但不告诉他们具体推测步骤,很可能让他们在实际推测时迷惘,束手无策。

原文:It is also generally agreed that we don't know how readers do much of this. First and second-language-learning literature suggests various strategies. But most are quite vague. (Rapaport & Kibby 2009：12，转引自 Wang 2019：126)

译文：大家普遍认为，实际上没人知道究竟如何去推测一个生词的词义。母语和二语相关研究提出各种推测策略，但是大部分都非常模糊。

原文：What readers need to be taught is a procedure that they can easily follow and that is almost guaranteed to enable them to figure out a meaning for a word from context. Most of the previous strategies are not "very precise"; cannot be easily done, easily taught, or easily computed. （Rapaport & Kibby 2009: 14，转引自Wang 2019：126）

译文：需要通过课堂教学使学生掌握一个简单易行的推测程序，确保他们能够在阅读语境中推测出一个生词的词义。之前的研究中所涉及的策略都不够"具体"，既不容易学，也不容易教，很难真正用来计算词义。

我们完全可以理解，Rapaport 和 Kibby 在以上引言中之所以强调词义推测程序的细致、精确，是因为尽管他们所设计的 CVA 课程大纲的最终目标是指导人类学习者，但是他们首先考虑的是计算机的运作程序。对于接受人类操控的计算机来说，细致、精确的运作程序是非常必要的。但对人类学习者而言，程序步骤的精确性或许并不重要。在阿尔法围棋（AlphaGo，一款围棋人工智能程序）已经能够击败人类围棋冠军的今天，我们依然有理由相信电脑不同于人脑，人工智能无法取代人类智慧，计算机或人工智能程序无论多么先进发达，也是在人的操控下被动运作的。在此，建议读者停下来，闭上眼睛，想想在大数据技术统治一切的当今社会，人脑和电脑的本质差异究竟在哪里？基于文本研读的二语教育的意义和目标是什么？

Rapaport 和 Kibby 设计 CVA 课程大纲的初衷是指导年龄在 11~15 岁英语本族语者遵循一定程序去推算目标生词在特定文本语境中的一个"临时"词义。但英语母语者和二语习得者在文本阅读中遇到生词时需要面对的实际困境是，无论采用什么推测策略或推测方法，无论所学到的推测步骤是否具体明确，都难以推测出目标生词的正确词义。CVA 课程大纲忽略了一点，即人类大脑不会无条件地接受外部（如教师或教程）规定的推测步骤的制约，人脑有着不同于电脑的灵活性、创造性和智慧，有无法估量的潜力。（在此需要思考一下，人类大脑认知机制积极运作的动力是什么？对此我们在下文会做进一步讨论。）文本中遇到生词时，只要学生开动脑筋积极思考，就一定能够推测出一个关于目标生词"一定程度"合理的词义。相反，如果学生对生词视而不见、懈怠、懒惰、不思考，即使上下文语境中有很多线索都指向文本作者或教师所期待的正确词义，也不会有任何收获。总之，我们有理由相信，同一文本语境中遇到同一目标生词时，不同人的词义推测过程和结果不同，不是因为所用的推测策略或推测步骤不同，而是相关线索知识运用的主动性、灵活性、创造性的程度不同。

  CVA 课程大纲忽略的另外一点是，尽管人脑具有主动性、灵活性和创造性，但是人类的认知行为仍然会受到外在的制度、规则、条约等的制约，如二语学习者的词义推测活动会受到课堂教学给他们所规定的推测目标的束缚和制约。人类的认知行为和任何其他行为都是在一定条件、规则和要求的制约下进行的，但是，条件、规则和要求有合理和不合理之分。合理的条件、规则和要求有助于包括词义推测行为在内的任何人类行为，无论是社会行为还是认知行为；不合理的条件、规则和要求，则会束缚包括词义推测行为在内的任何人类行为，会引起一系列的负面影响。对正确词义的期待就是对词义推测行为不合理的条件、规则和要求；对合理词义的期待就是对词义推测行为合理的条件、规则和要求。

  如果给推测者规定的词义推测目标是以词典释义为标准的正确词义，对在特定语境中进行词义推测的推测者而言，这个目标是不现实的，几乎没有实现的可能，推测是个注定要失败的行为，因为关于某一目标生词的词典释义是脱离语境的抽象词义。执着于正确词义这个不现实的推测目标，对推测者所造成的负面影响可能是影响他们对自己推测能力和阅读能力的自信心，反复的失败会导致他们不敢或不愿再尝试去推测阅读过程中遇到的生词。

  相反，如果给他们规定的词义推测目标是一个在特定语境中的合理词义，那么成功推测出一个"一定程度合理"的词义的机会总是会有的，这个目标只要努力，就能实现，这样，当他们在阅读过程中遇到生词时，词义推测的努力总是会有回报，"屡屡成功"不仅会给推测者带来成就感，更重要的是会大大提高他们对自己推测能力、阅读能力的自信心，会大大增强他们遇到生词就努力去推测的勇气。

  如果说使电脑运转的是程序设计员，那么使人脑积极运转的动力应该是勇气、自信心和兴趣，当学生的勇气、自信心不足时，能够帮助他们的是教师，所以词义推测教学的真正意义在于增强学生的推测勇气和自信心，有勇气和自信心去做的事情一定也是他们感兴趣的事情。问题是增强学生的推测自信心不是一句空话，需要通过一定的教学步骤和方法去实施，这一点被 Rapaort 和 Kibby 所忽略，也是 CVA 课程大纲所没能解决的一个关键问题。

从以上论述可以看出，如果学习者在推测任务开始之前就对推测所要达到的目标已经心中有数，会在很大程度上增强他们对自己推测结果的自信心，这是真正使人类学习者的词义推测行为不同于计算机词义推测程序的地方。由此看来，使得 CVA 课程大纲不同于传统词义推测教学的并非 Rapaort 和 Kibby 所强调的某一具体推测步骤是否详细、是否精确，而是它不同于其他词义推测教学研究的词义理念（表 6.2）。换句话说，造成 CVA 课程大纲和传统词义推测教学的差异的关键不是推测步骤的详略，而是词义理念的不同。CVA 是建立在动态词义观基础之上的，而传统词义推测教学是建立在静态词义观基础之上的。可以想象，在 CVA 课程中如果没有让学生对语用词义有充分的了解，在词义推测过程中，即使他们完全遵循 CVA 课程大纲所指导的推测步骤，学生头脑中根深蒂固的语言学词义观仍然会下意识地控制他们的推测行为，要求他们以正确词义作为 CVA 的目标，从而使 CVA 课程大纲无法有效实现其预期目标。

综上所述，Rapaport 和 Kibby 的 CVA 研究取得两项成果：①CVA，这是一个关于语境词义的理论体系；②CVA 课程大纲，这是一个关于文本语境词义推测策略运用的教学模型。CVA 哲学精练、生动地描述了能够被教师和学生等普通人所理解和接受的文本语境词义特征，这是一项非常值得称道的重大研究成果，遗憾的是，在 CVA 课程大纲中，CVA 哲学所阐释的文本语境词义特征没有明确地得到体现，而是隐含在 CVA 策略和具体推测步骤的实施中，使得 CVA 课程大纲的教学目标难以实现。Rapaport 和 Kibby 实际上是把学生（人脑）视作机器（电脑），针对 CVA 课程大纲的第二个预期批评意见，他们强调计算机词义推测程序的制作意在指导学生通过模拟训练提高文本语境词义推测的效率，但没有区别作为人类认知活动的词义推测与模拟人工智能的词义推测之间的本质差异。

总之，尽管 CVA 课程大纲有一个强大的理论基础，CVA 哲学系统地阐释了 CVA 课程大纲的目标，但遗憾的是，这个目标隐含在 CVA 课程大纲中，需要学生在 CVA 策略的运用中去领会，而不是明确在理解并接受的条件下指导其 CVA 策略的运用，从而影响学生自主性和积极性的发挥。由于 CVA 课程大纲中缺乏明确地对文本语境词义特征进行课堂教学的环节，使得它与传统词义推测教学没有本质的区别。

6.5.3 CVA 课程大纲的可行性评估

至此我们以理想的 CLCC 教学模型所必须具备的三个指标为参照，回顾了有关词义推测教学的相关研究，结果表明，大多数研究以正确词义作为考量词义推测活动是否成功的唯一标准去评价某一教学法的有效性，对此词义目标的合理性不加质疑。CVA 课程大纲则考虑到两个问题：一个是文本语境词义的本质问题，并建立了语境词义理论；另一个是教学方法的有效性问题，并建立了策略训练大纲。传统的研究和 CVA 研究都没有考虑第三个问题，即教学效果的评估方法及其合理性的问题。

表 6.3 所示的是以理想的 CLCC 教学模型所必须具备的三个指标为参数对 CVA 课程大纲进行评估的结果。

表 6.3 以理想的 CLCC 教学模型所必须具备的三个指标为参数评估 CVA 课程大纲

CLCC 教学模型的评估参数	教学目标	教学方法	教学评估
CVA 课程大纲	是?	否	否

注："是"表示能够满足这个指标，"否"表示不能满足这个指标，"?"表示不确定。

6.6 CLCC 教学模型

6.6.1 CLCC 教学模型的构建理据

至此，梳理词义推测教学研究的相关文献，虽然没有找到一个完全符合 CLCC 教学要求的教学模型，但 CVA 哲学和 CVA 课程大纲有助于我们建立一个 CLCC 教学模型。如表 6.3 所示，我们可以依据 CVA 哲学所描述的文本语境词义特征，确立 CLCC 教学目标。但 CVA 课程大纲同其他词义推测教学模型一样不能完全满足 CLCC 教学要求，因为尽管 CVA 课程大纲非常详细地描述了词义推测的步骤程序（学生的角度），但完全忽略了教学操作方法和教学效果的评估标准问题（教师和教学管理的角度）。因此，在建立 CLCC 教学模型时，需要结合语境词义的基本特征（CVA 哲学）和形成目标词词义假设的基本程序（CVA 课程大纲），设计符合 CLCC 培养要求的教学方法和评估方法。

在一个符合现代教育要求的课堂教学模型中，教学方法、评估方法和教学目标是相互联系、不可分割的有机整体。CLCC 教学模型是一个符合现代教育要求的课堂教学模型，因此，构建 CLCC 教学模型，不仅需要明确其教学方法、评估方法和教学目标，还需要厘清三者之间的关系。这个任务可以在莱昂杰夫的 AT 框架下完成。

1. AT

AT 是维戈茨基的学生莱昂杰夫建立的。莱昂杰夫对维戈茨基的社会文化理论（sociocultural theory，SCT）做出了重大贡献。莱昂杰夫多次承认，AT 与 SCT 密切相关。两者的主要区别在于焦点不同，SCT 的焦点是符号系统的中介功能或语言和社会在更高意识发展中的作用，AT 的焦点是人类意识发展中的劳动工具和对象。AT 试图解析人类活动本身的结构，而 SCT 对此并不关注（Wertsch 1981）。

根据 AT，人类活动的结构由三个层面组成：动机（motive）、行动（action）和操作（operation）。一项活动被理解为是在生物或文化需求的激励下做的事情。生物需求的一个例子是需要食物或住所，文化需求的一个例子是需要在自己的职业生涯中取得成功。可以对活动的三个层面进行单独分析，每个层面的分析单元不同：动机、面向目标的行动和操作。实现动机，需要面向目标的行动（goal-oriented action）；面向具体目标的行动需要操作或需要在特定条件下执行。例如，为了在自己的职业生涯中取得成功，人们可能需要采取诸如上课或参加研讨会等行动。这些面向目标的行动需要在具体条件下操作执行，例如，为了学习高级计算机编程课程，首先需要学习初级计算机编程课程。

了解活动的结构很重要，因为把一种活动与另一种活动区别开来的不是行动的过程，而是它们的动机。也就是说，在操作层面相同的两项行动，可能是一个活动，也可能是两个不同的活动，如果两者的动机相同，可以视作同一活动；如果动机不同，则应视作两个不同的活动。例如，如果两个人参加一个解决谜题的实验，所遵循的解题要求相同，最后取得的结果相同（谜题已经解决），但动机不同，一个人是因为个人兴趣而参与实验，另一个人只是为了取悦研究人员或获得更好的成绩，那么这两个人正在参与两个不同的活动。AT 有助于我们理解包括文本语境词义推测活动在内的所有人类活动。

2. 词义推测：推测者认知活动与课程教学活动

二语学习者在文本语境中的词义推测活动和教师的词义推测教学与评估活动是两种不同但密切相关的活动。基于 AT 解构这两种活动有助于提高词义推测和词义推测教学的效率。

首先，我们依据 AT 解析词义推测这项认知活动的构成要素。当前二语教学中，学习者在文本阅读中学习词汇的主要动机是记忆目标词，扩大词汇量，这有两种主要方法，一种是目标词脱离其文本语境，基于词典释义学得；另一种是依托文本语境，在推测目标词词义的基础上习得。学得一个目标词和习得一个目标词的最终目的都是记忆这个目标词，不同之处在于，前者是显性记忆，后者是隐性记忆，也可以显性记忆（如果学习者有意为之）。

词义推测是基于文本语境习得目标词的核心环节，在词义推测的过程中或基于所形成的词义假设显性或者隐性地记忆目标词的词形。推测词义和词形记忆是两个彼此独立，还是相互关联的两个认知层面，至今存在争议。不仅如此，词义层面的推测还会在很大程度上制约并影响文本层面的语义推测，总之，词义推测这一认知活动不仅是自然文本语境中习得词汇的重要环节，也是文本理解的关键所在。因此，在二语教学环境下，学习者之所以在阅读过程中遇到生词时执行词义推测这一行动，动机是记忆目标词，扩大词汇量。词义推测仅仅是为了实现扩大词汇量这一动机而进行的词汇学习活动的一个环节。作为整个词汇学习活动过程的一个环节，词义推测可以有自己的目标，根据我们的梳理，词义推测的目标现在有两个可能的选项：以词典释义为基础的抽象词义或取决于特定语境的具体词义。以词典释义为基础的抽象词义是传统词义推测的目标，由特定语境决定的具体词义是我们根据语言哲学、心理学、认知科学、教育学等学科的研究成果提出的词义推测目标。这是一个必须做出的选择，这个选择，不仅会影响词义推测的过程和结果，还会影响整个二语词汇学习。

表 6.4 所示的是我们根据 AT 对传统的词义推测活动（activity[1]）和词义构建活动（activity[2]）进行的解构，旨在说明词义推测的操作（operation[1]）和词义构建的操作（opertation[2]）是两个不同的认知活动，两者的动机不同，分别为记忆目标词（motive[1]）和培养 CLCC（motive[2]）；预设的目标词义不同，分别为抽象的正确词义（goal[1]）和具体语境要求的合理词义（goal[2]）。

表 6.4　传统的词义推测活动与语境词义构建活动的解构对比

序号	活动（activity）	动机（motive）	预设目标（goal）	操作（operation）
1	词义推测	记忆目标词	正确词义	封闭的推测
2	词义构建	培养 CLCC	合理词义	开放的构建

基于文本的词义推测教学活动与学生的词义推测活动既有联系又有区别，前者是一种师生之间的人际活动（interpersonal activity），后者是学生的内部认知活动（intrapersonal activity）。上文中，我们通过梳理词义推测教学相关研究文献发现，CVA 课程大纲与其他传统词义推测教学存在本质差异，主要表现在三个方面。

第一，动机不同。CVA 课程大纲旨在培养学生自主构建语境词义的能力；传统词义推测教学则意在帮助学生基于文本扩大词汇量。

第二，目标不同。CVA 课程大纲旨在培养学生能够根据目标词的具体上下文语境构建一个合理而开放的词义假设；传统词义推测教学意在帮助学生能够猜测出以词典释义为评估标准的目标词的正确词义，并加以牢固记忆。

第三，操作不同。CVA 课程大纲的教学操作基于词义推测程序训练学生领会并掌握 CVA 程序和步骤。传统词义推测教学操作则训练学生掌握某种词义推测策略或方法，并基于词典释义对学生的推测结果加以评估。

如果我们结合 AT，重新审视 CVA 课程大纲和传统词义推测教学活动在以上三个方面的差异，就会发现，CVA 课程所训练的推测程序和某一传统词义推测教学活动所训练的某种词义推测策略的步骤之间的差异属于教学活动操作层面（即第三层面）的差异，策略训练的词义目标的差异是教学活动目标层面（即第二层面）的差异，而帮助学生牢固记忆目标词和培养学生自主习得词汇的能力是教学动机层面（第一层面）的差异。根据 AT，高层面因素对活动的影响总是大于低层面因素，动机层面高于并制约目标层面，目标层面高于并制约操作层面。由此，我们的结论是，CVA 课程大纲与传统词义推测教学的主要差异在于教学动机和教学目标，不在于具体教学操作。同样，学生的词义推测活动的三个层面关系可总结如下。

推测动机和预设目标对推测活动的影响大于推测步骤（或推测策略的具体程度），而且推测动机和预设目标的显性程度越高（越明确），对推测操作的指导作用越大。合理的推测动机和预设目标词义会产生正面影响，不合理的推测动机和预设目标词义会产生负面影响。教师基于文本的词义推测教学活动和学生基于文本的词义推测活动在推测动机和目标词义方面可以一致，也可以不一致，有以下表现形式。

推测动机方面：①从学生词义推测的角度，可以有两种不同的动机，一个是记忆目标词，扩大词汇量；另一个是 CLCC 培养。相应地，从词义推测教学的角度，也有两个动机，一个是授之以鱼，帮助学生记忆目标词，扩大词汇量；另一个是授之以渔，培养学生的 CLCC 和基于文本的词汇自主学习能力。②从动机的显著性程度方面，有显性动机和隐性动机之分。动机越明确，显著性程度越高，活动（教师教学活动和学生推测活动）的效率就越高。

目标词义方面：①有静态词义观驱动下和动态词义观驱动下的词义推测活动和词义构建活动教学之分。②预设目标词义的显著性不同，有显性预设词义目标和隐性预设词义目标之分，预设目标词义的显著性程度越高，对活动的具体操作的推动越大。

虽然 CVA 课程大纲和传统词义推测教学都有明确的动机，但动机完全不同，CVA 课程大纲旨在培养词汇自主习得能力，而传统词义推测教学则旨在扩大学习者的词汇量。另外，两者所秉持的词义理念也不同，CVA 课程大纲持动态语用学词义观，传统词义推测教学则持静态语言学词义观。但是，有一点相同，即两者的预设词义目标都是隐性的，即在学生不理解目标词义本质的情况下，进行词义推测活动或词义推测教学活动。根据 AT，在词义推测教学活动或词义推测活动中，无论以语言学词义为预设目标，还是以语用学词义为预设目标，目标的显性程度越高，词义推测具体操作的目的性就会越强。因此，在教学活动中如果能够首先明确推测的词义目标，要比不予明确告知目标词义而仅仅强调策略训练的教学更加有效，因为推测者的词义目标越清晰，推测的积极性就会越大。这说明，我们在建立 CLCC 教学模型时，应注意弥补 CVA 课程大纲以及传统词义推测教学词义目标不明确（或者学生不明确）的不足，在帮助学生掌握某种推测策略之前，应该首先让他们对推测的词义目标有明确的理解和认识。

CVA 课程大纲和传统词义推测教学的动机不同，所以词义推测的预设目标也不同。CVA 课程大纲的目标是帮助学生推测出一个在特定语境中合理的词义，这一目标的合理性已经在语言哲学、心理学、认知科学、教育学等领域得到充分的论证和支持；传统词义推测教学的目标是帮助学生推测出以词典释义为标准的正确词义，这一目标已经被证明是不现实的。表 6.5 是对 CVA 课程大纲、传统词义推测教学模式和 CLCC 教学模型的教学目标以词义性质（语言学词义 vs. 语用学词义）及其显性程度（显性 vs. 隐性）为参数进行的对比总结。

表 6.5　CVA 课程大纲、传统词义推测教学模式和 CLCC 教学模型的教学目标对比

教学目标	CVA 课程大纲	传统词义推测教学模式	CLCC 教学模型
词义性质	语用学词义	语言学词义	语用学词义
显性程度	隐性	隐性	显性

在行动理论的框架下对 CVA 课程大纲和传统词义推测教学进行分析对比，有助于我们确定 CLCC 教学的动机、目标和方法，使得教师的教学活动与学生的学习活动成为一个有机的整体。CLCC 教学模型构建如下：CLCC 教学的动机是培养高度自主的 CLCC。具备一定的词汇量是培养和发展 CLCC 的前提和基础。CLCC 教学的目标是语境词义，即帮助学生学习利用语境线索推测出一个在特定语境中合理的临时语用词义。在根深蒂固的语言学词义观占据统治地位的情况下，有必要帮助学习者树立语用学词义观。为此，CLCC 教学的操作由两步组成：第一步，帮助学生了解文本语意中的词义；第二步，训练学生掌握利用语境线索构建词义的策略。第一步是关键，意在帮助学生树立语用学词义观，认识词义与词汇知识之间的概念关系，了解词汇表与静态词义观和词汇知识记忆、语境法与动态词义观和 CLCC 之间的内在联系，理解 CLCC 培养是长期的过程，词表法和语境法在 CLCC 发展的不同阶段发挥不同作用，没有优劣之分。

6.6.2 SOLO 分类框架下的 CLCC 教学

1. 彼格斯和科利斯（2010）的教学模型

SOLO 分类框架是澳大利亚教育家彼格斯和科利斯（2010）建立的一个学能评测模型。SOLO 分类框架是他们所建立的一个数学教学模型的有机组成部分。

彼格斯和科利斯（2010）认为教学评估是教学过程的重要环节。要讨论一种教学评估的作用与效果，需要首先对常规教学模式有所了解。为此，他们制作了一个常规教学模型（图 6.1），从教和学两个角度，说明教学过程中制约教学效果的各种因素。教师教的角度是外部视角，包括教师意向、课程分析、教学过程、教学成果、教师评价、下阶段教学；学生学的角度是内部视角，包括学习意向、原有知识、学习过程、学生评价、下阶段学习。

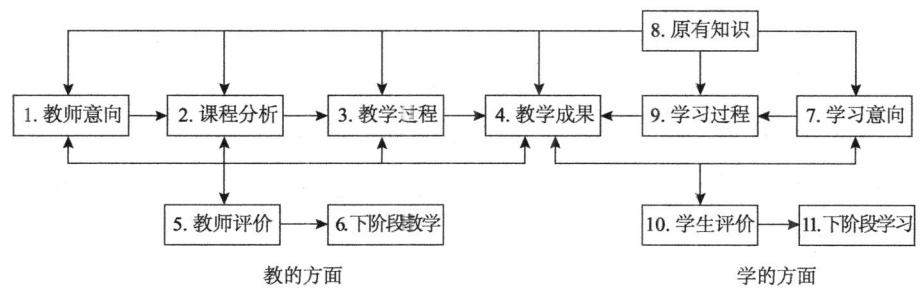

图 6.1 常规教学模型中的教学评价

教的方面，教师意向：教师对某一阶段的教学有预定意向，分为短期意向和长期意向。短期意向可能非常明确，而长期意向则可能比较模糊。课程分析：选择或设计能够实现预定意向的教学材料，构思、合理组织学习材料，分析学习任务，明确学习任务类型，设计学习任务的实施方式等。教学过程：通过特定的过程将选定的内容教给学生。教学成果：即学生的表现，可以从质和量两方面去观察。教师评价：教师检查作为教学成果的学生表现是否符合预定意向。下阶段教学：根据评价结果，进入下一阶段的教学。

学的方面，学习意向：学生对某一阶段学习的意向，有可能与教师的教师意向一致，但也可能不一致，甚至完全相反，或者部分一致。原有知识：前期学习积累的知识会对当前的学习产生很大的影响，会影响学生当前的学习意向、对课程的分析、学习过程、学习成果或教学效果。学习过程：受学生的才智、知识结构、学习方法、情感等因素的制约。学生评价：学生对自己学习的评价，在很大程度上受教师评价的影响。下阶段学习：把学习成果自我评价为成功或失败，会影响学生下一阶段的学习动机与意向。

彼格斯和科利斯（2010）的教学模型显示，教师评价和学生评价都是教学过程的必要组成部分，其中，教师评价不仅影响学生对自己的学习行为和学习成果的评价，还会影响学生下一阶段的学习意向。毫无疑问，建立合理的教师评价体系是非常有必要的。

彼格斯和科利斯（2010）指出教学双方关于学习成果的评价可以是"量"的评价（多少），也可以是"质"的评价（多好）。定量评价的方法有很多，从选择题的普遍应用，可以看出相比于质性评价，定量评价明显占优势。质性评价的重要性得到公认，但质性评价通常是教师的主观评价，忽略学生的需要，对评分起决定作用的通常是"量多少"而非"质多好"。

教师评价需做两个决定：①决定是否让学生通过，及格还是不及格；②决定如何进行评价，相对评价还是绝对评价，前者立足于学生之间的量的比较，也称常模参照；后者是基于某一客观标准的质的评判，也称标准参照。

常模参照的定量评价在学校中有广泛的应用，为家长与教师所广泛接受和理解，特别是用简单的排名来表示评价的结果。这样的判断并没有说谁学的怎么样，只是说谁比谁学得好。但这不是教育评价的全部。在许多时候，我们需要知道预期的目标是否已经达到。质性评价则是教学的有机组成，检查学生的问题所在，目的在于明确应该教什么、怎样改进教学等。标准参照的质性评价就是为适应这类需要而设立的。生活中一个常见的例子是驾照考试。按照预先规定的标准，申请人可能达标，也可能不达标。如果不达标，继续学习，再次参加考试。尽管建立标准参照的质性教学评价模式呼声很高，但是在我国二语教学领域，常模参照的定量评价是基本的评价模式。

2. 传统阅读语境词汇教学模型

根据彼格斯和科利斯（2010）的教学模型，可构建基于阅读课程的二语词汇教学模型（图6.2）。在传统的阅读课词汇教学中，教师意向是帮助学生记忆目标词的词形与词义。受教学评价反驳作用的影响，学生意向与教师意向一致：记忆目标词的词形与词义。教师评价也示教师对教学成果的评价，通常采用多项选择题的形式，"非对即错"地评价学生对目标词的记忆，评价的标准是词典规定的语言学词义，如要求学生在 A、B、C、D 四个选项中选择例[1]中关于目标词 tampering（with）词义的正确答案。出题教师规定的正确答案是 C。

[1] We have been tampering with this powerful force, unaware, like the Sorcerer's Apprentice, of the potentially disastrous consequences of our actions.

  A. influencing   B. damaging   C. changing   D. manipulating

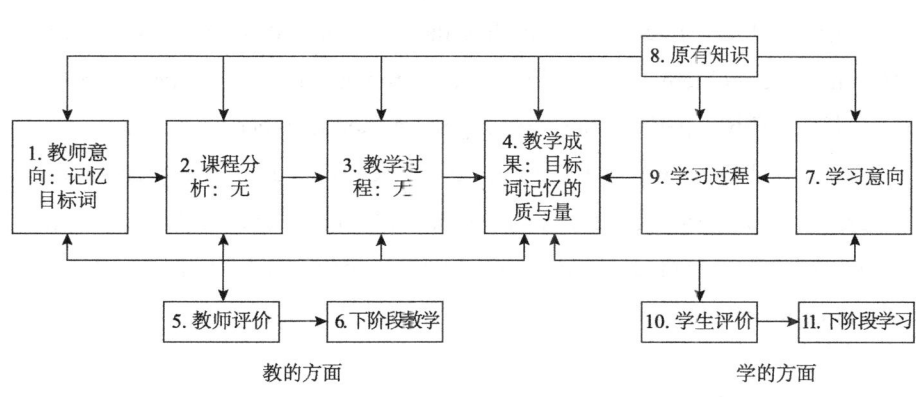

图 6.2 基于阅读课程的二语词汇教学模型

学生受教师的影响，对自己的词汇学习成果评价同样是目标词语言学词义和词形记忆的质与量。但问题是：一方面，所记忆的目标词词义在阅读语境中无济于事；另一方面，在具体语境中所能推测的目标词词义不同于词典所规定的正确词义。例如，在例[1]中，教师规定的正确答案是选项 C，但显然选项 A、B、D 在例[1]句子的语境中也有一定合理性，教师主观的评价方式显然会给学生造成困惑。例[1]说明，记忆目标词正确词义的词汇教学模式忽略了学生的需要，会使学生受困于词典和教师等的权威评判，制约他们语言信息思辨能力、文本理解能力、词汇自主学习能力的提高。

为了理解学生的需要与困惑，教师可以在阅读课堂上以例[2]~例[8]几个句子为例进行实验，看看词典释义或记忆的词义是否可以帮助他们解决阅读语境中目标词（斜体的字）的语义问题，学生理解这些句子需要具备什么语言知识或语言能力。

[2] We have been *tampering with* this powerful force, unaware, like the Sorcerer's Apprentice, of the potentially disastrous consequences of our actions.

[3] The third *informal* law of ecology is "Nature knows best".

[4] A car, for example, *imposes* itself on the neighborhood rather than being *defined* by it; the same car is sold for use on the densely packed Los Angeles freeways or in a quiet country village.

[5] We have undertaken to get the poor off our *conscience*.

[6] Much, much later—the late dawn of the Industrial Revolution in Britain—the problem and its solution began to take on their *modern* form.

[7] This is perhaps our most highly influential piece of *fiction*.

[8] "The American Beauty *Rose* can be produced in the splendor and fragrance which bring cheer to its beholder only by sacrificing the *early buds* which grow up around it. And so is it in economic life. It is merely the working out of a law of nature and a law of God."

3. CLCC 教学模型

如前所述，基于阅读课的词语能力培养应有两个步骤：树立语用学词义观，语境词义构建策略培养。根据彼格斯和科利斯（2010）的常规教学模型，我们可以构建基于阅读课的词语能力教学模型（图 6.3），表明在词义构建策略教学训练前，教师与学生须达成明确、一致的意向，即在语用学词义观指导下培养高度灵活的词语能力。

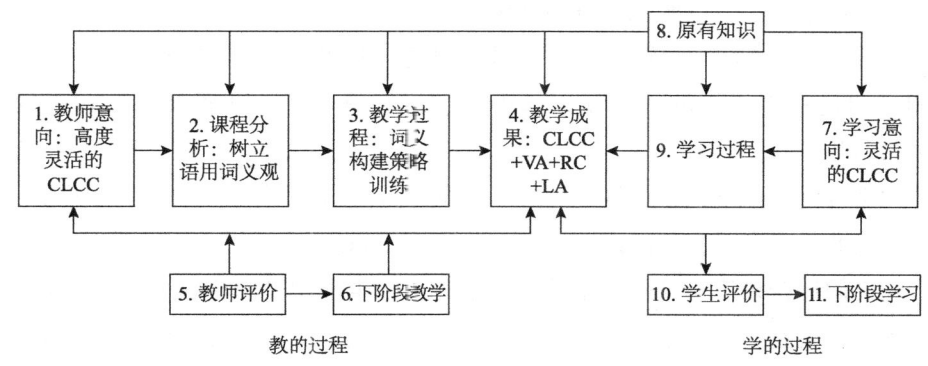

图 6.3　基于阅读课的词语能力教学模型

6.7　CLCC 评测模型

CLCC 教学模型是一个如上所述的常规教学模型，CLCC 教学评价是参照 SOLO 分类框架（彼格斯和科利斯，2010）标准制定的质性评价体系，它是 CLCC 教学的有机组成部分。

6.7.1　CLCC 评估维度

确定了 CLCC 教学的动机、目标和方法，就意味着 CLCC 教学模型已经形成，接下来，我们需要考虑如何对基于该模型的教学进行评估，也就是说，需要建立一个 CLCC 教学效果的评测模型。在第 3 章，CLCC 被定义为：在阅读过程中敏锐地辨识生词，并且灵活、自主地运用语境线索构建其合理词义的能力。这个定义包含了对 CLCC 进行评估的四个核心指标：生词辨识自愿度（简称自愿度）、线索运用灵活度（简称灵活度）、词义构建自信度（简称自信度）、词义假设合理度（简称合理度）。

以下，我们对评估 CLCC 教学效果的四个核心指标一一加以解释。

生词辨识自愿度：这一维度对阅读过程中识别生词的自愿性进行评测，目标生词识别是词义构建的起点。不同学习者或读者对待阅读中所遇到的生词的态度有很大的不同，有的人会忽略阅读中所遇到的生词，因而无从谈到构建词义。我们把辨识目标生词的能力作为评估 CLCC 的一个维度，因为培养 CLCC，首先要能够主动识别或注意目标生词。在目标生词数量一定的情况下，一个人辨识出的目标生词数量越多，说明他进行词义构建的主动性越强。

线索运用灵活度：这一维度对词义构建过程的有效性进行评估，考察构建词义的过程中运用的相关线索知识的数量和整合相关线索知识所付出的认知努力程度。

词义构建自信度：这个维度通过考察词义构建者对词义构建过程和所形成的词义假设的自我评价，评测词义构建者的心理状态。

词义假设合理度：这一维度旨在评估对目标生词词义构建的结果。词义构建任务的结果就是形成关于目标生词的一个词义假设，从三个方面评估一个词义假设的合理性程度：①词性，考察所构建的词义与目标生词的词性是否保持一致。②语义一致性，考察所构建的词义与目标词所处句子中目标生词与其他词共同搭建的语义框架是否保持一致（Fillmore 1982）。根据格式塔心理学（gestalt psychology）的完形组织法则（Gestalt laws of organization），句子的语义框架确定框架内每个词的具体词义。在关于真实场景的语言交际相关研究文献中，Fillmore（1982）所提出的 frame（框架）概念涵盖 schema（图式）、script（脚本）、scenario（场景）、ideational scaffolding（语义支架）等概念，例如，从一个事件框架可以了解事件的性质、事件发生的过程和事件所处的状态等信息，从一个非事件框架可以了解非事件的相关信息。例如，一个动词所参与描述的事件框架，会包含事件发生的时间信息，而一个名词所参与描述的非事件框架则不会包含时间信息；一个副词所用来修饰的行为可以是一个事件框架的组成部分，但是一个非事件框架无法很好地提示其中一个形容词的词义（Asher 2011）。③含义一致性，考察所构建的目标生词词义的情感内涵与目标生词所处句子语义的情感内涵是否保持一致，如正面情感、负面情感或中立情感。

CLCC 教学评估的四个维度以及彼此之间的内在联系如图 6.4 所示。灵活度是四个评估维度中的核心维度。

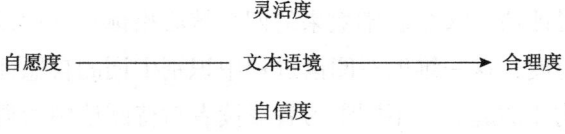

图 6.4　CLCC 教学评估的四个维度以及内在联系

6.7.2 CLCC 灵活度等级划分标准

CLCC 灵活度等级划分是标准参照类型的评估，参照的评估标准是彼格斯和科利斯（2010）建立的 SOLO 分类框架。彼格斯和科利斯（2010）认为，总的来说，任何人对某个事物或某种现象的认识，都会呈现由浅入深、由表及里的渐进发展趋势；但是，在某一特定时刻，不同人对某一特定事物的认识能力或思维水平会有差异，呈现由低到高的递进阶等级。SOLO 分类框架就是根据这一原理对学习成果水平等级进行划分。学习成果水平等级也反映完成一项学习任务的认知复杂度或思维难度等级，并由此对学习者的学习能力进行评估。以下是 SOLO 分类框架划分认知复杂度等级参照的两个基本标准：①为了完成学习任务而注意到的线索知识的数量，简称 $SOLO_1$；②为了完成学习任务而对不同线索知识进行综合分析的程度，简称 $SOLO_2$。

由此，把完成学习任务的认知复杂度（思维难度或应具备的能力水平）分为无结构（prestructural level）、单一结构（unistructural level）、多维结构（multistructural level）、关联结构（relational level）和抽象扩展（extended abstract level）五个水平等级。每个等级的认知特征如表 6.6 所示。

表 6.6　SOLO 分类框架的认知复杂度等级（彼格斯和科利斯 2010）

序号	水平等级	认知特征
1	无结构	由于没有真正理解所学内容，完成学习任务所采用的方法过于简单，不能胜任任务
2	单一结构	只展示了某一相关方面的知识
3	多维结构	展现出多个相关方面的知识，但是不同方面的知识呈相互独立或叠加的关系
4	关联结构	能够把不同方面的知识结合为一个有机的整体
5	抽象扩展	能够把各种知识有机融合，抽象提炼，并且拓展应用到新的任务

参照 SOLO 分类框架的划分标准，在 CLCC 教学实验中，对受试完成目标生词词义构建任务的语境线索知识运用的灵活度水平进行评估。

词义构建是一项复杂的认知活动。一方面，同一受试在构建不同目标生词词义时线索知识运用的灵活度会有所不同；另一方面，不同受试在构建同一目标生词词义时线索知识运用的灵活度不同。受试要完成某一目标生词词义的构建任务，不仅需要寻找一定数量的线索知识（即 $SOLO_1$），还需要把不同的线索知识融合成一个合理的词义假设（即 $SOLO_2$）。这两个维度是评估受试 CLCC 灵活度的基础。表 6.7 说明 SOLO 思维等级与各学能水平的思维运作特征。

表 6.7　SOLO 思维等级与各学能水平的思维运作特征

思维水平	SOLO 水平等级	学能水平	思维运作特征
无思维运作	无结构	线索+任务混淆	抵触，同义反复，转换，跳跃至个别细节
初级思维运作	单一结构	线索+单个相关素材	只能联系单一事件进行概括
中级思维运作	多维结构	线索+多个孤立的相关素材	根据有限的几个孤立事件进行概括
综合型思维运作	关联结构	线索+相关素材+素材关联	对相关事件进行综合
抽象思维运作	抽象扩展	线索+相关素材+素材关联+假设	对相关事件进行归纳，并进行演绎

表 6.7 表明，参照 SOLO 的思维等级，根据以下原则对受试的 CLCC 灵活度水平进行评估：如果某一受试在构建某一目标生词词义时，没有运用任何相关线索，其线索运用灵活度水平可以判定为"无结构水平"；如果某一受试在构建某一目标生词词义时，只用到一个相关线索，其线索运用灵活度水平可以判定为"单一结构水平"；如果某一受试在构建某一目标生词词义时，依次用到数个无关联的线索，其线索运用灵活度水平可以判定为"多维结构水平"；如果某一受试在构建某一目标生词词义时，能够把数个线索加以综合形成一个合理的词义，其线索运用灵活度水平可以判定为"关联结构水平"；如果某一受试在构建某一目标生词词义时，能够综合多个线索并使之概念化，其线索运用灵活度水平可以判定为"拓展抽象水平"。

6.8　CLCC 教学发展模型

至此，我们在 CLCC 教学模型的基础上建立了 CLCC 评测模型。这样我们就不仅能够对学生的 CLCC 能力进行系统地评估，而且能够对 CLCC 课堂教学效果进行检测评估，如客观评估课堂教学干预能够在多大程度上提高学习者在文本阅读的过程中运用上下文语境线索和相关知识构建生词词义的能力。在此，需要指出的是，我们所建立的 CLCC 教学模型和 CLCC 评测模型，解决了在某一特定时间点或时间段如何教 CLCC 和如何评估 CLCC 教学效果的问题，但是并不能说明教学干预下 CLCC 的发展轨迹。CLCC 的培养和提高需要师生双方的长期努力，有必要建立一个 CLCC 教学发展模型，对教学环境下 CLCC 的发展轨迹进行系统解析，以指导教师和学生的 CLCC 教学活动。

为了描述我们在综合前几章内容的基础上所建立的教学环境下的 CLCC 教学发展模型（见 6.8.2 节），需要首先对教学的"观念""方法""手段"等几个重要表达的概念内涵加以澄清和界定（见 6.8.1 节）。

6.8.1　CLCC 教学的观念、方法与手段

CLCC 发展的不同阶段需要不同教学观点、教学方法和教学手段的介入，因此要建立教学条件下的 CLCC 教学发展模型，首先需要澄清教学的"观点""方法""手段"三个表达在概念内涵方面的区别与联系。

在对一项教学活动进行描述时，需要使用观点、方法和手段三个属于不同概念层面和结构层面的术语。使得教学活动的不同环节形成一个有机系统的关键是：在某一教学观点指导下采用一定教学手段以实施某一教学方法。所谓观点，就是一套关于语言教学本质认识的理念，是理论和原则层面的关于语言教学的哲学。所谓方法，就是根据一定的教学观使教学计划得以实施的方法。观点是原则，方法是程序。可以采取教学方法实施某一种教学观点。所谓手段，就是具体组织课堂活动。观点属于原则层面，方法属于程序层面，手段属于实施层面，更具体地说，手段是用来实现某一目的所设计的具体策略，手段必须与方法和观点保持一致。

因此，根据 Richards（2001），我们可以把用来描述 CLCC 教学发展模型的教学观点定义为"关于词汇教学的基本观点"，可大致分为语境观和非语境观两类；把教学方法定义为"词汇教学的具体方法"，可大致分为语境法和非语境法两类；把教学手段定义为"指词汇教学的具体措施、手段"，分为以记忆目标词为目标的方法和手段和以培养高度灵活的 CLCC 为目标的方法和手段两类。表 6.8 展示的是这三个不同层面的概念在描述教学活动中的区别与联系。

表 6.8　"观点""方法""手段"的区别与联系（Richards 2001）

结构	释义	特征
观点	教学理念	公理
方法	教学计划	程序
手段	教学活动	实施
三者统一：	根据一定教学计划，组织具体教学活动，使某一教学观得以实施	

6.8.2 CLCC 教学发展模型

以上三个概念可以用来建立一个 CLCC 教学发展模型。CLCC 的发展可以展示为一个持续递进的连续体。这个连续体由不同的词汇教学动机、教学目标和教学方法组成，各自都在 CLCC 发展的不同阶段发挥着自己应有的作用。确定某一词汇教学法在 CLCC 连续体中所处位置的参数有三个：教学目标（尽可能扩大词汇记忆的数量或具备词汇自主学习的能力）、教学方法（牢固记忆一定数量目标词语言学词义或培养灵活构建目标词语境词义的能力）、LA（他人或词典等外力主导下被动学习或不依赖他人或词典等外力自主学习）。

图 6.5 是 CLCC 教学发展模型图。

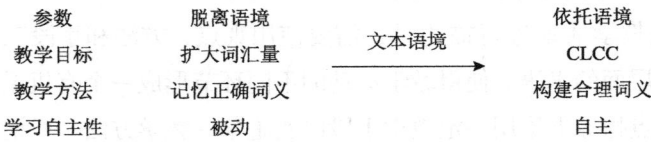

图 6.5　CLCC 教学发展模型图：以教学目标、教学方法和 LA 为参数

从图 6.5 可以看出，在连续体最左端的是完全词表法，它的目标是记忆语言学词义，教学方法是背记定义或翻译法（译为母语），学习过程完全由教师控制。位于连续体最右端的完全语境法则相反，它的目标是语用学词义，所采用的手段是学习者通过推测了解任何生词的词义，因此，在语境词汇学习的过程中学习者拥有高度的 LA。在连续体的左右两端之间的是各种各样不同程度的侧重记忆或侧重推测、侧重语言学词义或侧重语用学词义、侧重教师指导或侧重学习者自主性的词汇教学法。

在这里，需要指出一点，没有任何人在其词汇学习的过程中会一成不变地坚持使用一种方法，随着词汇知识的增长、语言水平的提高，需要不断调整其词汇学习方法，总的趋势是从连续体的最左端向最右端发展，也就是说，从完全词表法逐渐向不借助词典等外力帮助的完全语境法过渡。以 ESL 学习为例，通常是运用词表法，在教师的指导下掌握 2000 个英语最高频词；然后，通过各种不同程度的词表法和语境法，逐渐学习利用语境线索推测词义，培养 CLCC，最终能够熟练地在各种文本语境中推测任何生词的词义。

CLCC 发展连续体说明，我们之前所建立的 CLCC 教学模型应该置于这个连续体中间的某个位置，因为这个 CLCC 教学模型所针对的学习者（具备入门词汇量的中等二语水平学习者）还有必要通过教学干预帮助他们提高利用语境线索构建生词词义的能力，这就意味着，从理论上讲，这些学生还需要用相当长的时间，通过各种各样的教学方法，使他们逐渐具备自主解决文本语境的词义问题的能力。

在我国大学英语教学中，几乎没有课堂教学时间可以专门用来进行 CLCC 培训，我国大学英语教学大纲也没有专门要求安排词汇教学。CLCC 教学的作用或目的有三个：帮助学生理解 CLCC 的概念内涵，帮助学生认识到 CLCC 培养在提高文本理解能力、词汇自主学习能力、语言信息思辨能力等方面的重要作用，帮助学生了解 CLCC 的发展规律。

总之，CLCC 教学的目标是帮助学生能够在课后，在没有教师或他人帮助的情况下，在完成学业离开学校之后，具备自主阅读各类文本、自主学习的能力。在一定时间内，CLCC 教学效果也许没有学生或教师所希望的那么显著，但是非常有可能会在很大程度上改变学习者对词汇学习目的和词汇学习本质的认识。基于这样的理念，我们可以把特定 CLCC 教学模型与 CLCC 发展模型之间的关系比作一个点与线的关系，特定 CLCC 教学模型是点，CLCC 发展模型是线。

6.9 本章小结

在本章中，我们旨在通过梳理相关研究文献，建立一个 CLCC 教学模型。为此，首先，我们用 CLCC 教学的三个指标，即教学目标是否明确、教学方法是否明确、教学评估方法是否合理，梳理检查了"通过教学提高学习者词义推测能力"的相关研究文献。结果表明，没有任何的教学方法可以完全满足 CLCC 教学的三个指标。唯一例外的是 Rapaport 和 Kibby（2007）建立 CVA 课程大纲。我们发现，建立在 CVA 词义计算观和 CVA 推测策略基础之上的 CVA 课程大纲为我们的 CLCC 教学提供了一种可能教学方法。其次，我们以莱昂杰夫的行动理论（Leont'ev 1978）为基础，建立了一个 CLCC 教学模型，这个教学模型由两个教学步骤组成：第一步，帮助学生了解文本语境中的词义，树立语用学词义观了解（可参考 CVA 哲学的计算理论）；第二步，训练学生掌握利用语境线索构建词义的能力，培养 CLCC。再次，依据 CLCC 概念，我们建立了一个 CLCC

评测模型。这个评测模型包括四个指标：生词辨识自愿度、线索运用灵活度、词义假设合理度、词义构建自信度。最后，为了说明 CLCC 教学在整个二语词汇教学过程中的作用以及 CLCC 的发展规律，我们建立了 CLCC 教学发展模型。

第三部分
CLCC教学实验

第 7 章　教学实验的准备与实施

本书的第一部分介绍了 CLCC 研究的背景，梳理了以深度词汇知识和宽度词汇知识为中心的二语教学研究的历史与现状，揭示了以词汇知识记忆为导向的传统词汇教学理念与评测模式的局限性，提出了在以中高水平二语学习者为对象的二语教学中由词汇知识记忆转向词语能力培养的教育理念。第二部分建立了以 CLCC 培养为核心的二语文本词语能力培养理论和应用模型。第三部分（第 7~9 章）是一项教学实验，对 CLCC 培养理论和应用模型加以验证。本章介绍这项教学实验的准备工作与实施方案。

7.1　研究问题分析

这项教学实验旨在回答以下两个主要研究问题。

（1）以树立语用学词义观为导向的阅读教学是否有助于提高学生的 CLCC？如果答案是肯定的，提高的幅度会有多大？

（2）CLCC 的提高是否有助于阅读中 IVA、文本理解能力和词汇自主学习能力的提高？

仔细观察以上两个主要研究问题，就会发现，第一个问题包含一个自变量（independent variable）和一个因变量（dependent variable）。自变量是以树立语用学词义观为导向的阅读教学，即以 CLCC 培养为目标的教学介入，简称 CLCC 教学；因变量是 CLCC。CLCC 教学与 CLCC 之间是因果关系，前者为因，后者为果。这个研究问题旨在验证"CLCC 教学有助于提高 CLCC"这个假设是否成立。通过教学实验回答这个研究问题，必须具备以下几个条件：一个以培养 CLCC 为目标的教学模型；一套评估 CLCC 教学效果的量化方法。

第二个研究问题包含的变量有四个：CLCC、IVA、RC 和 LA。CLCC 与 IVA、RC、LA 三个变量之间存在因果关系，CLCC 为因，其他三个变量为果。

这个研究问题意在验证"CLCC 的提高有助于 IVA、RC 和 LA 的提高"这个假设是否成立。通过教学实验回答这个研究问题，必须具备以下几个条件：量化评估 IVA、RC 和 LA 的具体方法，澄清 CLCC 与 IVA、RC 和 LA 相互关联的理论框架。

通过辨析以上两个主要研究问题中包含的变量，梳理各变量之间的内在逻辑关系，可以得出如下结论：要想通过教学实验解答这两个主要研究问题，在教学实验实施前，需要先完成三个任务，回答四个关键研究问题（key research question）。简而言之，完成这三个任务、解答这四个关键研究问题是回答两个主要研究问题的先决条件。

三个任务是：明确 CLCC、IVA、RC 与 LA 四个概念在本次教学实验中具体操作定义；建立 CLCC 关系模型，厘清 CLCC 与 IVA、RC、LA 之间的认知机制；建立 CLCC 教学模型和量化评测模型。

四个关键研究问题是：二语学习者的 CLCC 在教学条件下会如何发展？CLCC 的提高在多大程度上是教学干预的结果？CLCC 的教学培养对 IVA、RC 和 LA 有何影响？教学干预对各个变量的影响，在多大程度上，与第二个任务所建立的 CLCC 概念模型一致？

需要特别强调的是，完成三个任务是回答四个关键研究问题的基础，只有在完成三个任务的基础上，才能够实施教学实验，由此回答四个关键研究问题。在四个关键研究问题中，前三个关键问题是需要通过教学实验才能回答的问题。只有前三个关键问题得到回答之后，第四个关键研究问题才能得到回答。

回顾本书第二部分各个章节，就会发现，作为先决条件的三个任务已经完成。例如，第 3 章阐释了 CLCC 这一概念的由来，第 4 章建立 CLCC 发展模型，第 5 章建立 CLCC 概念模型，完成了第一个和第二个任务，明确了 CLCC、IVA、RC 与 LA 四个变量在本书中的操作定义厘清了四个变量之间相互作用、相互影响的内在联系。第 5 章和第 6 章完成了第三个任务，建立了 CLCC 教学模型与评测模型。据此，可以进入 CLCC 教学实验的准备和实施阶段。

7.2 实验准备

CLCC 教学评估与 CLCC 发展是点和线的关系。如果把 CLCC 发展视作一个线性连续体,就可以把某一阶段的 CLCC 教学培养看作这个连续体中的一个点。这次的教学实验就是这样的一个点,其作用是:一方面,以同一水平二语学习者为对象,对 CLCC 概念模型、教学模型和评测模型加以验证;另一方面,以不同水平二语学习者为对象,对 CLCC 发展模型加以验证。教学实验的操作过程大致分为三个部分:首先,依据 CLCC 教学模型,操作教学实验;其次,根据 CLCC 评测模型,对实验数据进行评测;最后,对照 CLCC 发展模型和概念关系模型,对实验结果进行全面检查、评析。

以下,我们从实验研究问题中主要变量的具体操作入手,详细说明实验的整体设计思路、操作流程、受试情况、采用的量具,以及数据的收集和分析过程等。

7.2.1 主要变量

本实验试图回答的四个关键研究问题中包含两方面的变量:一方面是教学干预;另一方面是 CLCC、IVA、RC 和 LA。这两方面的变量之间的关系是因果关系,由此我们可以确定自变量和因变量,教学干预是自变量,CLCC、IVA、RC 和 LA 是因变量。四个因变量中,CLCC 是核心,是回答所有关键问题的中心构念(key construct)。

自变量:CLCC 教学

根据第 6 章所建立的 CLCC 教学模型,教学干预由两个步骤组成:①解析文本语境词义的基本特征,帮助实验组受试树立语用学词义观;②设计并组织词义构建练习,帮助实验组受试掌握文本语境词义构建的基本策略。

因变量1:CLCC

CLCC 是本实验的中心构念,指"敏锐识别目标生词,灵活而自信地运用语境线索知识,合理构建关于目标生词词义假设的能力"。根据 CLCC 的概念内涵,从四个维度对教学实验的效果进行量化评估:①生词辨识自愿度;②线索运用灵活度;③词义假设合理度;④词义构建自信度。四个维度的操作定义分别如下。

生词辨识自愿度:可量化为在文本阅读过程中,受试所识别出的预设目标生词数量。这是 CLCC 评测的第一个维度,是词义构建活动的开端。

线索运用灵活度:受试在目标词词义构建过程中线索应用的灵活性程度是

CLCC 评测的核心，从两个方面对加以评估：①考察线索知识源；②考察线索分析的努力程度。前者参考 Qian（2005）的知识源分类体系（classification framework of knowledge sources），后者参考彼格斯和科利斯（2010）的 SOLO 分类框架。知识源分类体系用于评估受试所能识别的线索，SOLO 分类框架用于评估受试各种线索的综合运用能力。

词义假设合理度：词义假设是词义构建活动的结果，从三个方面对其合理程度进行评估：词性、语义和含义。

词义构建自信度：这一维度评测受试对词义构建活动和结果的心理感受。采用利克特五分制量表（5-point Likert scale），受试自我评估每个目标词词义构建过程和结果的自信度。

因变量 2：IVA

这是回答第三个关键研究问题的因变量之一。在本实验 CLCC 评测所选定的文本阅读过程中，每个目标生词只出现一次，受试不可能由此习得关于该目标生词的输出性词汇知识，因此在本书中，我们把正确识别目标生词词形的能力作为开始习得一个词的标志，通过检测受试凭借记忆对目标生词词形的正确识别的数量，对其 IVA 水平加以评估。

因变量 3：RC

这是回答第三个研究问题的第二个因变量。通过评测受试对所选定的一篇阅读文章的理解情况，对其 RC 水平加以评估。

因变量 4：LA

这是回答第三个研究问题的第三个因变量。通过受试对所构建的词义假设的自信度的自我评估，对其文本 LA 加以评估。这里需要说明的是，自信度既是 CLCC 的评测维度之一，也是受试文本 LA 的核心评测指标。

7.2.2 实验方案

参与本项教学实验的受试有三个组，分别是 A 组、B 组和 C 组。其中，一个组是实验组，两个组是控制组。实验组（A 组）的受试接受 CLCC 教学培训，通过精心安排的教学活动，帮助他们理解并掌握语境词义的语用本质和词义构建策略。两个控制组（B 组和 C 组）的受试的二语水平不同，其中一个控制组（B 组）与实验组（A 组）是同一二语水平，另外一个控制组（C 组）的二语水平高于其他两个组（A 组和 B 组）。两个控制组都不接受 CLCC 教学。这个分组方案的基本思路是：如果经过教学干预，实验组的 CLCC 水平不仅高于同一二语水平控制组，而且高于更高水平的控制组，就可以充分证明 CLCC 课堂教学的有效性。图 7.1 所示的是本项实验受试的分组方案和教学实验步骤。

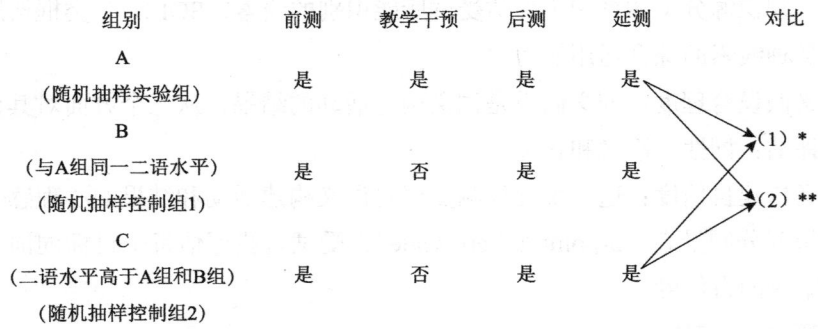

图 7.1　实验分组及实施步骤一览图

注：*通过对比 A 组、B 组回答第一和第二个研究问题；**通过对比 A 组、C 组回答第三个研究问题

7.2.3　实验步骤设计

CLCC 教学实验共分四个阶段：前测、教学干预、后测和延测。前测是词汇量评测，意在对三组受试的二语词汇量水平进行检测。这个检测是在一个新学期的第一周组织进行，三组受试都需要参加。CLCC 教学是在第二周实施的，教学对象是实验组的受试。后测是一个 CLCC 水平检测，是在 CLCC 教学完成两天后组织进行的，实验组和两个控制组都需要参加。延测是在 CLCC 教学完成一周之后组织进行的，对受试的 IVA、RC 和 LA 水平进行检测，三组受试都需要参加 。

7.2.4　受试

CLCC 教学实验的受试是我国西北地区某所省属大学的 81 名英语专业大学生。其中，二年级大学生 55 名，三年级大学生 26 名。55 名二年级大学生来自两个自然班，一个班有 27 名学生，另一个班有 28 名学生。这两个自然班是从该校英文学院二年级的 12 个班级中随机抽取出来的。这两个班的阅读课由同一个教师负责讲授。其中一个班被随机分作实验组（Grade 2 Experimental Group，简称 G2E），另一个班被分作第一个控制组（Grade 2 Control Group，简称 G2C）。除此之外，在该学院三年级的 14 个班中，随机抽选了一个班作为第二个控制组（Grade 3 Control Group，简称 G3C）。表 7.1 所示的是受试的分组、年龄和性别分布情况。

表 7.1　受试的分组、年龄和性别分布情况

组别	人数/名	性别		年龄/岁
		男性/名	女性/名	
G2E	27	3	24	18～22
G2C	28	3	25	18～22
G3C	26	4	22	19～22
总计	81	10	71	

注：G2E=二年级实验组，G2C=二年级控制组，G3C=三年级控制组，下表同。

我们选择英语专业二年级大学生作为本项教学实验的受试，主要基于以下四点考虑。

（1）在这个英语学习阶段，学生已经具备了在阅读中习得英语词汇所需要的入门词汇量。根据 2000 年教育部颁发的《高等学校英语专业英语教学大纲（2000 版）》经过初中和高中阶段的英语学习，英语专业大学一年级新生应该掌握 2000 个英语高频词汇。CLCC 实验的受试选自二、三年级英语专业大学生，他们的词汇量应该已经远远超过阅读中习得词汇所应该具备的 2000 个入门词汇量的水平，但是词汇学习对于他们仍然是一项非常艰巨的任务。

（2）在我国大学英语专业的课程教学大纲中，没有专门的词汇教学要求和安排。因此，艰巨的词汇学习任务主要由学生课后自行完成。除了背记词汇表外，阅读是他们扩大词汇量的最主要的途径，但是，他们尚不具备独立完成这项任务的能力，有必要对他们阅读过程中自主学习词汇的能力通过教学专门加以训练和培养。

（3）在他们之前（小学、中学以及大学）的英语学习中，词汇学习主要是在教师指导下，以词典释义为标准，通过例句模仿、机械记忆和反复练习的方法进行的，在阅读中遇到生词时，他们缺乏利用语境线索推测词义的自信心。虽然在有些情况下，个别教师会教他们一些推测策略，但是大部分学生仍然会觉得这些策略作用不大，因为他们所期待并努力要推测出的"正确"词义似乎永远是可望而不可即的。一次次努力又一次次失败之后，他们渐渐地对自己推测生词词义的能力感到失望，这时他们就会放弃在阅读语境中通过推测词义学习词汇的方法，遇到生词，就查词典，从词典中找到"可靠"的答案。

（4）他们处于一种两难的困境。一方面，他们依赖词典，但在很多情况

下，词典释义无法有效解决他们在阅读语境中遇到的词义问题；另一方面，他们需要自主解决文本语境的词义问题，但又不具备自主解决文本语境的词义问题的能力。深陷这种两难的困境，给他们大学阶段的英语专业学习造成很大困扰，因为随着学习的深入和年级的增长，目的语文本在语言和内容等方面的难度都会增大，阅读中会遇到越来越多的生词，词典中查不到，或者词典释义无助于解释其在特定语境的语义。

在 CLCC 教学实施前，我们对三个组的受试都进行了词汇水平检测（即前测），以验证 G2E 与 G2C 的英语水平没有显著差异，而与 G3C 有显著差异。我们用单因素方差分析（one-way ANOVA）对三个组的测试结果进行了分析，结果显示（$F=7.538$, df=2, $p=0.001$），组间差异达到 0.05 的显著性水平，说明存在组间差异。为了进一步辨识组间的具体差异情况，我们对三个组的测试结果进行了两两重复比较，结果显示 G3C 的成绩显著高于 G2E 和 G2C，但是 G2E 和 G2C 两组的成绩之间不存在统计学意义上的差异，符合本项教学实验对各组受试二语水平的要求。三组受试的前测成绩比较情况如表 7.2 所示。

表 7.2　三组受试的前测成绩比较情况

组别	G2E（97.3333）	G2C（92.7857）	G3C（106.7692）
G2E	—	4.54762	-9.43590[*]
G2C	—	—	-13.98352[**]

注：[*] $p<0.05$，[**] $p<0.01$。

7.2.5　量具

本项教学实验由前测、教学干预、后测和延测四个阶段组成。为了保证每个阶段的顺利实施，我们采用或设计了以下量具。前测量具：词汇知识水平测试。CLCC 教学用具：用于 CLCC 教学的一篇文章、语境词义基本特征列表、语境词义构建步骤流程图、不同词性目标词词义构建线索分类。后测量具：CLCC 检测试题。延测量具：目标词辨识、阅读理解和自主性测试题。

1. 前侧量具：词汇知识水平测试

词汇水平检测的目的是对三组受试的英语词汇量进行评估。在二语习得研究领域，词汇量被公认为是评测 ESL 学习者英语水平的关键指标（Schmitt

2010)。我们采用了 Schmitt（2001）所研发的词汇知识水平测试对受试的英语词汇知识水平进行检测。Read（2004）对这套试题的信度及效度进行了验证，得出的结论是这套试题能够"可靠、准确、全面地"对 ESL 学习者的接受性[①]英语词汇知识水平和学术英语词汇知识水平进行评估。这套试题依据目标词的词频分为四个不同水平，这四个词频水平分别是：2000、3000、5000 和 10 000 个词族水平。除此之外，还有一个部分检测学术词汇知识水平，所以，这套试题共有五个部分。每个部分有 10 道题，每道题包含 6 个词语选项，3 个释义，要求受试从 6 个词语选项中选出 3 个词义与释义一致的词。题型如下例所示。完整试题详见附录一。

Direction: You must choose the right word to go with each meaning. Write the number of that word next to its meaning.

1. concrete
2. era
3. fiber   —— circular shape
4. hip   —— top of a mountain
5. loop   —— a long period of time
6. summit

---

2. CLCC 教学用具

用于 CLCC 教学的量具包括：用于 CLCC 教学的一篇文章、语境词义基本特征列表、语境词义构建步骤流程图、不同词性目标词词义构建线索分类表。

1）用于 CLCC 教学的一篇文章

用于 CLCC 课堂教学的文章选自于著名国际英文期刊《经济学人》（*The Economist*），文章关于外国人如何在北京旅游，文章的体裁是说明文。

为了在文章中确定用于 CLCC 教学和训练的目标生词，我们采取了以下步骤：首先，利用 Cobb 在 1994 年设计的在线词貌检查（Vocabulary Profiler）软件对这篇文章的词貌进行了核查，这个软件是在 Heatley 等（1994）设计的词频检测软件（Lexical Frequency Profiler）的基础上研发出来的。词貌检查软件根据词频把文章中的全部词汇分为四个水平：最高频 1000 词汇水平、次高频 1000 词汇水平、学术词汇、其他词汇（即相对低频词）。表 7.3 是该词貌检查软件对这篇文章词貌的检

[①] 接受性词汇知识指可以语言交流中可以理解但不能用于语言输出的词汇知识。

测结果，检测结果表明最高频 1000 词汇、次高频 1000 词汇和学术词汇占了文章全部词符的 81.02%。

表 7.3　词貌检查软件对这篇文章词貌的检测结果

词频等级	词族/个	词类/个	词符/个	百分比/%
最高频 1000 词（1～1000）	156	172	403	70.83
次高频 1000 词（1001～2000）	35	38	44	7.73
学术词汇	13	14	14	2.46
其他词汇	?	83	107	18.80
总计	204+?	308	569	≈100.00

注：①词族=以词族为单位进行统计。在英语中，一个词族由一个词的基本形式及其屈折变换形式和派生词构成（Hirsh & Nation 1992）。②词类=以词类为单位进行统计。重复的同一词形是一个词类。例如，在"It is not easy to say it correctly."一句中有七个词类，重复出现的 it 算作一个词类。③词符=以词符为单位进行统计。同一词形每出现一次就算作一个词符。例如，"It is not easy to say it correctly."一句含 8 个词符，it 出现两次算作两个词符。④有下划线的数字=相对低频词，从中选出目标词。⑤"?"=无法统计。下表同。⑥表 7.3 的数据由 Heatley 等（1994）设计的词频检测软件生成，算法是隐含的，数值结果与实际计算有出入。

中国大学生新生入学时的英语词汇量大约是 2000 个词族，根据中国教育部 2000 年修订的《高等学校英语专业英语教学大纲》英语专业的学生在大学学习期间每年应至少掌握 1000 个词族，因此，大学英语专业二年级学生的词汇量应该已经超过 3000 个词族。我们从"When...in Beijing"一文的词貌检查结果中列入"其他词汇水平"（off-list level）的词语中选出 12 个目标词，其中 4 个名词、2 个动词、6 个形容词。这 12 个词在文章中的分布情况是，每个段落中有一个词。表 7.4 是"When...in Beijing"一文中用于课堂教学练习的目标词一览表。

表 7.4　课堂教学例文中的目标词

词性	目标词
名词	fare、emporiums、scams、hawking
动词	stuck、confine
形容词	sprawling、Stalinist、toboggan、arresting、customized、frictionless

2）语境词义基本特征列表

根据 Rapaport 和 Kibby（2014）的 CVA 词义理论，我们总结了语境词义的基本特征，制作了一个包含 10 个语境词义特征的 CLCC 词义特征表，意在帮助受试更好地理解作为推测目标的目标生词的具体语境词义特征,如表 7.5 所示。

表 7.5　CLCC 词义特征表

序号	语境词义特征
1	没有所谓的正确词义
2	阅读语境中所要推测的关于某一生词的词义,不是作者所要表达的词义
3	所记忆的关于某个词的词义,在新的语境中也可能有新义
4	每个生词的上下文都有可用于推测其词义的一些线索
5	推测者须将上下文与自己原有的知识相结合;上下文中搜索的范围越大,原有的知识越丰富,可用于词义构建的线索就会越多
6	同一目标生词在阅读过程中遇到的频率越高,推测所形成的词义假设就会越趋稳定
7	词义构建是一个开放的词义假设形成过程,但不是胡乱猜测
8	目标生词的词性不同,则推测难度不同。推测名词词义易于推测动词词义,推测动词词义易于推测形容词和副词词义
9	语境词义构建过程的积极思考推断有助于文本理解
10	有必要通过课堂教学对 CLCC 加以训练和培养

3)语境词义构建步骤流程图

根据 Rapaport 和 Kibby(2014)的 CVA 课程大纲,我们设计了一个语境词义构建流程图,以帮助受试清楚地了解阅读语境中词义构建的具体步骤,如图 7.2 所示,其中 x 代表某个目标词,H 代表构建形成的目标词词义假设。

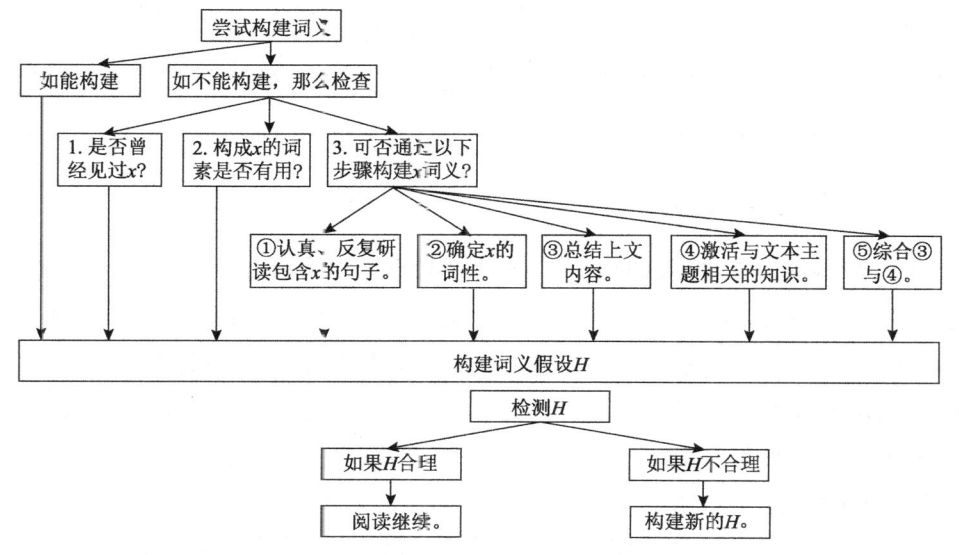

图 7.2　语境词义构建流程图

4）不同词性目标词词义构建线索分类

根据 Rapaport 和 Kibby（2014）的 CVA 课程大纲，我们设计了一个用于构建不同词性目标词词义的线索分类表（表 7.6），以帮助受试更为清晰地了解不同词性目标词词义构建的线索特征。

表 7.6　用于构建不同词性目标词词义的线索分类表

目标词	寻找以下线索	可问以下问题
名词	类别	What kind of thing is an *x*?/What kinds of things are *x*s?
	属性	What is *x*'s size, color, etc.?
	构造	What parts do *x*s have?/What wholes are *x*s part of?/What is *x*'s physical structure?
	行为	What can *x*s do?/What can be done to or with *x*s?
	代理人	Who can do things to or with *x*s?/To whom can things be done with *x*s?/Who can own *x*s?
	同义词	Look for, or think of, possible synonyms.
	反义词	Look for, or think of, possible antonyms.
动词	类别	What kind of act is *x*ing?/What kinds of acts are *x*ings?
	行为特征	How can it be done?
	及物性/次范畴化特征	Ask whether one can say "Someone can *x*" "Someone can *x* something" "Someone can *x* something to someone else"?/Look for agents and objects of *x*-ing
	同义词和反义词	Look for, or think of, possible synonyms/antonyms.
形容词/副词	类别	Does the modifier tell you something about color, size, shape, manner, etc.?
	反义词	E.g., if you read, "He did it *x*ly instead of *y*ly", where you know what *y* means, then you can hypothesize that *x* might be an opposite or complement of *y*.
	平行/并列词	E.g., if you read, "He did it *x*ly, *y*ly, and *z*ly", and if you know what *y* and *z* are, and — if you're lucky — it turns out that *y* and *z* are near-synonyms, then you can hypothesize that *x* means something very similar.

3.　后测量具：CLCC 检测试题

CLCC 检测意在对受试的 CLCC 水平在教学干预前和教学干预后的变化情况进行评估。CLCC 检测试题是在一篇标题是 "Michelle Obama's Favorite Dress"（《米歇尔·奥巴马最喜欢的一件衣服》）文章的基础上设计制作的（参见 Wang, 2019: 159）。从这篇文章的标题可以知道，这篇文章的内容有关时装和一位公众人物，"时装" 和 "公众人物" 是读者普遍感兴趣的话题。原文见附录二。这篇文章是议论文题材。

为了在这篇文章中选定用于 CLCC 检测的目标词，我们首先用 Cobb 在 1994

年研发的在线的词貌检查软件，对这篇文章的总体词汇情况进行了检查，词貌检查结果如表 7.7 所示。

表 7.7 用于 CLCC 评测的文本词貌

词频等级	词族/个	词类/个	字符/个	百分比/%
最高频 1000 词（1~1000）	163	200	462	78.71
次高频 1000 词（1001~2000）	26	30	38	6.47
学术词汇	16	16	18	3.07
其他词汇	?	71	91	15.27
总计	205+?	316	596	≈100

注：表 7.7 的数据由 Heatley 等（1994）设计的词频检测软件生成，算法是隐含的，数值结果与实际计算有出入。

根据词貌检查结果，我们从列入"其他词汇"中的词语中选定 8 个词，2 个名词、2 个动词、2 个形容词和 2 个副词短语，作为 CLCC 测试的目标词。为了确保选定的这 8 个词对所有受试来说都是生词，我们用 8 个非词替换了最初选定的 8 个目标词。所谓非词，指的是根据英语词汇的拼读规则和构词规律造出来的英语中原本不存在的新词。我们用来替换所选定的 8 个原词的非词，是用一个非词制作软件 ARC Nonword Database[①]（Rastle et al. 2002），根据原词特征制作出来的，这些非词保留了目标词原有的派生词素和屈折词素。同原词一样，每个目标非词在文中只出现一次。表 7.8 所示的为选定的 8 个目标词和替换目标词的 8 个非词。

表 7.8 8 个目标词和替换目标词的 8 个非词

词性	目标词	非词
名词	mortals	crairs
	celebs	wowths
动词	debuted	zoved
	donned	churfed
形容词	versatile	jaive
	hassle-free	choun-free
副词	up and down	stunchly
	over and over	grienly

---

① 制作非词的网址为：http://www.maccs.mq.edu.au/~nwdb/。

表 7.9 所列的是在《米歇尔·奥巴马最喜欢的一件衣服》一文中选定的用于 CLCC 测试的 8 个目标非词和包含目标非词的 8 个句子。我们只选定了 8 个目标词用于 CLCC 水平检测，是因为我们希望能够从 CLCC 检测的四个维度，仔细观察受试在规定的时间内，针对每个目标生词的 CLCC 表现情况。

表 7.9 包含 8 个目标词的 8 个句子

目标词		包含目标词的句子
N	crairs	While we crairs might shop our own closets every day, many figures in the public eye shun recycling their own clothing.
	wowths	"The key element is the three-quarter sleeve length, because you don't have to wear a jacket over it which can look stiff", says Pennie who has dressed wowths from Madonna to Kate Middleton.
V	zoved	By our count, she's worn the dress at least seven times since she zoved it on January 21, 2009, the day after President Barack Obama's inauguration, at a non-denominal prayer service.
	churfed	On Wednesday, she churfed it again to visit the historic Decatur House.
Adj	jaive	What makes this particular dress so jaive?
	choun-free	"It's the effortless way of dressing", says Pennie. "Kate Middleton and Michelle are pioneering this trend, they don't have stylists, and they buy their own clothes, it's about being comfortable and choun-free."
Adv	stunchly	While women may shy away from a jazzy print, this one can be dressed stunchly with the right shoes and clutch and doesn't require elaborate jewelry.
	grienly	"I love to see people wear things grienly."

注：N=名称，V=动词，Adj=形容词，Adv=副词，下表同。

CLCC 测试的具体要求如下。

请阅读这篇文章，在阅读过程中，请完成以下任务：请将阅读过程中识别每个生词标记并抄录在规定的地方；请把上下文中用来推测生词词义的线索画圈标记出来；请把识别出的目标生词与上下文中可用来构建其词义的线索用箭头符号连接起来，并且在目标生词旁的页边空白处写出虽然文本中没有直接描述、但自己想到的有助于构建目标生词词义的相关知识；请给你用来形成目标生词词义的不同语境线索和相关知识按照重要性程度排序；请用中文或者英文的一个词、一个短语或一句话写出你为每一个生词所构建的词义；请在所提供的 1~5 个数字中，按照从小到大的程度，选择一个数字表明自己对自己所构建的词义的自信度。

这些任务旨在从四个维度对受试的 CLCC 进行检测。第一个任务的目的是检测受试的生词辨识自愿度。接下来的三个任务的目的是检测受试的线索运用灵活度。第五个任务用来评估受试所构建的词义假设合理度。最后一个任务旨在检测受试的词义构建自信度。

在试卷卷面中，完成每个任务的具体要求都被附在阅读文章右边的页面空白处，并依次对空白处进行数字排序。

4. 延测量具

1）目标词辨识测试题

这个测试的目的是检测受试在词义构建活动结束后对目标生词词形的记忆情况。在以目标生词词义为目标的构建过程中，记忆其词形属于分散记忆，这种记忆与文本信息加工深度呈正相关（Baddeley 1998），也就是说，对一个目标生词词义的认知加工越深入，对其词形的分散记忆就会越准确。

在 CLCC 检测试题中，8 个目标非词被混入另外 12 个新制作的非词。受试需要根据记忆确定，在 20 个非词中找到目标非词，根据"肯定"或"否定"的选择结果，在 Yes 和 No 之间选择一个答案，Yes 表示肯定，No 表示否定。

目标词辨识测试题参见附录三。

2）阅读理解测试题

这个测试旨在检测受试的英语阅读理解能力。受试需要根据要求读一篇有关香蕉进化过程的文章。这篇文章选自一套"对非英语国家留学生的英语考试"（Test of English as a Foreign Language，TOEFL）试卷的阅读理解部分，文章由 12 个段落组成，共有 694 个词符。受试读完文章之后需要回答 10 个问题，其中有 5 个问题（第 1、3、5、8、10 题）检查受试对文中 5 个单词词义的理解（分别是 curious、intriguingly、co-opted、chance、domestication）；另外 5 个题检测受试对某个句子（第 6 题）、某个段落（第 2、4 题）或者某几段话（第 7、9 题）的理解。

这篇文章以及阅读理解测试题等参见附录三。

3）自主性测试题

受试自主性测试是在阅读理解测试的基础上进行的。受试需要根据要求在回答完每一个阅读理解题之后，需要自行评估在多大程度上对自己选择的答案有信心，在非常自信、自信、中立、不确定、非常不确定利克特五分制量表中进行选择。这个测试的设计理念是：受试在文本层面和/或词汇层面的构建越积极、灵活、投入，就会对自己的判断或选择越自信，而自信度是评估 LA 程度的关键指标。

自主性测试题参见附录三。

7.2.6 实验量具的先导测验

对实验量具以及各个实验环节的先导测验是在 CLCC 教学实验前一周进行的。我们通过两个先导测验对所有量具、各个实验环节所需要的合理时间，以及操作程序的适当性等进行了实际检测。

第一个先导测验意在检测 CLCC 试题的合理性。参加者是西北某外国语大学英文学院的 5 个二年级学生，地点是研究人员（也是该校教师）的办公室。按照要求，这几位学生：①通读试卷，查看能否明白完成每个任务的具体要求；②完成试题所规定的任务并报告完成各项任务的具体时间。之后，研究人员与学生们进行讨论，询问他们是否发现问题、有何建议等。这几位学生的反馈是：试题各个部分的任务要求很清晰，试题难度也可以接受，但是试卷卷面上的答题空间不够，建议增加，以保证受试在答题的过程中有足够的空间自由书写答案。

根据第一个先导测验得到的学生反馈，我们对试题等做了调整，然后，在该学院二年级的一个自然班中进行了第二个先导测验。这个班不参加之后任何环节的 CLCC 教学实验。这个先导测验旨在为完成 CLCC 教学实验的各个环节确定一个具体时间长度，验证整个教学实验程序的合理性。根据这个先导测验得到的反馈，最终确定 CLCC 教学实验的具体操作步骤、程序，以及 CLCC 检测各项任务的具体时间要求。

7.3 实验实施

这项 CLCC 教学实验是在 2013 年秋季学期初，在英文学院二年级两个班和三年级一个班的阅读课上实施的。在对二年级一个班进行 CLCC 教学之前，首先对三个班受试的接受性词汇量进行了评测；在对实验班的 CLCC 教学干预结束之后，三个班的受试都接受了 CLCC 评测；一周之后，又对三个班受试的 IVA、RC 和 LA 进行了评测。

为了使实验班受试对随后要进行的教学实验有所准备，在秋季学期开学第一周的阅读课堂上，在对三组受试进行词汇水平检测之前，授课教师告诉每组的受试，在本学期的前几周，有一个教学实验，根据实验的要求，他们需要参加几个测试，但他们无须担心，因为实验中测试的成绩不会被计入课程的总成绩。他们都需要严格遵守具体要求完成每个测试，实验结束后，会把测试情况反馈给他们，会给他们解释为什么不同试题会有不同的要求、不同的分值以及不同的试题意图等。

7.3.1 词汇知识水平测试

词汇知识水平测试是在学期的第一周，三组的受试在各自正常的阅读课堂中，在授课教师的监督下进行的。在测试中，受试需要首先填写自己的姓名、年龄、性别、学生号等个人信息。接着，教师大声宣读考试要求，确保所有受试都能正确理解考试要求。最后，受试在 35 分钟内做完全部试题。

7.3.2 CLCC 教学干预

CLCC 教学干预是在学期的第二周实施的。课堂教学活动遵循 PPP 的模式，意思是为了实现某一教学目标，首先，教师演示；然后，受试在教师的指导下完成任务；最后，受试自己完成任务。

CLCC 教学实验的教学环节的具体步骤如下。

（1）为了调动受试对授课内容的兴趣，授课教师用 5 分钟的时间，带领受试做一个准备练习，也可以称之为热身练习。具体操作如下：授课教师把一个非词，例如 toodd，写在黑板上，然后，让受试在自己手边方便使用的任何英-英或英-汉词典中查找该词的词义。不出所料，受试在查完词典会纷纷报告说，词典上查无此词，这时，授课教师就可以告诉受试，词典不是万能的，有些词在词典上是查不着的，因此，即使手边有词典，有时也无济于事，为了增加说服力，授课教师可以请一些受试讲述一下曾经体验过的"词典帮不上忙"的经历。然后，授课教师把写在黑板上的非词 toodd 放置在"When...in Beijing"一文的具体语境中，让受试根据语境尽力构建关于这个非词的各种可能的词义。

授课教师把受试提供的每个词义一一写在黑板上，然后，问他们通过所列出的关于 toodd 的词义，是否可以相信词典上查不到词义的词也可以有词义，而且不能以正确或错误为标准，判定不同人所构建的词义。一方面，没有词典释义可以作为依据进行"对/错"评判；另一方面，如果从不同角度去考察不同人所构建的不同词义，就会发现都有一定的合理性，只是合理性程度不同。由此，引导受试认识到一个词义不是来自于词典，而是来自于词在文本中所处的语境。

（2）授课教师运用具体生动的例子，说明在哪些情况下需要构建目标词语境词义，以帮助受试对 CLCC 这一概念有初步的了解和认识。

以下是介绍"语境词义构建"这一概念的教学步骤。

首先，授课教师引导受试思考，在英语阅读过程中会不会遇到生词？如果遇到生词怎么办？鼓励受试提出自己应对生词的办法，并把受试所提出的办法一一罗列展示，帮助他们认识到，遇到生词时有三个办法可供选择：①视而不见；②查词典或求助他人；③利用语境构建词义。

其次，引导受试对每个选择的优缺点进行分析。通过分析讨论，使得他们认识到，在自主阅读中遇到生词时，常常无他人可以求助。如果选择"视而不见"，那么就等于放弃了一个学习新词、扩大词汇量的机会。如果选择"查词典"，有两种可能：查得到和查不到。即使能在词典上查到目标生词的词义，还存在一个两难的问题：一种情况是，手边没有词典，或者不允许你查词典（例如在某个考试的时候）；另一种情况是，手边有词典，也可以查阅，但词典所提供的释义无济于事，不利于理解目标生词在特定语境中的语义。讨论至此，鼓励受试讲述自己使用词典的经历，以使他们深刻认识到，词典和词典释义并不能解决所有的词义问题。

再次，在受试认识到"视而不见"和"查词典"是不可行或不可靠的选择之后，授课教师引导大家讨论第三种选择（即临时构建词义）的优缺点，以帮助他们认识到，在语境中构建词义有百利而无一害，唯一的缺点是"难以构建"。由此，使得受试理解，CLCC 训练与培养有助于这一问题的解决。

最后，以具体文本语境中的生词为例，介绍语境词义的基本特征、构建语境词义的基本流程、语境线索的基本类型等，帮助受试对语境词义和词义构建方法策略有所了解，并认识到：如能积极在文本上下文中搜寻线索，并加以分析利用，总是有可能构建出关于目标生词的一个词义假设；构建的词义假设定会具有一定程度的合理性；CLCC 是一个非常重要的能力，需要有意识地加以培养。

（3）授课教师示范如何运用适当的策略去构建其词义。之后，让受试在其他目标生词中随意选择几个，由授课教师展示如何运用具体策略构建其词义。

（4）受试帮助授课教师运用 CVA 策略构建目标生词词义，由受试寻找线索，综合分析线索；授课教师帮助受试应用 CVA 策略构建目标生词词义。

（5）受试分组练习运用 CVA 策略构建目标生词词义，时长为 15 分钟。

（6）受试独立练习运用 CVA 策略构建目标生词词义，时长为 10 分钟。

（7）授课教师示范如何从四个维度对受试的词义构建过程和结果进行评估：①生词辨识自愿度；②线索运用灵活度；③词义假设合理度；④词义构建自

信度。时长为 10 分钟。

以上 CLCC 课堂教学持续了 80 分钟。研究者对整个教学过程进行了录音。

7.3.3　CLCC 水平测试

实验组的 CLCC 水平测试是在 CLCC 教学结束两天之后在阅读课课堂上实施的，两个控制组的 CLCC 水平测试也分别在阅读课上随堂进行。CLCC 水平测试开始之前，受试需要填写个人信息，如姓名、年龄、性别、学生证号等。然后，授课教师大声宣读测试要求，并用汉语对完成每个任务的具体要求进行说明。最后，要求受试在 40 分钟内完成所有任务。

7.3.4　词汇习得、阅读理解、学习自主性测试

词汇习得、阅读理解和学习自主性测试是在 CLCC 水平测试完成一周之后，对三组受试同时实施，受试需要首先提供个人信息，包括姓名、性别、年龄、学生证号；然后，授课教师大声宣读考试要求，并用汉语解释说明完成每个任务的具体要求；最后，要求受试在 25 分钟的规定时间内完成所有任务。

本章通过详细描述实证性研究的准备过程和实施过程，旨在回答研究问题一、研究问题二和研究问题三。为此，首先描述了三个研究问题所包含的变量，然后介绍了实证性研究的实验方案、受试、量具，以及数据收集过程等。

第8章 数据的整理

本章详细描述实验数据的分析过程。首先,说明各项检测的评测情况;然后,说明如何运用统计方法对评分结果进行分析,为回答三个研究问题准备:①教学环境下二语学习者的 CLCC 会如何发展?②课堂教学会在多大程度是有助于 CLCC 的提高?③CLCC 的教学培养对学习者的 IVA、RC 和 LA 有何影响?

8.1 评测标准

8.1.1 词汇水平评测标准

如前所述,用于前测的词汇知识水平测试由 5 个小部分组成,每个小部分包含 10 个题,每个题有 6 个选项,其中有 3 个选项的语义与列置在旁边的 3 个释义相匹配,受试需要在每题 6 个选项中选择 3 个与 3 个备选释义相匹配,每个匹配正确的选择可以得 1 分,每个题最高可得 3 分,因此,这个部分的总分是 3(匹配正确)×10(题)×5(部分)=150 分。

8.1.2 CLCC 评测标准

如前所述,CLCC 后测中,从四个维度对受试的 CLCC 水平进行评测:生词辨识自愿度、线索运用灵活度、词义假设合理度、词义构建自信度。CLCC 水平测试中通过四个任务对这四个维度进行评测。

第一个任务把受试成功识别出目标生词的数量作为评估他们的 CLCC 水平的第一个维度。CLCC 测试中的目标生词是 8 个目标非词,原因是:①非词可以确保目标生词的一致性,否则,不同受试识别为生词的词会不一致,无法进行比较;②非词作为目标生词,可以确保受试辨识出的目标词一定是生词。用非词作为目标生词可以确保其是受试从未见过的一个生词。因此,受试识别出的非词数量，可以用来评估受试词义构建的心理准备程度。每识别出一个目标非词得 1 分，共有 8 个目标非词，受试完成这个任务最多可得 8 分。

第二个任务旨在检测受试运用语境线索的灵活性，通过两个指标对 CLCC 的这个维度进行评估：①所用线索的性质与数量；②寻找与应用线索的认知努力程度。第一个指标的评估基于 Qian（2005）所设计的词义构建知识分类，见表 8.1。

表 8.1 词义构建知识分类

知识类型	要素
1. 线索位置	A. 目标词内部词素
	B. 包含目标词的句子中
	C. 包含目标词的句子外
2. 世界知识	A. 实践知识
	B. 态度
	C. 信念
	D. 偏见
3. 词汇知识	A. 拼写知识
	B. 构词知识
	C. 句法知识
	D. 语义知识（多义、反义、同义以及其他语义聚合关系知识）
4. 语际知识	母语知识

下面，我们举例说明如何运用该词义构建知识分类去评估受试 CLCC 测试中第二个任务的完成情况，据此说明如何统计受试用于某一目标词词义构建的线索数量，如何判别具体线索类型。例如，一个受试把"While we crairs might shop our own closets every day, many figures in the public eye shun recycling their own clothing."一句中的 crairs 辨识为一个生词，以 shop 和 go shopping 为线索构建它的词义，结果构建出它的词义是"购物"（shopping）。根据表 8.1 所示的 Qian（2005）的词义构建知识分类，shop 这一线索词可以分类为 1B（即线索的位置在包含目标词的句子中）和 3D（即通过线索词与目标词的语义聚合关系知识推断目标词的词义）。我们可以推断第二个线索 go shopping 应该来自受试所掌握的与第一个线索 shop 有关的语言学知识，因此，可以把它视作与 shop 属于同一类型，是 3D 类型。

另外一个受试在把 crairs 辨识为目标生词之后，列举出用于构建其词义的线索包括：celebrities、shop、we 以及"Michelle Obama 有很多价格昂贵的衣服，其中有一些衣服她非常喜欢；普通人同样也在不停地购买衣服填充自己的衣柜"（Michelle Obama has a lot of expensive clothes, some of which are her favorites; ordinary people are also keeping filling their cabinets with newly bought clothes.）。以这些线索为依据，受试为 crairs 这一目标生词所构建的词义是"普通人"（ordinary people）。对照词义构建知识分类，这些线索可以归类为 1B（即线索位置在包含目标词 crairs 的句子中）、1C（线索位置在包含目标词的句子外）、2C（关于世界的知识、信念，例如"Michelle Obama 有很多价格昂贵的衣服，其中有一些衣服她非常喜欢；普通人同样也在不停地购买衣服填充自己的衣柜"）、3C（句法知识）（例如，while 引导从句的句子结构，说明从句主语 we 和主句主语 celebrities 形成对照）、3D（语义知识，we 与 celebrities 是反义词）。

对 CLCC 水平的第二个维度的评估通过两个步骤完成。由于受试所识别出的不同线索的信息量不同，而且不同受试整合、运用线索的灵活性也有很大的差异，在利用 Qian 的词义构建知识分类对受试所识别出的不同线索进行分类整理之后，我们接着根据彼格斯和科利斯（2010）的 SOLO 分类框架对受试在目标词词义构建过程中运用线索的灵活性进行评估。

SOLO 分类框架把完成学习任务的认知复杂度分为无结构、单一结构、多维结构、关联结构和抽象扩展五个等级（参见表 6.6）。SOLO 分类框架的认知复杂度等级是基于两个标准划分的：①所注意到的完成任务所需要的知识面数量，简称 $SOLO_1$；②为了完成学习任务对所注意到的不同知识面的融合程度，简称 $SOLO_2$。

现在，我们用 SOLO 分类框架解析受试构建某一目标生词过程中的线索运用灵活度水平。在 CLCC 测试中，某一目标生词词义构建是受试需要完成的一项学习任务。完成这一任务不仅需要辨识各种不同线索（即 $SOLO_1$，注意到有助于构建任务完成的不同知识面），还需要把不同线索加以整合形成一个合理词义（即 $SOLO_2$，把注意到的不同知识面加以整合以完成学习任务）。两者之间一致性是用 SOLO 分类框架评估受试线索运用灵活度的基础。

根据 SOLO 分类框架，把词义构建过程中线索运用灵活度等级理解为图 8.1 所示的搭积木能力等级，有助于我们评估 CLCC 测试中受试线索运用灵活度水平的具体操作：我们可以把某一受试用来构建关于某一目标生词词义的一个个线索看作用来搭建房子的一块块积木，可以把他所构建的词义理解为搭建好的一所房子。据此类比，我们可以把受试线索运用的灵活度等级与他搭建积木屋的积木组合能力水平之间的关系具体理解如下。

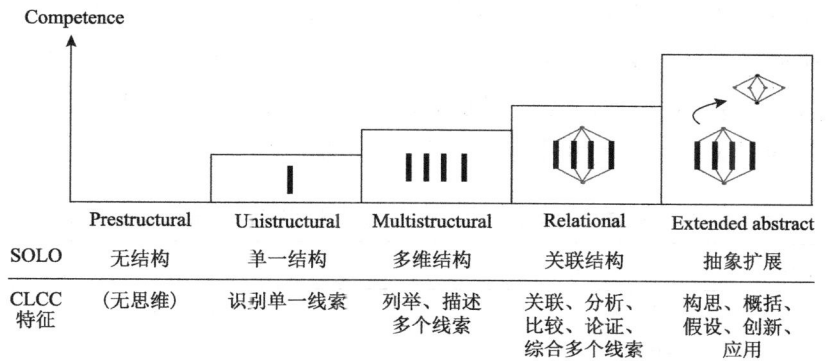

图8.1 词义构建过程中线索运用灵活度等级

在无结构水平，明明有可用的线索用来构建某一目标生词，但是不能用任何线索构建一个词义，也就是说构建根本没有发生。这就等于说，一块块积木就散落在手边，但不知道如何把它们收拢起来，摆放成一座房子的模样。

在单一结构水平，能够在包含目标生词的句子中找到一条线索，并据此构建关于目标生词的词义，但是所构建的词义并不符合目标生词所处的语境，也就是说，构建发生了，但线索的运用很僵硬、不灵活。这就等于说，能够在散落的积木中，发现两块积木之间的契合关系，并堆放在一起，但与成功搭建一座房子还相距甚远。

在多维结构水平，能够在包含目标生词的句子中识别出两个以上的线索，并将这些线索联系起来，构建关于目标生词的词义，表现出一定的灵活性。这就等于说，能够发现三块或更多积木之间的契合关系，并将它们有序地摆放在一起，但还没有搭建成一个完整的房子。

在关联结构水平，在更大范围的上下文语境中识别出多条线索，并且能够灵活地加以运用，构建一个合理词义。这就等于说，能够灵活地把一块块散落的积木有序地摆放，搭建成一座房子。

在抽象扩展水平，能够灵活运用各种相关知识和语境线索，构建一个不仅语义合理，而且含义符合更大语境的词义。这就等于说，不仅能用一块块积木成功搭建一座房子，而且能美化房子周边的环境。

在受试构建某一目标生词过程中线索运用的灵活度评估程序和评估标准建立之后,就可以给评估结果赋予分值了。线索运用灵活度由低到高分为五个等级,相应地,分值从最低 0 分到最高 4 分,分为五档,其中"无结构水平"得 0 分,"单一结构水平"得 1 分,"多维结构水平"得 2 分,"关联结构水平"得 3 分,"抽象扩展水平"得 4 分。因为每一个目标生词在线索运用灵活度维度的满分是 4 分,总共有 8 个目标词,这一维度的最高分是 4×8=32 分。表 8.2 是基于 SOLO 分类框架的 CLCC 线索运用灵活度等级评分标准表。

表 8.2 基于 SOLO 分类框架的 CLCC 线索运用灵活度等级评分标准表

水平等级	SOLO 等级	CLCC 灵活度	评分/分
无结构	不做任何努力	没有利用任何线索	0
单一结构	运用某一明显、直接的信息完成解题任务	运用某一线索构建词义,所构建的词义不合理	1
多维结构	运用两个或两个以上彼此没有关联的信息,完成解题任务	运用两、三条线索进行构建,所形成的词义不够合理	2
关联结构	综合运用两个或两个以上的信息对任务形成整体理解	综合两个以上的线索形成目标生词的基本词义	3
抽象扩展	拓展、抽象加工任务中所包含的信息	拓展、抽象加工各种不同线索,形成目标生词内涵、外延都合理的词义	4

我们用四个表现为不同灵活度等级的线索运用具体例子,说明如何运用 SOLO 分类框架判定和分析受试构建某一目标生词词义时线索运用的灵活度等级以及特征。这些例子来自参加 CLCC 试题先导测验的学生。表 8.3 所示的是作为例子的目标生词及其句子语境,表 8.4 所示的是一位受试构建示例目标生词的线索排序及所构建的词义。

表 8.3 四个示例中的目标生词及其句子语境

示例	目标生词	语境
1	crairs	While we crairs might shop our own closets every day, many figures in the public eye shun recycling their own clothing…
2	crairs	While we crairs might shop our own closets every day, many figures in the public eye shun recycling their own clothing…
3	zoved	By our count, she's worn the dress at least seven times since she zoved it on January 21, 2009, the day after President Barack Obama's inauguration, at a non-denominal prayer service held at the Washington National Cathedral followed by a luncheon.
4	jaive	…what makes this particular dress so jaive…

表 8.4　构建示例目标生词的线索排序及所构建的词义

示例	目标生词	线索排序	构建词义
1	crairs	1. shop	购物（shopping）
2	crairs	1. shop own closets 2. in the public eye 3. 后文说，在公众眼中，所以此处应是出席活动的意思（Later, "in the public eyes" is mentioned, so it means "attending an activity"）	出席活动（attending an activity）
3	zoved	1. worn 2. at a service 3. 穿衣，打扮（dress）	穿着（wore）
4	jaive	1. make something 2. This particular dress 3. 特殊的穿衣方式、穿戴习惯，让人喜欢，受人欢迎	实用的，受人欢迎的，灵活多变的

如表 8.4 所示，在示例 1 中，一位受试在构建目标生词（非词）crairs 时，只用了 shop 一个线索，结果形成的词义是"购物"（shopping）。受试基于一条线索形成目标生词的词义，从线索语义到目标词义，思维表现缺乏灵活性。而且，由于只考虑到线索词的一个基本语义学词义，所构建的词义不适合目标生词所处语境。因此，可以判定该受试在构建该目标生词词义时线索运用的灵活度属于"单一结构水平"等级，可得 1 分。

在示例 2 中，受试运用三个线索对示例 1 中同一目标生词 crairs 的词义进行构建，三个线索的排序依次是：shop own closets、in the public eye、"后文说，在公众眼中，所以此处应是出席活动的意思"（Later, "in the public eyes" is mentioned, so it means "attending an activity"），最后构建的词义是"出席活动"。由于该受试在构建目标生词词义时不仅用了一个以上的线索，而且能够在不同线索之间建立某种联系，例如，认为三个线索都与 attending an activity（出席活动）有关，如在 attending an activity（参加活动）前，人们会 shop their closets 以便衣着得体，而且 taking part in an activity 意味着 being in the public eye（"会使自己置于公众视线内"）。但是，最后所构建的词义是动词属性，因此，在词性上不符合目标生词所处的具体语境（目标生词应是名词词性）。因此，可以判定该受试在构建该目标生词词义时线索运用的灵活度是"多维结构水平"，可得 2 分。

在示例 3 中，为了构建目标生词（非词）zoved 的词义，一位受试用了三个线索，依次是：worn、at a service、"穿衣，打扮（dress）"，最后构建的词义是"穿着"（wore）。仔细观察该受试所找到的并用于目标生词词义构建的三个线索，以及线索的排序，可以看出它们之间存在明显的语义关系，表达出"参加重要活动，需要穿上得体的衣服"（when attending an important function, one should dress up）的语义，而且最后构建的词义尽管不够具体（更为具体的词义是"第一次穿"，即 wore it for the first time），但是在目标生词所处的语境中显得很合理。由此，可以判断该受试在构建该目标生词词义时线索运用的灵活度是"关联结构水平"，可得 3 分。

在表 8.4 的示例 4 中，受试用来构建目标非词 jaive 的三个线索都是在包含该词的句子以外找到的，说明这位受试有能力综合分析更大的上下文中多种相关信息，最后构建的词义"实用的，受人欢迎的，灵活多变的"，不仅符合目标生词所处的具体语境，而且符合文章的主题。由此，可以判定，这位受试构建该目标生词词义时线索运用的灵活度是"抽象扩展水平"，可得 4 分。

在观察受试构建不同目标生词词义的线索应用灵活性的过程中，我们发现，在有助于构建一个目标生词词义的不同线索中有一条线索很关键，受试能否构建一个合理词义主要取决于能否识别这条关键线索，这条线索往往蕴含着其他线索，其他线索只能在关键线索建立的认知框架内起作用。

例如，在 "While we crairs might shop own closets every day, many figures in the public eye shun recycling their own clothing." 一句中，3C[因为根据 Qian（2005）的词义构建知识分类框架，功能词 while 是一个句法线索]是构建目标非词 crairs 的关键线索。这个线索包含着其他线索，例如 3D（crairs 与 figures in the public eye 语义相对或相反）只能在句法功能词 while 所建立的认知框架内发挥作用。因此，如果受试能够识别出关键线索，并且构建关于目标生词的合理词义，就可以判定其线索运用灵活度是"关联结构水平"或"抽象扩展水平"。

CLCC 测试的第三个任务旨在检测所构建词义的合理性，即 CLCC 水平检测的第三个维度。评估、量化受试所构建的关于某一目标生词词义的合理性程度，依据以下三个指标。

（1）词性是否一致。受试所构建的词义的属性是否与目标生词词性一致。

（2）语义是否一致。受试所构建的词义是否与包含目标生词的句子中其他词所共同搭建营造的语义框架一致（Fillmore 1982）。根据格式塔心理学，又叫"完形心理学"或"补缺心理学"，可以把由一个句子中所有词共同参与搭建的语义看作一个框架，该词义框架决定着作为其构成因素的某一目标生词的词义。Asher（2011）认为在语言理解过程中 frame（框架）涵盖 schema（图式）、script（脚本）、scenario（剧情）、ideational scaffolding（观念构架）等概念。英语中，句子所表达的语义框架有两种：偶发性事件（描述某一事件的过程和状态等）、非偶发性事件（描述某种物体）。

（3）含义是否一致。所构建的词义与句子所表达的情感内涵（如正面、负面、中立等）是否保持一致。

以下，我们举例说明如何根据以上三个指标，对受试所构建的关于目标生词词义的合理性进行评分。

具体评分标准是：如果受试识别出某一目标生词，但没有构建任何词义，得 0 分；构建了一个词义，但所构建的词义不能满足三个指标中的任何一个指标，得 1 分（注：根据 CLCC 概念，放弃"对/错"词义观之后，任何构建努力都值得肯定！）；构建了一个词义，所构建的词义满足三个指标中的一个指标，得 2 分；构建了一个词义，所构建的词义满足三个指标中的两个指标，得 3 分；构建了一个词义，所构建的词义满足三个指标，得 4 分。

在评估受试 CLCC 水平的第三个维度中，即考察他们所构建词义的合理性维度，每个目标词最高得分是 4（即满足三个指标），最低得分是 0（即没有构建词义）。总共有 8 个目标非词，这个任务的总分是 4×8=32 分。

我们以 CLCC 测试中作为 8 个目标词之一的非词 zoved 为例，对所构建词义合理性维度的具体评分操作过程加以详细说明。

如果构建的词义是 wore for the first time（首次穿），记 4 分，因为这个词义在词性（动词）、语义和内涵三个方面都与目标生词 zoved 所处的具体语境保持一致，即 "She has worn it seven times, since she wore it for the first time on January 21, 2009."。

如果构建的词义是 wore（穿），记 3 分，因为这个词义满足了"词性一致"（动词）和"语义一致"两个指标的要求，却没有满足"含义一致"的指标。显然，受试在构建这个词义时，忽略了一个重要的线索词 since，它可以提供关于目标生词更加具体的词义信息，如在 since 引导的从句中，目标生词说明在 on January 21, 2009 这一天米歇尔·奥巴马第一次（the first time）穿（worn）这条裙子。受试忽略 since 这个原本不应该忽略的重要线索词，反映了他的英语水平以及线索运用能力。

如果构建的词义是 buy，记 2 分，因为这个词义只能满足"词性一致"这一指标，但无法满足另外两个指标，即"语义一致"和"含义一致"的指标。

如果构建的词义是 ceremony，记 1 分，这个词义无法满足三个指标中的任何一个指标，尽管如此，受试为构建目标词词义做了一定努力。

如果没有构建任何词义，记 0 分，说明没有为构建目标词词义做任何努力。

表 8.5 是以 zoved 为例的词义假设的合理性评分等级。

表 8.5　以 zoved 为例的词义假设的合理性评分等级

等级	特征	目标生词 zoved	评分/分
0	无	（没有构建词义）	0
1	词性、语义及含义都不一致	ceremony	1
2	词性一致，但语义和含义不一致	buy	2
3	词性和语义一致，但含义不一致	wore	3
4	词性、语义及含义都一致	wore for the first time	4

CLCC 测试的第四个任务旨在检测受试对于每个目标生词词义构建过程及结果的自信度，这是 CLCC 水平检测的第四个维度。自信度自评量表从 5 级到 1 级、由高到低依次五个等级，最高得 5 分，最低得 1 分。完成第三个任务之后，即构建某一目标生词词义之后，在自信度自评量表上：如果受试选择"5"，表示他对自己的构建"绝对自信"（absolutely confident），可得 5 分；如果受试选择"4"，表示对自己的构建"自信"（confident），可得 4 分；如果受试选择"3"，表示对自己的构建持"中立"（neutral）态度，可得 3 分；如果受试选择"2"，表示对自己的构建"不确定"（uncertain），可得 2 分；如果受试选择"1"，表示对自己的构建"非常不确定"（extremely uncertain），可得 1 分。受试的总自信度水平是 8 个目标非词构建自信度总和的平均数。例如，如果一位受试识别出 4 个目标非词，构建自信度等级分别是 4、4、3、3，总分是 14 分，那么他的构建自信度是 3.5 级，在"中立"和"自信"之间。

8.1.3　词形辨识能力评测标准

目标词词形辨识能力测试、阅读理解能力测试和词汇学习自主性测试是在 CLCC 水平测试的基础上进行的。其中，目标词词形辨识能力测试旨在检测受试对目标词词形的记忆情况；阅读理解能力测试旨在检测受试文本层面的语义构建能力；词汇学习自主性测试评测受试对阅读理解过程中文本层面语义构建和词汇层面语义构建两方面的自信度。

目标词词形辨识能力测试的设计以及评估基于 Pulido（2004）的一项阅读中 IVA 的研究设计以及评分方法。词形辨识评测旨在验证在阅读中构建目标词词义的过程能否有助于形成关于该目标词词形的记忆。看到一个词的词形时，能够根据记忆辨识出曾经构建过其词义，是习得该词接受性知识的初级阶段（Meara & Buxton 1987）。受试需要根据自己的记忆在 20 个非词中挑选出哪些词是自己构建过或试图构建过的，"Yes"表示肯定，"No"表示否定。

评分采用 Pulido（2004）的词形辨识"命中率"（hits rate）公式，在 IVA 研究领域，这个公式被广泛用来评测构建者在词义构建完成之后对目标词词形的记忆质量（Baddeley 1998）。

$$d's\ score = \frac{p\ hits\left(\frac{x}{8}\right) - p\ false\ alarms\left(\frac{x}{12}\right)}{1 - p\ false\ alarms\left(\frac{x}{12}\right)}$$

其中，公式中的"d's score"表示"辨识命中率"；"p hits（$x/8$）"表示在 8 个目标词中的"命中率"，即 8 个目标词中有几个词（x）被正确地辨识；"p false alarms"可译为"命错率"，指把干扰项（非目标词）误认为目标词的概率，"p false alarms（$x/12$）"意思是"12 个干扰项中有多少个词（x）被错误地辨识为目标词"。

如果一位受试能够得到"p hits（8/8）"（正确识别出全部目标词）和"p false alarms（0/12）"（所有辨识为目标词的词都是非目标词），那么可得目标词辨识能力检测的最高分数，"d's score"为 1 分。

8.1.4　阅读理解能力评测标准

阅读理解测试中，需要回答十道题。每答对 1 题，得 1 分，总分是 10 分。

8.1.5　自主阅读能力评测标准

词汇学习自主性测试部分的评分与 CLCC 能力测试的第四个维度（构建自信度）的评分方法一样。受试在做完每个阅读理解题之后，在一个自信度自评量表上表明自己对完成该题的自信度。自信度自评量表从 5 级到 1 级、由高到低依次五个等级，最高得 5 分，最低得 1 分。5 表示"绝对自信"，可得 5 分；4 表示"自信"，可得 4 分；3 表示"中立"，可得 3 分；2 表示"不确定"，可得 2 分；1 表示"非常不确定"，可得 1 分。受试的总自信度水平是自信度总和的平均数。例如，如果一位受试完成 4 个题，自信度等级分别是 4、4、3、3，总分是 14 分，那么自主性是 3.5 级，在"中立"和"自信"之间。

8.2 统计方法

数据分析方法基于以下四点加以确定：①研究问题中所包含的自变量的数量与性质，如某一变量是组间变量还是组内变量；②自变量之间的关系；③研究问题中所包含的因变量数量；④评测因变量所用的量具性质，属参数性质的还是非参数性质的。

8.3 本章小结

本章详细描述了 CLCC 水平测试、阅读理解能力测试、IVA 水平测试学习自主性测试的评分标准，以及确定数据分析方法的标准。为下一章中用数据分析结果回答三个研究问题做好准备。

第 9 章　数据统计的结果

第 8 章对 CLCC 教学实验进行了详细描述，包括如何通过随机抽样确定受试并进行分组，如何确定采用前测—教学干预—后测、实验组-控制组的研究方案等。特别说明了在实验组（G2E）之外，确定了两个由不同英语水平学生组成的控制组（G3C 和 G2C），理由是：经过 CLCC 教学干预，如果实验组（G2E）的受试在 CLCC、IVA、RC 和 LA 等方面的表现不仅超过同一水平的控制组（G2C），而且超过更高水平的控制组（G3C），那么 CLCC 课堂教学的有效性就能够得到充分的证明，三个研究问题就可以得到解答。本章将首先对 CLCC 教学实验的数据统计结果进行总结；然后，对三组受试的 CLCC 表现进行比较，回答第一个研究问题（教学环境下二语学习者的 CLCC 会如何发展？）和第二个研究问题（课堂教学会在多大程度是有助于 CLCC 的提高？）；之后，对三组受试的 IVA、RC、LA 的表现进行比较，回答第三个研究问题（CLCC 的教学培养对学习者的 IVA、RC 和 LA 有何影响？）；最后，对 CLCC 教学实验的效果进行全面总结。

9.1　CLCC 教学的效果

9.1.1　CLCC 检测数据整理过程

CLCC 检测从四个维度对受试的 CLCC 水平进行评估：①生词辨识自愿度；②线索运用灵活度；③词义假设合理度；④词义构建自信度。

生词辨识自愿度的评分依据受试正确识别出的目标非词的数量评定，识别出一个目标非词，可得 1 分，在要求受试阅读的文本中共设置了 8 个目标非词，如果某一受试的最后得分是 8 分，目标生词辨识率是 100%；如果最后得分是 4 分，目标生词辨识率是 50%。如果某一受试目标生词辨识的最后得分高于 4 分，说明能够识别一半以上（超过 50%）的目标生词；如果最后得分低于 4 分，说明他能够识别的目标词不到一半（低于 50%），因此，我们把 4 分作为判断受试目标生词辨识能力高低的切分点。

线索运用灵活度的评分依据彼格斯和科利斯（2010）的 SOLO 分类框架。灵活度水平由低到高划分为五个递进的等级。每个目标生词词义构建的灵活度得分是 0~4 分，最低 0 分，最高 4 分，其中，"无结构水平"（即没有运用任何线索构建词义），得 0 分；"单一结构水平"（即利用一条线索构建词义），可得 1 分；"多维结构水平"（即利用多条线索构建词义），可得 2 分；"关联结构水平"（即运用多条语义相关线索构建词义），可得 3 分；"抽象扩展水平"（即抽象分析多种线索以构建词义），可得 4 分。每位受试需要构建词义的目标词总量是 8 个，因此他在灵活度的最高得分是 4×8=32 分。在此评分标准的基础上，我们把 0 分、8 分、16 分、24 分、32 分作为"切分点"用来判断受试灵活度总体水平的高低，如表 9.1 所示。

表 9.1　灵活度总体水平的切分点

切分点/分	水平等级	描述
0	无结构	没有运用任何线索构建任何目标词词义
8	单一结构	得分在 1~8 分，表明能够平均至少利用一条线索构建某个或所有 8 个目标词词义
16	多维结构	得分在 9~16 分，表明能够运用两条以上线索构建某个或所有 8 个目标词词义
24	关联结构	得分在 17~24 分，表明能够运用两条以上语义关联的线索构建某个或所有 8 个目标词词义
32	抽象扩展	得分在 25~32 分，表明能够综合分析两条以上语义相关线索构建某个或所有 8 个目标词词义

为了对受试的灵活性进行更加细致的观察，我们在以 0 分、8 分、16 分、24 分、32 分作为初级切分点，对灵活度进行等级划分之后，又把每一个等级的分数区间的中间点作为二级切分点（"无结构"等级除外），进一步把每一个等级分为高、低两个阶段，描述为"某一等级的较高阶段和较低阶段"，如表 9.2 所示。

表 9.2　灵活度中不同等级高低段切分点

水平等级	次切分点/分	较低段/分	较高段/分
单一结构	4	<4	>4
多维结构	12	<12	>12
关联结构	20	<20	>20
抽象扩展	28	<28	>28

词义假设合理度的评分依据以下三个指标：①词性一致性；②语义一致性；③内涵一致性。据此，合理度可分为五个等级，分别为 0~4 级，受试为每个目标词所构建的词义合理性。根据等级高低，可得分数最低为 0 分，最高为 32 分。因为总共设置了 8 个目标词，合理性维度最高可得 4×8=32 分。根据以上评分标准，我们可以确定划分合理度等级的切分点为 0 分、8 分、16 分、24 分、32 分，如表 9.3 所示。

表 9.3 合理度等级的切分点

切分点/分	合理度等级	划分依据
0	0	没有构建任何词义
8	1	至少构建了一个词义，但不能满足任何一个指标，得分区间为 1~8 分
16	2	如果构建的词义可以满足一个指标，得分区间为 9~16 分
24	3	如果构建的词义可以满足两个指标，得分区间为 17~24 分
32	4	如果构建的词义可以满足三个指标，得分区间为 25~32 分

为了更为细致地观察、分析不同等级合理性的特征，在将合理度划分为五个等级之后，我们又以每个等级分数区间的中点为次级切分点，把除"等级 0"之外的其他等级进一步分为高、低两个阶段，如表 9.4 所示。

表 9.4 合理度中不同等级高低段切分点

等级	次切分点/分	较低段/分	较高段/分
1	4	<4	>4
2	12	<12	>12
3	20	<20	>20
4	28	<28	>28

词义构建自信度的评估基于利克特五分制量表。依据自信度设置分值："绝对自信"，5 分；"自信"，4 分；"中立"，3 分；"不自信"，2 分；"极其不自信"，1 分。某位受试的自信度由其构建目标词词义自信度的平均分来表示。3 分表示"中立"，说明受试对自己的构建过程及结果既谈不上自信也谈不上不自信，因此，3 分分值是划分"自信"与"不自信"的切分点。如果某一受试在自信度的平均分高于 3 分，说明他总体上对词义构建是自信的（在"自信"至"绝

对自信"区间）；如果平均分低于 3 分，则说明总体而言该受试对词义构建是不自信的（在"不自信"至"极其不自信"区间）。

9.1.2　CLCC 检测的描述性统计数据

表 9.5 所示的是三个组的受试在 CLCC 检测四个维度的平均分和标准差。可以看出，在自愿度维度，G2E 的平均分（M=4.56）和 G3C 的平均分（M=5.15），都高于 4 分，说明这两组受试在 8 个目标词中平均识别出 4 个以上，或超过 50%的目标非词。G2C 的平均分（M=3.61）低于 4 分，说明这个组在 8 个目标生词中识别出的目标词平均数低于 4 个，即识别率低于 50%。

表 9.5　CLCC 检测四个维度的描述性统计数据

CLCC 维度	组别	M/分	标准差
自愿度	G2E	4.56	1.48
	G2C	3.61	1.64
	G3C	5.15	1.61
	总体平均分	4.44	1.58
灵活度	G2E	13.33	5.08
	G2C	9.82	5.14
	G3C	12.73	3.98
	总体平均分	11.96	4.73
合理度	G2E	13.22	5.42
	G2C	9.50	5.20
	G3C	12.77	4.58
	总体平均分	11.83	5.07
自信度	G2E	3.58	0.99
	G2C	2.99	1.17
	G3C	2.45	0.97
	总体平均分	3.01	1.04

灵活度维度的描述性统计数据显示，三个组的受试在目标词词义构建过程中的线索运用灵活度都处于"多维结构水平"，三个组在这个维度的平均分都高于 8 分，即"单一结构水平"与"多维结构水平"之间的切分点，其中 G2E 的 M=13.33；G2C 的 M=9.82；G3C 的 M=12.73。但是，如果仔细观察一下各组平

均分与"多维结构水平"高、低段次切分点的相对位置，就会发现，G2E 和 G3C 的平均分都高于 12 分（该水平高、低段次切分点），处于"多维结构水平"的较高阶段，而 G2C 的平均分低于 12 分，处于"多维结构水平"的较低阶段，说明与 G2C 相比，G2E 和 G3C 能够利用更多的线索去构建生词的词义。

合理度维度的描述性统计数据显示，三个组的平均分都高于 8 分（G2E：M=13.22；G2C：M=9.50；G3C：M=12.77），处于合理度等级中"等级 1"的水平。这说明三组受试无论二语水平高低、无论是否接受 CLCC 教学干预，都能够构建目标词词义，而且所构建的词义能够至少满足合理度三个评估指标中的一个指标。然而，如果仔细看一下三个组平均分在"等级 1"中的位置，就会发现，G2E 和 G3C 的平均分处于次切分点（12 分）以上，属该级水平的较高段，而 G2C 则处于次切分点（12 分）以下，属该级水平的较低段。这说明，G2C 受试偶尔能够构建出可以满足一个合理度指标的目标词词义，而 G2E 和 G3C 则显然能够更加频繁地构建出可以满足一个合理度指标的目标词词义，也就是说与 G2C 相比，这两个组更具有能力构建出属于更高合理度等级（即等级 2）的目标词词义，所构建的词义更有可能满足两个合理度指标。

自信度维度的描述性统计数据显示，G2E 对构建的自信度明显高于两个控制组，G2E 的平均分（M=3.58）高于作为"自信/不自信"切分点的 3 分，说明总体而言对构建生词词义有信心；两个控制组中 G2C 的平均分（M=2.99）和 G3C 的平均分（M=2.45）都低于切分点 3 分，说明总体而言对构建生词词义没有信心。

总之，CLCC 四个维度的描述性统计数据显示，在自愿度、灵活度、合理度三个维度，G2E 的表现超过 G2C，而与 G3C 持平；在自信度这一维度，G2E 的表现超过 G2C 和 G3C。

9.1.3　CLCC 检测的构建性统计数据

我们用单因素多元方差分析（one-way MANOVA）检验实验组和两个控制组在 CLCC、IVA、RC、LA 方面的差别是否具有统计学意义。采用单因素多元方差分析的原因如下。

在本教学实验中，CLCC 教学干预是自变量，需要观察的因变量有七个，其中四个是观察 CLCC 水平变化的四个维度,包括生词辨识自愿度(简称自愿度)、线索运用灵活度(简称灵活度)、词义假设合理度(简称合理度)、词义构建自信度(简称自信度)。除单因素多元方差分析以外,另外一个可采用的统计方法是单因素方差分析,即针对每一个因变量,进行多次单因素方差分析。但是,CLCC 水平变化的四个维度(四个因变量)在概念上相互关联,如果针对每个维度进行单独、多次的单因素方差分析,就无法观察到课堂教学干预在 CLCC 四个维度的整体作用情况,以及各维度间相互作用的情况。放弃单因素多元方差分析这一选项之后,MANOVA 是唯一的选择,它可以避免单因素方差分析的缺陷。MANOVA 统计分析自动默许各个因变量之间在概念上的关联性,对多个因变量进行多层次综合分析,因此要比单独、多次的单因素方差分析具有更强大的分析能力。

用 MANOVA 分析数据时,一方面,需要不同因变量之间存在一定程度概念上的相互联系;另一方面,所观测到的相关性不能太高,否则就会有多重共线性(multicollinearity)的风险。检查构成 CLCC 水平的四个维度(四个因变量)是否存在多重共线性,第一步就是做一个斯皮尔曼等级相关系数(Spearman's rank correlation coefficient)分析,结果如表 9.6 所示。表中数据显示,以下维度之间存在高度相关:合理度与灵活度($r=0.94$,$p<0.01$)、自愿度与灵活度($r=0.79$,$p<0.01$)、合理度与自愿度($r=0.77$,$p<0.01$)。但是,在合理度与自信度($r=0.36$,$p<0.01$)以及灵活度与自信度($r=0.28$,$p<0.05$)之间存在中度相关。自信度与自愿度之间的相关性很低($r=0.12$),没有统计学意义。只要仔细观察一下以上各变量之间的相关系数,就会发现作为 CLCC 水平四个维度的四个因变量之间的相关性有一个非常明显的规律,即语言学变量之间的相关系数(灵活度、合理度、自愿度)远远高于(均超过 0.75)心理学变量(自信心)与各语言学变量之间的相关系数(均低于 0.42)。

表 9.6 CLCC 水平的四个维度的斯皮尔曼相关统计结果

CLCC 维度	合理度	灵活度	自信度
自愿度	0.77**	0.79**	0.12
合理度	—	0.94**	0.36**
灵活度	—	—	0.28*

注:**表示相关性统计学意义水平设定在 0.01(双尾);*表示相关性统计学意义水平设定在 0.05(双尾)。

检测因变量之间是否存在多重共线性的第二步就是检查组间方差分析（between group ANOVA）和参数估计（parameter estimate）的相关数据。Leech 等（2005：168）指出："如果两个或两个以上方差分析结果具有显著统计学意义，但是相应的变量在MANOVA中并没有太大的权重（查看 B core），就需要考虑可能是多重共线性所致。"表 9.7 和表 9.8 分别是 CLCC 四个维度的组间方差分析结果和参数估计结果。

表 9.7　CLCC 四个维度的组间方差分析结果

来源	因变量	F	Sig.	偏η^2
校正模型	自愿度	6.609	0.002	0.145
	合理度	4.385	0.016	0.101
	自信度	7.725	0.001	0.165
	灵活度	4.265	0.017	0.099

表 9.8　CLCC 四个维度的参数估计结果

因变量	参数	B	标准误	t	Sig.
自愿度	截距	5.154	0.310	16.632	0.000
	PI-1	−0.598	0.434	−1.378	0.172
	PI-2	−1.547	0.430	−3.594	0.001
	PI-3	0[a]	—	—	—
灵活度	截距	12.731	0.936	13.599	0.000
	PI-1	0.603	1.312	0.459	0.647
	PI-2	−2.909	1.300	−2.238	0.028
	PI-3	0[a]	—	—	—
合理度	截距	12.769	0.998	12.794	0.000
	PI-1	0.453	1.398	0.324	0.747
	PI-2	−3.269	1.386	−2.359	0.021
	PI-3	0[a]	—	—	—
自信度	截距	2.446	0.206	11.897	0.000
	PI-1	1.132	0.288	3.928	0.000
	PI-2	0.543	0.286	1.902	0.061
	PI-3	0[a]	—	—	—

注：①a 参数冗余，因此设置为零。②PI-1=G2E 与 G2C、G3C 之间的差别。③PI-2=G2C 与 G2E 和 G3C 之间的差别。

表 9.7 中的数据显示，所有的方差都有显著意义，但是表 9.8 中的 B 值显示所有相关变量都达到有显著统计学意义的水平，说明它们都有非常大的权重，因此可以认为分析结果不会受到多重共线性因素的影响。

我们通过球形协方差矩阵齐性检验（Box's test of equality of covariance matrice）和列文误差齐性检验（Levene's test of equality of error variances）进一步检查了 CLCC 相关变量的数据是否违反了 MANOVA 的假设。这两个检验的结果如表 9.9 和表 9.10 所示。

表 9.9　球形协方差矩阵齐性检验结果

项目	数值
Box's M	24.496
F	1.134
df_1	20
df_2	21 672.561
Sig.	0.305

表 9.10　列文误差齐性检验结果

因变量	F	df_1	df_2	Sig.
自愿度	0.315	2	78	0.730
合理度	0.747	2	78	0.477
自信度	0.027	2	78	0.973
灵活度	1.085	2	78	0.343

表 9.9 和表 9.10 显示所有的检测结果都没有达到显著性的水平，说明没有违反 MANOVA 的任何基本假设，因此，可以认为 MANOVA 分析结果是可靠、有效的。

表 9.11 所示的是组间多元检测（multivariate test）结果，这个检验旨在检测三组受试（一个实验组、两个控制组）是否存在四个因变量的线性组合差异。

在确定 MANOVA 的所有假设都得到满足之后，通过 Wilks' lambda 值，判断 MANOVA 检验结果的显著性最为恰当。从表 9.11 可以看出，Wilks' lambda 值达到了显著性水平[Wilks' lambda=0.649，$F(8, 150)=4.529$，$p<0.001$，偏 $\eta^2=0.195$]，说明课堂教学干预不仅使 CLCC 四个维度在线性组合上的差异具有统计学意义，而且使实验组和两个控制组之间也存在很大差异，效应值为 0.44，是偏 $\eta^2=0.195$ 的平方根。

表 9.11 CLCC 四个维度的组间多元检测结果

组间多元检测	统计量	F	假设自由度	误差自由度	Sig.	偏 η^2
Pillai's trace	0.379	4.449	8.000	152.000	0.000	0.190
Wilks' lambda	0.649	4.529	8.000	150.000	0.000	0.195
Hotelling's trace	0.498	4.607	8.000	148.000	0.000	0.199
Roy's largest root	0.386	7.325	4.000	76.000	0.000	0.278

从表 9.8 可以看出如何权重因变量以最大限度区分组别。注意在参数一列有三个虚拟变量（dummy variable），用来检测组间差异。第一个虚拟变量（即 PI-1）表示实验组（G2E）与两个控制组（G2C 和 G3C）之间的差异；第二个虚拟变量（即 PI-2）表示 G2C 与另外两个组之间的差异；第三个虚拟变量（即 PI-3）是重复信息，因此不加以考虑。B 列表示因变量对该虚拟变量的权重，可以看出"自信度"（1.132，p=0.000）对把 G2E 与两个控制组区分开来有显著的贡献；"自愿度"（-1.547，p=0.001）、"灵活度"（-2.909，p=0.028）、"合理度"（-3.269，p=0.021）对于把 G2C 区别于 G2E 和 G3C 有显著贡献。表 9.12 所示的是 CLCC 四个因变量平均分组间两两比较。

表 9.12 说明 G2E 在 CLCC 四个维度的表现都超过同一水平的 G2C，如"自愿度"（p=0.029）、"合理度"（p=0.008）、"灵活度"（p=0.008）、"自信度"（p=0.041）。同样值得注意的是，G2E 在 CLCC 三个维度的表现与更高水平的

表 9.12 CLCC 四个因变量平均分组间两两比较

因变量	受试组		平均差	Sig.
自愿度	G2E	G2C	0.948	0.029
	G2E	G3C	-0.598	0.172
	G2C	G3C	-1.547	0.001
合理度	G2E	G2C	3.722	0.008
	G2E	G3C	0.453	0.747
	G2C	G3C	-3.269	0.021
灵活度	G2E	G2C	3.512	0.008
	G2E	G3C	0.603	0.647
	G2C	G3C	-2.909	0.028
自信度	G2E	G2C	0.588	0.041
	G2E	G3C	1.132	0.000
	G2C	G3C	0.543	0.061

G3C 持平，如"自愿度"（p=0.172）、"合理度"（p=0.747）、"灵活度"（p=0.647），但是，在"自信度"这一维度，G2E 与 G3C 存在显著差异（p=0.000），G2E 对词义构建的自信度高于 G3C 对词义构建的自信度。

由此可以得出这样的结论：80 分钟的课堂教学干预没有显著提高受试的 CLCC，但是提高了受试对利用各种语境线索和相关知识构建、并构建目标生词词义的自信心。

9.2 教学干预对 IVA、RC、LA 的影响

梳理完 CLCC 四个维度的相关数据之后，我们来梳理 IVA、RC、LA 三个变量的相关数据。读者应该还记得，我们把 CLCC 定义为与 IVA、RC、LA 有着密切关系的一种能力，这就意味着，针对 CLCC 能力培养的教学不会对 IVA、RC、LA 这些变量直接产生影响，但可能会通过影响 CLCC 进而对其他三个变量产生影响。因此，在判断 CLCC 教学干预是否会影响 IVA、RC、LA 之前，首先需要考察 CLCC 与其他三个因变量之间的相关性。我们把由自愿度、灵活度、合理度和自信度等四个维度构成的 CLCC 视作一个因变量，因此，受试的 CLCC 水平就由在 CLCC 检测中完成四个相关任务的综合成绩来反映。

9.2.1 CLCC 相关数据整理过程

通过累加每位受试在 CLCC 四个维度上的得分，计算出他的 CLCC 总成绩。在上文我们已经描述过，CLCC 检测中自愿度、灵活度、合理度和自信度四个相关任务的最高得分依次为 8 分、32 分、32 分和 5 分，因此，CLCC 的最高分是 77 分。

通过累加每个任务指标的切分点分数，就可以确定 CLCC 水平等级的切分点和次切分点，如表 9.13 所示，由此形成 7 分、23 分、39 分、55 分 4 个切分点，可以依次把 CLCC 总成绩划分为四个等级，我们把这四个等级分别命名为"初级水平"、"中级水平"、"中高级水平"和"高级水平"。通过累加每个任务指标的次切分点分数，每个等级又依次由 15 分、31 分、47 分、63 分 4 个次切分点，进一步划分为两个阶段：较低阶段和较高阶段。最后，形成"初级较高/较低水平"、"中级较高/较低水平"、"中高级较高/较低水平"和"高级较高/较低

水平",四个等级,八个阶段,对受试 CLCC 总体水平进行评估。

表 9.13　CLCC 水平等级的切分点与次切分点　　　(单位:分)

项目	自愿度	灵活度	合理度	自信度	CLCC	等级
切分点	4	0（4）	0（4）	3	7（15）	初级
		8（12）	8（12）		23（31）	中级
		16（20）	16（20）		39（47）	中高级
		24（28）	24（28）		55（63）	高级

注:括号中的数字是次切分点。

在本书中,我们把 IVA 定义为:受试根据记忆对目标词词形的辨识能力。我们采用 Pulido（2004）的公式,以可/否正确辨识目标词词形为原则,评估受试对构建过词义的目标词形的记忆程度。在这个公式中,辨识命中率用 "d's score" 表示;受试的辨识命中率,即在 8 个目标非词中选择 Yes 的概率,用 "p hits（$x/8$）" 来表示;"命错率",即在 12 个干扰项中选择 Yes 的概率,用 "p false alarms（$x/12$）" 来表示。如果说的更加具体一点,"p hits（$x/8$）" 中 "x" 表示 "8 个目标生词中,有几个词被受试正确地选择了 Yes 选项,来加以辨识";"p false alarms（$x/12$）" 中 "x" 表示 "12 个干扰项中,有几个词被受试错误地选择了 Yes 选项,误将其辨识为目标词"。如果受试能够正确辨识所有 8 个目标非词,即 "x" 为 "8",p hits=8/8,同时,没有把任何一个非目标词错误地辨识为目标词,即 "x" 为 "0" 时,p false alarms=0/12,d's score（目标词辨识成绩）的最高分是 1 分。如果换算为百分制,d's score 得 1 分意味着目标词正确辨识率为 100%,0.5 分则意味着目标词正确辨识率为 50%。因此,如果 d's score 总成绩高于 0.5 分,意味着正确识别出超过一半的目标词;如果 d's score 总成绩低于 0.5 分,则意味着正确识别出的目标词不到一半。因此,把 0.5 用作评估目标词辨识变量的切分点。

在阅读理解测试中,受试被要求回答 10 道题,这 10 道题都与所规定阅读的文章有关。每答对 1 题得 1 分,满分是 10 分。如果得分高于 5 分,说明正确回答了 50%以上的问题,低于 5 分则说明不到 50%问题得到正确回答。因此,5 是判断受试阅读理解水平的切分点。

受试的 LA 评分办法与 CLCC 中自信度指标的评分办法一样。切分点是 3 分,表示"中立",即受试对自己的构建结果即非"自信"也非"不确定"。因此，如果高于 3 分说明学习者对自己所选定的答案是自信的（即"绝对自信"或"自信"），低于 3 分则说明受试对自己所选定的答案不确定（即"不确定"或"极其不确定"）。

9.2.2 CLCC 相关检测的描述性统计数据

表 9.14 所示的是三组受试的 CLCC、IVA、RC 与 LA 的描述性统计数据。

表 9.14 CLCC、IVA、RC 与 LA 的描述性统计数据

因变量	组别	M/分	标准偏差
CLCC	G2E	34.68	12.16
	G2C	25.92	12.20
	G3C	33.10	9.71
	总体平均分	31.23	11.36
IVA	G2E	0.56	0.22
	G2C	0.23	0.25
	G3C	0.45	0.19
	总体平均分	0.41	0.22
RC	G2E	5.85	1.38
	G2C	4.54	1.91
	G3C	5.04	1.59
	总体平均分	5.14	1.63
LA	G2E	3.39	1.06
	G2C	2.65	1.14
	G3C	2.78	0.76
	总体平均分	2.94	0.99

注：IVA=目标非词的记忆。

仔细观察表 9.14 就会发现，三组受试的 CLCC 都达到了"中级水平"，其中 G2E（CLCC=34.68）和 G3C（CLCC=33.10）在"中级水平"的后一阶段，而 G2C 在前一阶段（G2C=25.92）。

从表 9.14 还可以看出，G2E（M=0.56）的 IVA 平均分高于 0.5 分，说明 G2E 能够识别一半以上（>50%）的目标非词；然而，G3C（M=0.45）和 G2C（M=0.23）的 IVA 平均分低于 0.5 分，说明在 8 个目标非词中两个控制组平均识别出的目标非词不到 4 个，不到一半（<50%）。

就受试的 RC 成绩而言，G2E（$M=5.85$）和 G3C（$M=5.04$）的平均分都高于 5 分，说明 G2E 和 G3C 的受试能够正确回答一半以上的阅读理解试题（>50%）。然而，G2C（$M=4.54$）的平均分低于 5 分，说明在 10 道阅读理解题中，G2C 能够正确回答的问题不到一半（<50%）。

就受试的 LA 成绩而言，实验组对自己针对阅读理解题所选择的答案的自信度明显高于两个控制组，G2E 的平均分（$M=3.39$）高于切分点（3 分），而 G2C（$M=2.65$）和 G3C（$M=2.78$）则低于切分点。

总之，G2E 的 CLCC 总体水平高于 G2C，与 G3C 持平；G2E 辨识出的目标非词多于两个控制组。G2E 的 RC 水平超过 G2C，与 G3C 持平；但是在 LA 方面，G2E 超过 G2C 和 G3C。

9.2.3 CLCC、IVA、RC 与 LA 的数据分析

为了进一步核查实验组和两个控制组之间在 CLCC 四个指标上所观察到的差异是否具有统计学意义，我们进行单因素多元方差分析。选择采用单因素多元方差分析的原因如下。

因为四个因变量的概念相关（参见第 3 章中的 CLCC 概念模型），如果做四个单独的单因素方差分析，无法识别课堂教学干预对四个因变量的总体影响，也就是说，单因素多元方差分析要比四个单因素方差分析更强大，它可以把多个因变量一起进行分析。

为了检查不同因变量之间是否存在多重共线性，我们做了一个斯皮尔曼等级相关系数分析，结果如表 9.15 所示。

表 9.15 表明五组变量之间存在中度相关（moderate correlation）关系，这五组变量是：CLCC 与 RC（$r=0.29$，$p<0.01$）、CLCC 与 IVA（$r=0.54$，$p<0.01$）、RC 与 IVA（$r=0.36$，$p<0.01$）、RC 与 LA（$r=0.23$，$p<0.05$）、IVA 与 LA（$r=0.29$，$p<0.01$）。然而，CLCC 与 LA 之间的相关没有达到具有统计学意义的程度（$r=0.04$，$p>0.05$）。因为各个变量之间的相关性不是很高，所以没有多重共线性的风险。不仅如此，CLCC 与 RC 之间的相关性具有统计学意义证实了我们之前关于这三个变量之间的密切关系。然而 CLCC 与 LA 之间没有统计学意义上的相关性说明，这两个概念之间没有关系。因此，课堂教学干预对 IVA、RC 和 LA 的影响可以图示为：教学干预→CLCC→ IVA 与 RC→LA。

表 9.15 CLCC、IVA、RC 和 LA 四个因变量之间斯皮尔曼等级相关系数

变量	RC	IVA	LA
CLCC	0.29**	0.54**	0.04
RC	—	0.36**	0.23*
IVA	—	—	0.29**

注：**$p<0.01$，*$p<0.05$。

为了进一步查看是否违背了 MANOVA 的基本条件，我们进行了球形协方差矩阵齐性检验和列文误差齐性检验。检验结果如表 9.16 和表 9.17 所示。

表 9.16 球形协方差矩阵齐性检验结果

项目	数值
Box's M	26.906
F	1.245
df_1	20
df_2	21 672.561
Sig.	0.205

表 9.17 列文误差齐性检验结果

因变量	F	df_1	df_2	Sig.
CLCC	1.121	2	78	0.331
LA	1.310	2	78	0.276
RC	1.584	2	78	0.212
IVA	2.059	2	78	0.134

表 9.16 和表 9.17 表明，所有检测结果都没有达到显著水平，说明没有违反 MANOVA 的任何要求，因此可以认为分析结果是可靠、有效的。

表 9.18 所示的是多元检测的结果。多元检测包括三个受试组是否在四个因变量上存在组间差异。

表 9.18 三个受试组在四个因变量上存在的组间差异

组间多元检测	统计量	F	假设自由度	误差自由度	Sig.	偏 η^2
Pillai's trace	0.352	4.063	8.000	152.000	0.000	0.176
Wilks' lambda	0.659	4.347	8.000	150.000	0.000	0.188
Hotelling's trace	0.500	4.628	8.000	148.000	0.000	0.200
Roy's largest root	0.463	8.802	4.000	76.000	0.000	0.317

因为 MANOVA 的所有要求都得到了满足，最为恰当的检测就是 Wilks' lambda。从表 9.18 可以看出，结果都达到了显著水平[Wilks' lambda=0.659，$F(8, 150)$=4.347，$p<0.001$，偏 η^2=0.188]。这说明教学干预的效果不仅在四个因变量的线性组合方面具有统计学意义，而且实验组和两个控制组之间的差异非常大，效应值为 0.43，是偏 η^2=0.188 的平方根。

表 9.19 所示的是四个变量的 ANOVA 组间效应检测结果。可以看出所有的差异都是显著的（CLCC：p=0.013；IVA：p=0.000；RC：p=0.015；LA：p=0.02），说明三个组在四个变量的任何一个变量中的表现都存在显著差异。

表 9.19 CLCC、IVA、RC、LA 的 ANOVA 组间效应检测结果

来源	因变量	F	Sig.	偏 η^2
校正模型	CLCC	4.592	0.013	0.105
	IVA	15.449	0.000	0.284
	RC	4.461	0.015	0.103
	LA	4.126	0.020	0.096

表 9.20 所示的是关于各个因变量如何被加权，以最大限度地对受试组进行区分。在表 9.20 中，参数列有三个虚拟变量用来显示组间的差异。第一个虚拟变量（PI-1）表明 G2E 与两个控制组之间的差异；第二个虚拟变量（PI-2）表明 G2C 与其他两个组之间的差异；第三个虚拟变量（PI-3）只提供重复信息，因此不予考虑。表 9.20 中的 B 列说明因变量对某一虚拟变量的权重情况。可以看出，LA（B=0.604，p=0.031）对于 G2E 区分于两个控制组有显著贡献，CLCC（B=-7.182，p=0.024）和 IVA（B=-0.220，p=0.001）对于把 G2C 区分于实验组和 G3C 有显著贡献，RC 对于区分组别没有任何贡献。三个组在四个因变量的平均成绩的两两比较如表 9.21 所示。

表 9.20 CLCC、IVA、RC、LA 的参数估计结果

因变量	参数	B	标准误差	t	Sig.
CLCC	截距	33.100	2.245	14.744	0.000
	PI-1	1.589	3.145	0.505	0.615
	PI-2	-7.182	3.118	-2.304	0.024
	PI-3	0[a]	—	—	—

续表

因变量	参数	B	标准误差	t	Sig.
IVA	截距	0.448	0.044	10.254	0.000
	PI-1	0.108	0.061	1.762	0.082
	PI-2	−0.220	0.061	−3.617	0.001
	PI-3	0^a	—	—	—
RC	截距	5.038	0.323	15.608	0.000
	PI-1	0.813	0.452	1.798	0.076
	PI-2	−0.503	0.448	−1.121	0.266
	PI-3	0^a	—	—	—
LA	截距	2.781	0.197	14.132	0.000
	PI-1	0.604	0.276	2.192	0.031
	PI-2	−0.127	0.273	−0.465	0.643
	PI-3	0^a	—	—	—

注：①a 参数冗余，因此设置为零。②PI-1=实验组和其他两个控制组之间的差异。③PI-2=G2C 和 G2E、G3C 之间的差异。

表 9.21　各组的四个因变量平均成绩的两两比较

因变量	组别		均差	Sig.
CLCC	G2E	G2C	8.77*	0.006
		G3C	1.59	0.615
	G2C	G3C	−7.18*	0.024
IVA	G2E	G2C	0.33*	0.000
		G3C	0.11	0.218
	G2C	G3C	−0.22*	0.002
RC	G2E	G2C	1.32*	0.016
		G3C	0.81	0.205
	G2C	G3C	−0.50	0.266
LA	G2E	G2C	0.73*	0.030
		G3C	0.60	0.097
	G2C	G3C	−0.13	0.897

注：*表示存在统计学意义上的差异。

表 9.21 表明，G2E 在 CLCC（均差=8.77，p=0.006）、IVA（均差=0.33，

$p=0.000$）、RC（均差=1.32，$p=0.015$）和 LA（均差=0.73，$p=0.030$）方面的表现均超过同一水平的 G2C。同样值得注意的是，G2E 在四个自变量上的表现都达到更高水平的 G3C 的水平，CLCC（均差=1.59，$p=0.615$）、IVA（均差=0.11，$p=0.218$）、RC（均差=0.81，$p=0.205$）和 LA（均差=0.60，$p=0.097$）。

通过以上数据，可以得出这样一个结论：以培养 CLCC 为目的的课堂教学能够显著提高学习者在二语阅读过程中的词汇习得能力、阅读理解能力和自主学习能力。

9.3 统计结果总结

教学干预对提高 CLCC、IVA、RC 和 LA 所起的作用可以通过表 9.22 一并进行展示。

表 9.22 CLCC 教学实验结果总结

实验组	控制组	前测	CLCC 检测				延测		
			自愿度	灵活度	合理度	自信度	IVA	RC	LA
G2E	G2C	=	>	>	>	>	>	>	>
	G3C	<	=	=	=	>	=	=	=

注：符号"="表示是"相同"，符号"<"表示"低于"，符号">"表示"超过"或"高于"。

表 9.22 表明，课堂教学对 CLCC 发展的作用主要表现在以下两个方面。

（1）G2E 在 CLCC 的所有四个维度，即自愿度、灵活度、合理度和自信度，都显著超过同一水平的控制组。

（2）G2E 在 CLCC 的三个语言有关的维度，即自愿度、灵活度和合理度达到，但没有显著超过更高水平的控制组，但是在自信度上显著超过了更高水平的控制组。

需要指出的是，教学干预对 CLCC 的作用可以观察得到，但是对 IVA、RC 和 LA 的作用则只能通过它们与 CLCC 的相关性得到观察。表 9.23 是 CLCC 与 IVA、RC 和 LA 相关性情况一览表。

表 9.23　CLCC 与 IVA、RC、LA 的相关性一览表

变量	IVA	LA	CLCC
RC	+	+	+
IVA		+	+
LA			

注：符号"+"表示"显著相关"，符号"–"表示"不存在显著相关"。

表 9.23 表明，一方面，CLCC 与 RC 存在显著相关，但是与 LA 不存在显著相关；另一方面，IVA、RC 和 LA 彼此之间存在显著相关。这说明，CLCC 教学干预有助于学习者词汇习得能力和阅读理解能力的提高（尽管是间接起作用的），但是对于提高学习者阅读理解自信心（即阅读中 LA）效果并不显著。因此，CLCC 教学实验对 IVA、RC 和 LA 发挥作用的情况可总结如下。

（1）G2E 在 IVA、RC 和 LA 三个变量上超过同一水平的控制组，达到更高水平控制组的水平，如表 9.22 所示。

（2）CLCC 和 RC 存在显著相关，但是与 LA 不存在显著相关，因此可以认为随着 CLCC 的提高，学习者二语词汇习得能力和阅读理解能力也会随之提高，但是学习者 CLCC 的提高无助于他的阅读理解自信心（即阅读中 LA）的提高。

第四部分
CLCC研究的前景展望

第 10 章 实 验 结 果

本章是最后一章,主要任务是在 CLCC 相关概念模型(见第 3 章)框架下对 CLCC 教学实验的结果进行分析、评述,进一步明确前三个研究问题的答案,并通过综合前三个研究问题的答案,对第四个研究问题加以回答。第四个研究问题是:教学干预对 CLCC、IVA、RC 和 LA 的影响,在多大程度上与 CLCC 相关概念模型的预测一致。这个问题是本项 CLCC 教学研究的总结。最后,探析本项研究对我国英语专业教学的启示、本项研究存在的不足之处、后续研究需要注意的事项等。

10.1 实验结果总览

从表 9.22 中可以看出,以提高受试 CLCC 为目的的课堂教学效果主要表现在以下两个方面:第一,实验组在 CLCC 的四个维度的表现都显著超过同一水平的控制组,四个维度是自愿度、灵活度、合理度,以及自信度。第二,实验组在三个语言有关的维度上与更高水平的控制组没有显著差异。三个语言有关的维度是:自愿度、灵活度和合理度。但是,实验组在构建自信度维度上显著超过更高水平的控制组。

值得注意的是,尽管教学干预对 CLCC 的效果可以通过 MONOVA 统计数据直接观察得到,对 IVA、RC 和 LA 的效果则只能通过这些因变量与 CLCC 的相关性统计数据得到观察。表 9.23 表明 CLCC 与 IVA、RC 和 LA 之间是否存在显著相关。

CLCC 分别与 IVA 和 RC 之间存在显著相关,但是与 LA 之间不存在显著的相关性。另一方面,IVA、RC 和 LA 彼此之间存在显著相关性。说明 CLCC 教学培养有助于学习者词汇习得能力和阅读理解能力的提高,这些能力的提高是通过 CLCC 能力的提高实现的,但是,CLCC 教学培养对于提高学习者的学习自信心并没有显著影响。CLCC 教学干预针对 IVA、RC 和 LA 的影响可总结如下。

（1）如表 9.22 所示，实验组的 IVA、RC 和 LA 都超过同一水平的控制组，与更高水平的控制组持平。

（2）因为 CLCC 与 IVA 和 RC 之间存在显著相关，但是 CLCC 与 LA 之间不存在显著相关（如表 9.23 所示），可以认为随着二语学习者 CLCC 的提高，他的二语词汇学习能力和阅读理解能力也会随之提高；但是不会由于 CLCC 的提高，他的 LA 就会随之提高。

10.2 实验结果评述

这一部分主要考察教学实验结果是否可以验证 CLCC 概念模型（详见第 5 章），两者在多大程度上一致，在哪些方面一致，即依据 CLCC 概念模型所做的哪些预测得到实验结果的证实，原因是什么？在哪些方面不一致，即依据 CLCC 概念模型所做的哪些预测没能得到实验结果的证实，原因是什么？同时，还将考察、探析哪些实验结果超出 CLCC 概念模型的预测范围，是依据 CLCC 概念模型所无法预测到的，原因是什么？实验结果与 CLCC 概念模型的一致性考察结果，有三种可能：现有的 CLCC 概念模型是合理的，可以完全接受，无须修改；现有的 CLCC 概念模型基本合理，但需要根据实验结果加以修正，才可以接受；现有的 CLCC 概念模型完全不合理，需要推翻重新构建。

10.2.1 实验结果与研究假设的一致性

CLCC 教学实验所要验证的研究假设是依据 CLCC 概念模型提出的，因此在考察实验结果与基于概念模型所形成的研究假设的一致性之前，有必要简要回顾一下我们在第 3 章所建立的 CLCC 概念模型，这个模型旨在解析 CLCC 与 IVA、RC 和 LA 之间的相互关系。

CLCC 概念模型是我们在深入解析词义的本质、回答了"什么是词义"这个问题后建立的。根据这个模型，要提高二语学习者的 CLCC，有必要通过课堂教学培养学习者的语用意识，使他们认识到语境在构建一个词的语用词义中所起的作用。在文本语境中，CLCC 是多种能力的核心因素，例如：①对文本的理解能力，也就是语篇层面的语义构建能力；②阅读中附带习得词汇的能力，也就是词汇层面的语义构建能力；③LA。由此推断，CLCC 的培养与提高是 IVA、RC 和 LA 的培养与提高的关键，CLCC、IVA、RC 和 LA 呈正相关，如果 IVA、RC 和 LA 中有任何一种能力随着 CLCC 的提高而提高，都会使得其他两种变量有所提高。

我们通过一项教学实验对以上 CLCC 概念模型进行验证。通过考察作为自变量的 CLCC 教学能否改变 CLCC、IVA、RC 和 LA 等四个因变量，我们发现，只有 LA 这一因变量与 CLCC 概念模型的预测不一致，除此之外，其余几个因变量之间的关系都得到了验证。另外，这项实验还有两个超出 CLCC 概念模型预测范围的意外发现：第一，在语言有关的变量（或维度）中，实验组的表现达到更高水平控制组的水平；第二，实验组的构建自信心，不仅超过同一水平控制组，而且超过更高水平的控制组。

图 10.1 所示的是 CLCC 教学实验结果与 CLCC 概念模型的一致性对比。图 10.1 表明，实验证明 CLCC 的提高会有助于 IVA 和 RC 的提高，IVA、RC 和 LA 相互之间也呈正相关，说明基于 CLCC 概念模型，对 CLCC 与 IVA 和 RC 之间的相互关系，以及对 IVA、RC、LA 三者之间的相互关系，所形成的假设得到验证。但是，基于 CLCC 概念模型的 CLCC 与 LA 之间的正相关关系假设没有得到验证，本项实验的结果表明，CLCC 的提高对 LA 的提高没有显著作用。

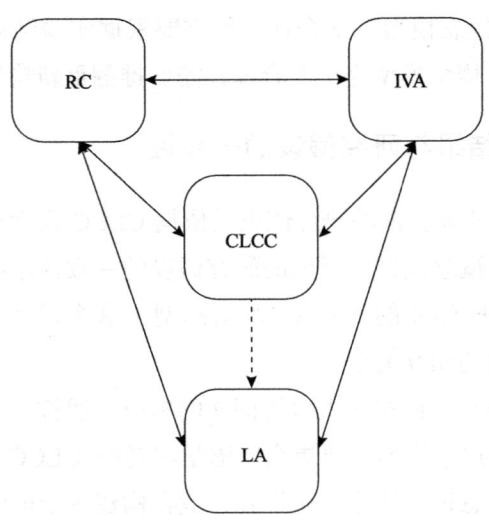

图 10.1　CLCC 教学实验结果与 CLCC 概念模型的一致性对比
注：虚线箭头表示教学没有显著效果；实线的箭头表示教学干预有显著效果

10.2.2　CLCC 培养目标与学习者自信心和词义构建能力的关系

以上分析说明，根据 CLCC 概念模型对 CLCC、IVA、RC、LA 之间的相互关系所能进行的预测，基本都得到实验结果的验证，其中一个最为重要的预测是：教学干预能够显著提高二语学习者的 CLCC。如果我们对 CLCC 教学实验过程进行反思、梳理，寻找其中有可能对受试的在线（online）词义构建行为产生积极影响的有关情节，就会发现，受试 CLCC 的提高应该归功于三个相互作用的因素：①更为现实的目标词义；②增强构建词义的自信心；③更加灵活的线索运用能力。

下面，我们将对这些因素以及它们之间的相互作用进行深入剖析。

1. 更为现实的目标词义

读者们应该还记得，在我们所进行的 CLCC 教学实验中，课堂教学持续了 80 分钟，教学活动的目的是使学生认识到阅读语境中词义的本质。换句话说，为了培养学生的 CLCC，80 分钟的课堂教学不仅仅是帮助学生掌握某一词义构建策略，更为重要的是让他们明白运用任何构建策略所要达到的词义目标，并且让他们相信他们有能力构建这样的目标词义。

为此，在课堂教学中，教师首先以具体目标生词为例，说明目标生词所处的语境与词义的关系，使学生明白抽象的语言学词义和具体的语用学词义之间的区别与联系，使他们理解，把语言学词义作为具体语境中词义构建的目标是不现实的，以及把语用学词义作为构建目标的合理性。其次，对语境词义的基本特征进行具体介绍，以加深学生的理解和记忆。再次，教师以具体目标生词为例，引导学生运用某一构建策略去构建其在特定文本语境中的词义，并细致地解释说明如何使用这些策略、使用这些策略的原因等。最后，给他们展示运用这一策略构建词义的流程图，并且让他们参考该流程图，选定自己的目标生词进行词义构建练习。

总之，在 80 分钟的课堂教学中，教师运用各种方法让学生认识到作为构建目标的语境词义，以及在特定语境中构建目标生词词义所用的策略的合理性。显然，CLCC 教学不同于传统词义构建教学的地方就在于，CLCC 教学不仅给学生确立了一个明确的词汇学习目标，更为重要的是给学生充分解释通过 CLCC 培养实现这一目标的必要性、合理性和可能性。在传统词义构建教学中，教师只是告诉,或鼓励学生努力学习在阅读中构建生词的词义,但不会给他们解释构建出的应该是个什么样的词义,学生则理所当然地以语言学词义作为目标生词的构建目标。CLCC 教学的一个重要任务就是,解释说明作为构建目标的词义在特定语境中的本质及具体特征,使教学内容具有 Byrnes(2006)所提出的有理据(accountable)、可解释(explainable)、能理解(understandable)的特征,也就是说,当学生充分了解所应构建的目标词义之后,就会觉得教师所给予的构建任务和相关要求都可以接受。其中,有理据应是中高水平阶段的二语教学法所应该具备的主要特征。以中高水平学习者为对象的二语/外语教学,不能仅仅告诉学习者 how(即如何运用某种学习方法或策略,以及如何对其学习行为进行评估)和 when(即什么时候对某种学习方法或策略加以运用,如应该在学习的初级阶段还是在更高级阶段加以运用),更应该重视给他们解释 why(即为什么要在学习的某一阶段采用某种学习方法或策略,以及为什么要采用某种评估体系)。to know when/how/why learn(认知层面弄懂)应先于 to learn(学习行为)。看似相似的学习行为,由于认知神经机制不同,学习行为的结果就会不同(Bransford et al. 2005)。

教育心理学的以上研究发现在高级外语能力教学培养中得到支持。Byrnes(2006)最早提出大学外语教育的目标应该是培养高级外语能力,高级外语能力培养已经发展成为二语习得研究领域的一个快速发展的新的分支领域。高级外语能力被定义为高度灵活、高度自主的外语学习能力。具备高级语言能力的学习者主要指在校的大学生(Byrnes 2006)。Norris(2007)强调以高级能力学习者为对象的二语教学法的基本要求是:学生能理解并接受。他指出以高级能力学习者为对象的教学,关键不是如何教他们如何去学(how),而是让学生明白为什么要这样或那样去学(why)。学生能够理解,即能够让学生对某一教学法的目标、方法、步骤有充分了解,并且在充分了解的基础上自觉、自愿地接受和执行,是培养高级外语能力的关键。

CLCC 教学实验证明"学生能够理解并接受"的教学法的有效性。具体而言,实验组的表现之所以更好,是因为 CLCC 教学环节帮助他们不仅充分了解"如何构建一个目标生词的词义"(how),如何运用 CVA 策略进行词义构建,更重要的是帮助他们了解了"为何这样去构建一个目标生词的词义"(why),为什么要运用这样的策略去构建词义。其结果是,三组受试表面上看似相似的词义构建行为实则认知机制不同,如实验组的词义构建行为是在对语境词义有充分认识的基础上进行的,而两个控制组的词义构建行为则是基于潜移默化、合理性未经考证的语言学词义观。在两种不同词义观的驱动下,词义构建活动的结果就会不同,如实验的后测数据表明三个组在 CLCC 的各个维度都存在本质差异。

Byrnes(2006:13)认为以培养高级读写能力为目标的语言教学应该面向真实世界中的语言运用,努力摆脱"脱离现实的""莫名其妙的""漏洞百出的""学生不满的""空洞无味的""追求统一的"教材和教法。CLCC 教学体系符合这一高级语言培养理念的基本要求。可以根据词义推测能力的高低判断学生的二语水平。

从以上讨论可以看出,在本书的 CLCC 教学实验中,CLCC 教学的可解释性有助于受试在真实阅读语境中词义构建能力的提高,因为通过课堂教学,受试对语境词义的本质有了充分的认识,这种认识有助于他们摆脱"不真实的""令人头痛的"的语言学词义的束缚,增强他们构建词义的自信心,使得他们能够在脱离教师帮助的情况下,自觉地在文本阅读过程中丰富词汇知识。

2. 增强构建词义的自信心

图 10.1 表明,教学干预最为显著的作用是增强了受试对运用语境线索构建目标生词词义的自信心。显然,构建自信心的增强是促使 CLCC 在生词辨识自愿度、线索运用灵活度、词义假设合理度等三个语言学维度得以提高的心理动因。

有学者指出(Holec 1981;Little 1991),学习者对教学法及学习任务可以理解、可以解释、知其然也知其所以然,是增强他们学习自信心的根本条件。自信的学习者对学习过程有深入了解,对学习持积极的态度,能够对自己的学习行为进行反思,能够积极、自觉地对自己的学习进行自我管理。在本实验中,为了保证 CLCC 教学的可解释性,通过精心安排的课堂活动帮助受试对语境词义有充分的认识,从思想上接受语用学词义,摆脱以语言学词义作为构建目标的旧理念,从而消除他们畏惧构建的心理障碍。

除了"学生能够理解并接受"这个原因之外,CLCC 教学中另外一个有助于增强学习者词义构建自信心的一个因素是开放、灵活的评估方法。与僵化的、非对即错式封闭的传统评估方法相比,CLCC 教学评估的方法更加客观、合理,因此能够切实提高受试词义构建的积极性和自信心。

在教育教学中,评测方法和手段的重要性毋庸置疑。Byrnes(2006)认为在以中高水平学习者为对象的二语教学中,评测起着决定性的作用,因为教师会以评测为目的进行教,学生会以评测为目的进行学,如果评测方法恰当,能够有力地推动高级学习能力的发展;如果评测方法不恰当,则会对高级阶段的学习造成负面影响,甚至使其脱离正常发展的轨道(Byrnes 2006)。

Norris(2007)同样质疑语言教学领域传统的、以非对即错为标准的评测理念的合理性,因为这种评测理念等于把语言教育视作一个人为规定的、脱离现实的、只使发生在课堂环境的事情。Norris(2007)认为,在我们当前所处的这个一切(事情和行为)都需要得到解释的年代,值得特别关注的不仅仅是如何评测的问题(how),还需要关注评测什么(what)和为什么评测的问题(why)。在本书的 CLCC 教学实验中,这一原则得到严格的遵守,在教学干预中教师特别强调阅读语境中任何为构建目标生词词义所做的努力,无论大小,都是值得肯定的,都是有益学习的;构建任务完成之后,对受试在词义构建过程中的具体表现,将会依据他们所识别的线索数量与类型等加以评估,目的是使他们明白所要考核的是他们为构建所做的努力,而不仅仅是构建结果。CLCC 评测的目的是消除受试在长期的静态语义观指导下的二语教学过程中头脑中所形成的、已经根深蒂固的构建观和评测观,即摆脱旧的、传统的非对即错的构建理念和评测标准,培养他们用乐观的心态去对待自己为构建某一目标生词词义所做的任何努力,促使他们更加积极地开动脑筋寻找一切可以利用的线索,去构建目标生词词义。

实验证明,教师在教学中为了减轻或消除旧的、僵化的评估方法给学生造成的心理负担而做的努力,是值得的,产生了有益的效果。这一点从实验组的表现可以得到证实。接受了教学干预的实验组对词义构建的自信度不仅超过同一水平的控制组,而且超过更高水平的控制组。这一结果也说明,学习者对语境词义构建的自信心不一定会随着二语水平的提高而提高。在实验中,这一论断得到构建自信心和二语水平之间的相关性分析数据的证实(r=0.14,p=0.213)(见表 9.5)。我们在分析三组受试阅读语境中词义构建的自信心与二语水平之间的相关性时,有另外一个有趣的发现:在 CLCC 检测中,实验组的构建自信心最强,但是构建自信心最弱的不是同一水平的控制组,而是更高水平的控制组(G2C:M=2.99;G3C:M=2.45;G2E:M=3.58)(见表 9.5),三组受试的自信心水平呈现出一个大写"U"的形状,低水平控制组在"U"形的左侧,高水平控制组在"U"形的下端,实验组在"U"形的右侧。

我们认为这个"U"形很可能就是语境词义构建自信心提高和发展所遵循的一条基本路径。具体地说,这条轨迹说明,学习者语境词义构建的自信心不是随着二语水平的提高而提高，而也许会随着二语水平的提高而降低，很可能是由于高水平学习阶段阅读文本的难度会更大，所遇到的生词更多，在语言学词义观的影响下，所经历的构建失败更加频繁。然而，在接受 CLCC 课堂教学之后，对语境词义有了充分的了解，并且接受了构建策略训练，学习者语境词义构建的自信心就会有大幅度的提高，构建自信心的提高会引发 CLCC，使其他相关指标得以提高等一系列积极的连锁效果。图 10.2 所示的是语境词义构建自信心的提高发展途径。

图 10.2　语境词义构建自信心的提高发展途径

时至今日，在二语词汇习得研究领域，很少有人专门调查研究学习者自信心对词义构建是否有影响，有何影响，如何影响等问题，尽管如此，有研究发现，词义构建自信心的缺失，是学习者在文本阅读过程中忽略生词，放弃构建的主要原因之一。

Fraser（1999）、Paribakht 和 Wesche（1997）等人研究发现二语学习者会把阅读中所遇到的许多生词忽略掉，不做任何努力去构建其词义。一些纵向研究（longitudinal study）的结果表明，二语学习者会试图构建阅读中 60%注意到的生词。Paribakht 和 Wesche（1997）研究发现，二语学习者在阅读短文时会忽略多达 50%的生词。对于这种现象，学者提出了许多不同的解释，其中包括文本中可以找到的线索不足以对目标生词词义进行准确的猜测（Dubin & Olshtain 1993；Li 1988；Mondria & Wit-de Boer 1991），然而，Paribakht 和 Wesche（2006）指出，缺乏词义构建自信心是主要原因。

本书的 CLCC 教学实验表明，二语学习者缺乏词义构建自信心的情况，可以通过课堂教学帮助他们了解语境词义的语用本质得到纠正。CLCC 教学结果证明，词义构建自信心的增强，是促使实验组更加积极地辨识生词，更为灵活合理地运用语境线索的心理因素或动力。

3. 更加灵活的线索运用能力

本书在前边已经说明，在 CLCC 教学实验中，一方面，受试对教师所教的构建方法可以理解、可以解释；另一方面，评测受试词义构建学习活动的方法更为现实，这两方面的因素增强了受试的词义构建自信心。自信心这一心理因素不仅是二语学习者积极辨识生词的动力，也是他们想尽一切办法、努力利用语境线索构建目标生词合理词义的驱动力。如果我们仔细观察实验组的受试构建目标生词词义时所采用的构建策略，就会发现，实验组的受试的词义构建能力之所以比其他两个组更好，一个直接原因是，实验组的受试能够更为积极地判断并选择，哪些线索会有助于为目标生词构建一个在特定语境中最为合理的词义。

在有关二语学习者词义构建的研究中，学者们主要通过识别、考察二语学习者所用的知识类型，了解他们的词义构建认知机制（de Bot et al. 1997; Paribakht & Wesche 1999），但是"在构建时，读者原有的知识与文本线索如何相互作用，如何反映其大脑词库中词汇知识的本质及储存状态"（Paribakht & Wesche 2006: 119）等关键问题基本没有得到解答。

受试在 CLCC 检测中的表现使我们得以深入了解学习者的词义观在词义构建过程中如何决定语境线索和世界知识相互作用的方式（Paribakht & Wesche 2006）。在此需要指出的是，在 CLCC 检测试题中，设计了一项任务，要求受试识别并整理构建时运用不同语境线索的顺序，Paribakht 和 Wesche（2006）在其研究中也设计了同样的任务，目的是揭示词义构建的认知机制。但是，我们仔细观察受试这项任务的完成情况后发现，他们并没有遵循任何特定的语境线索运用顺序，相反，他们会把更多的注意力放在某个关键线索上，识别关键线索通常意味着对其他相关线索的识别。我们以目标非词 crairs 为例对此加以说明。构建这个目标非词的词义，取决于识别和利用 while 结构这一关键线索。连词 while 引导的是语义照句的主从句结构，如果能够识别出这个句子结构意味着能够识别 while 所连接的两个句子中出语义相反的表达并建立相应的语义关系，如前句中的 crairs 与后句中的 figures in the public eye 语义相反。但是，目标生词的词义不同，则识别用于构建其词义的关键线索的难度不同。为了揭示关键线索识别难度水平的实质，我们首先用 Qian（2005）的"词义构建知识分类框架"对构建不同目标词词义的关键线索进行分类，然后用彼格斯和科利斯（2010）设计的 SOLO 分类框架对构建每个目标非词的关键线索加以分析考察。结果显示，学习者识别用于构建不同词性目标词的关键线索的认知复杂度（或者认知难度）的等级不同。表 10.1 所示的是构建不同词性目标词词义的关键线索分类与认知等级。

表 10.1 表明，用于识别形容词和副词词义构建的关键线索的认知机制远比用于识别名词和动词词义构建的关键线索的认知机制复杂。这是因为识别构建形容词和副词词义的关键线索意味着能够对相关信息进行综合分析，这一关键线索就是相关信息的综合分析、抽象概括（例如参考目标词周围几个句子、甚至是整篇文章所表达的主要内容），需要更多的知识类型（参见表 10.1 第三列），需要梳理不同的知识类型之间的复杂关系（参见表 10.1 最后一列）；识别构建名词、动词词义的关键线索则只需要能够识别出某一具体的语言表达（例如由连词 while 引导的从句表明其中包含目标名词 crairs 的反义词），需要较少的知识类型以及不同知识类型之间较为简单的关联。也就是说，识别构建一个名词或动词词性的目标生词词义的关键线索在很大程度上取决于学习者的语言学知识，而识别构建一个形容词或副词词性的目标生词词义的关键线索则取决于学习者寻找线索并在语言学知识和各种不同类型知识的基础上对线索加以综合分析的努力程度。

表 10.1　构建不同词性目标词词义的关键线索分类与认知等级

词性	目标词	关键线索	Qian（2005）的分类	SOLO
N	crairs	While we crairs..., figures in the public eye...	1B，3C	关联结构
N	wowths	...dressed wowths from Madonna to Kate Middleton...	1B，3C	关联结构
V	zoved	By our count, she's worn the dress seven times, since she zoved it on Jan. 21, 2009...	1B，3C	关联结构
V	churfed	Zoved it on Jan. 21, 2009... On Wednesday, she churged it again.	1C，3D（zoved 与 churfed 为同义词）	关联结构
Adj	jaive	文章大意：Michelle Obama is known for recycling her favorite outfits, and this is one item she goes back to again and again, i.e., a bold wisteria print dress by designer Tracy Feith.	1C，2A 或 2B	抽象扩展
Adj	choun-free		1C，2A 或 2B	抽象扩展
Adv	stunchly		1C，2A 或 2B	抽象扩展
Adv	grienly		1C，2A 或 2B	抽象扩展

注：Qian（2005）的分类见表 8.1。

通过比较实验组的任务完成情况与两个控制组的任务完成情况，我们可以清楚地看到辨识关键线索对词义构建成功的重要性。特别是，实验组之所以在 CLCC 测试中灵活性指标取得更好的成绩，主要是因为这个组的受试能够更加有效地识别关键线索，特别是能够有效识别形容词词性和副词词性目标词的关键线索，他们更强的构建自信心很可能是他们积极寻找线索、分析线索，因而能更加有效识别关键线索的驱动力。但是，两个控制组则更容易僵硬地用词典释义理解线索词词义，词典释义束缚了他们对线索词的应用。例如，在构建目标词 crair 时，他们会把它定义为"购买"（shopping），显然由于受上下文中 shop 一词词典释义的误导。另外一个例子是目标词 choun-free，由于受 free 一词的常用词义的影响，一些受试把 choun-free 定义为"免费"（free of charge），完全没有考虑包含该目标词的句子中的其他词所共同构建的语义框架。表 10.2 所示的是三组受试辨识的关键线索的数量和百分比。

表 10.2　三组受试辨识的关键线索的数量和百分比

组别	N		V		Adj		Adv	
	crairs	wowths	zoved	churfed	jaive	choun-free	stunchly	grienly
G2E（27）	6 22%	4 15%	6 22%	16 59%	6 22%	4 15%	4 15%	6 22%
G2C（28）	2 7%	1 3%	1 3%	10 36%	3 11%	0 0%	2 7%	5 18%
G3C（26）	8 31%	3 12%	4 15%	19 73%	0 0%	0 0%	1 4%	3 12%

注：①括号中的数字指该组受试人数，单位为：名。②阿拉伯数字表示该组正确识别出的关键线索数量，单位为：个。③百分数表示该组整体正确识别关键线索的百分比。

表 10.2 表明：①实验组所正确识别的构建所有 8 个目标非词词义的关键线索都多于同一二语水平的控制组；②尽管更高水平的控制组在构建一个名词词性目标词（如 crairs）和一个动词词性目标词（如 churfed）时，正确识别的关键线索的比率要高于实验组，该控制组在形容词和副词关键线索的识别中的表现都没有实验组好，尤其是在构建形容词词性目标词中，该控制组没能找到构建所有形容词词性目标词的关键线索。

事实上，人们早就认识到目标词的词性会影响词义构建的难度。例如，Nation（2001）研究发现，构建名词和动词的词义要比构建形容词和副词容易，而最难构建的是副词的词义，但是他没有解释原因。本书的研究结果表明，构建一个词词义的难度水平取决于三个因素的作用，这三个因素是：①在识别关键线索时所考虑到的语境线索的范围；②词义构建过程中所用知识类型；③相关知识类型之间的关系。除了这三个因素之外，目标词的词性和所处具体语境也会影响词义构建的难度水平。因此，构建某个词的词义究竟有多难最终取决于目标词本身的语义特征与其所处的具体语境的相互作用。

综上所述，教学干预之所以能对 CLCC 的提高产生积极的作用，应归功于 CLCC 教学方法对于学习者而言的可解释性以及更加灵活合理的评测方法，有助于解除传统词义构建教学所默认的以唯一"正确"词义为构建目标的要求给学习者可能造成的心理负担，有助于增强他们运用具体构建策略构建目标生词词义的自信心。构建自信心的增强不仅可以促使学习者更加积极地结合上下文语境去寻找有关线索，而且使得他们能够更好地选择、确定有助于词义构建的关键线索，构建不同词性目标生词的合理词义。

10.3　CLCC 与 IVA、RC 和 LA 的关系

根据教学实验结果，CLCC 与 IVA、RC 和 LA 之间的关系可以总结如下。

（1）CLCC 与 IVA 和 RC 之间呈正相关。IVA 和 RC 是基于 CLCC 的两种语言能力。但是，出乎预料的是，CLCC 与 LA（即学习者对自己阅读中学习能力的自信心）之间的相关性并不显著。

（2）IVA、RC、LA 彼此之间呈正相关关系。

除此之外，从表 9.22 可以看出，实验组不仅在自愿度、灵活度和合理度等 CLCC 的三个语言学维度上均没有超过更高水平的控制组，而且在 IVA、RC 和 LA 三个 CLCC 相关能力方面也没有超过更高水平的控制组，这说明 CLCC 及其相关能力会随着二语水平的提高而提高，因为二语水平与 CLCC、IVA、RC 和 LA 呈正相关。

观察以上实验结果，就会发现，以下三个问题的答案可以解释实验结果。

（1）CLCC 的提高如何促使 IVA 和 RC 得到提高？
（2）如何解释 CLCC 与 LA 之间不相关的结果？
（3）语言水平在 CLCC 的发展过程中起什么样的作用？

10.3.1　CLCC 对提高 IVA 和 RC 的作用

读者们应该还记得，在 Rieder（2004）所建立的 IVA 模型中，语境词义构建

过程和 IVA 过程统一在阅读理解的总过程中。具体来说，可以把以 IVA 为目的的词义构建理解为自上而下和自下而上的双向构建过程，其中自上而下的构建过程是文本层面的构建，即文本的阅读理解；自下而上的构建过程是词汇层面的构建，即 IVA。而且，两个层面的构建究竟能达到什么程度取决于"聚焦"的程度和"充实"的程度。所谓"聚焦"的程度指学习者对某一目标生词的关注程度；所谓"充实"的程度指学习者对构建策略和相关知识的运用程度。"聚焦的程度"和"充实的程度"的高低取决于学习者的词汇学习的动力的大小，即阅读中学习的自主性程度。换句话说，一个学习者通过阅读理解能够学得多少词汇知识取决于他词义构建的努力程度。因此，要理解 CLCC 的提高如何促进 IVA 和 RC 的提高，我们首先需要理解阅读过程中词汇习得的认知机制。

Krashen（1989）在其"可理解性输入假说"中最早对母语和二语学习中词汇学习和阅读理解之间的关系加以系统解析，根据"可理解性输入假说"，IVA 是在可理解性语言输入中自然发生的。

Krashen 的"可理解性输入假说"在二语习得研究及教学领域得到广泛认可，但是他的 IVA 是在可理解性语言输入中自然发生的观点则受到质疑，因为，正如 Lawson 和 Hogben（1996：105）等人指出，Krashen 及其追随者"没有把在阅读语境中理解词义与在阅读语境中习得词汇之间的界限清楚地区分开来"。也就是说，他们混淆了词义构建和词汇习得两个不同的概念。Huckin 和 Coady（1999）指出，词汇习得不会在广泛的阅读过程中自动发生。词汇习得能否发生在很大程度上取决于：①目标生词所处的上下文语境；②学习者的注意力大小；③以词汇习得为目的认知加工的方法以及认知努力程度。根据"深加工假设"（Schmitt N & Schmitt D 1995：135），"构建生词词义过程中思考、信息调节和信息加工等认知活动越周密、细致，越有利于目标生词的习得"（Craik & Lockhart 1972）。

从以上论断可以看出，学习者的注意力是 IVA 的一个关键变量。然而，值得注意的是，在阅读过程中进行词义构建时，学习者会把注意力主要集中在交流的内容，而不会特别关注语言形式。词义构建是显性的认知加工，显性的词义构建能否导致隐性的词形习得的问题一直存在争议（Ellis 1995）。对于这个问题更加专业的表达是：词汇习得的显性方面（词义）和隐性方面（词形）在认知层面究竟是完全分离的，还是彼此连接的，尚未有明确答案。

Ellis（1995）认为词汇习得的隐性方面和显性方面是完全分离的，但是 Ellis

的这一观点受到 Singleton（1999）的质疑，Singleton 认为即使在词汇学习的开始阶段，词形学习和词义学习分属不同的认知机制，这并不意味着在词汇学习的所有不同阶段两种认知机制都是相互分离的。Singleton 认为隐性认知机制和显性认知机制很可能是相互联系、相互作用的。

实验组在词义构建过程中能够更加合理地选择关键语境线索，由此可以看出，我们的 CLCC 教学，通过各种教学活动使学习者认识到词义的语用本质，有助于促使学习者在真实阅读过程中更加积极、深入、主动地进行词义构建。实验组在 IVA 测试中取得较高的成绩，说明显性词义构建可以导致隐性词形习得（即记忆）（大家应该还记得，在本书的教学实验中，受试并没有被预先告知之后会对他们的目标词词形的记忆情况加以检测），证明词汇习得的隐性认知加工机制和显性认知加工机制是互通的，深层的、显性的词义构建过程不仅有助于词汇习得，而且有助于阅读理解。因此，Singleton（1999）关于词义构建过程中显性认知机制和隐性认知机制相互作用、相互转换的观点在我们的实验结果中得到证实。但是，显然，两种认知机制相互作用的基础是学习者的 CLCC，如果没有 CLCC，即使不能说完全不可能，但可以说很难有词汇习得能力、阅读理解能力的提高。

10.3.2　CLCC 与 LA 无统计学意义上的相关

根据本书所建立的 CLCC 概念模型，随着 CLCC 的提高，学习者的 LA 也会随之提高。然而，实验数据分析结果显示，CLCC 和 LA 之间不存在显著相关。要探析其中的原因，我们首先需要清楚自主学习能力的培养在外语学习技能的培养中，尤其是在阅读能力的培养中的重要性；其次，我们将用 Byrnes（2006）提出的大学外语教育教学理论和 Benson 和 Cooker（2013）提出的学习者自主性教学培养理论解释，为什么本书的实验数据分析结果显示 CLCC 和 LA 两者之间缺乏相关性。

Byrnes 把大学阶段的外语学习者定义为"高级学习者"（Byrnes 2006），认为高级阶段的外语教学不仅要提高他们的语言能力，还需要使他们能够对学习过程有深入了解，在此基础上，能够开展自主学习（Holec 1981；Little 1991）。简而言之，高级阶段的外语教学的目的是培养自主学习者，他们"了解所学课程的教学目的，清楚并接受自己在学习过程中应负的责任，愿意为实现学习目标共同努力，积极规划并落实学习活动，经常对自己的学习进行回顾、反思，并对自己的学习效果进行评估"（Byrnes 2006：4）。因此，长久以来，培养语言学习的自主性是高级外语教育和研究的中心。

众所周知，阅读能力对外语学习者而言非常重要，因为阅读是最为重要的获得目的外语输入的渠道。在阅读过程中，对语言输入的理解能力决定着学习的质和学得的量，因此，阅读能力的高低水平，尤其是阅读中词汇习得能力水平常常被视为可以最直观地对中高级阶段外语学习能力加以区分的标准（Byrnes 2006）。因为阅读过程中词汇知识的增长往往是通过语境词义构建实现的，所以，在高级外语学习过程中语境词义能力的培养和提高是一个重要的任务和挑战（Paribakht & Wesche 2006）。我们在 10.2.2 节已经充分阐释，缺乏在阅读语境中构建词义的自信心是二语学习者在阅读过程中对所遇到的生词忽略、回避、视而不见的一个主要原因。这说明培养二语阅读中的 LA 对高级外语学习者和教育者而言都是重要的研究（Byrnes 2006）。

遗憾的是，至今没有专门用来培养二语阅读中 LA 的教学理论或教学模型，因此很难从理论上说明为什么在本书的研究实验中 CLCC 与 LA 之间没有观察到相关性。尽管如此，Byrnes（2006）关于大学外语教育的基本观点的理论依据以及 Benson 和 Cooker（2013）的学习自主性教学培养理论可以为解析我们的研究发现提供必要的理论基础。

Byrnes（2006）认为，自信心是自主学习的必要因素，而培养学习者的学习自信心的关键是有理有据地帮助学习者在充分理解的基础上接受教学活动的目标、作用和程序。大家还记得之前我们已经说明，"学生能够理解并接受"的意思是学习者不仅知道做什么（what）、如何去做（how），而且知道为什么要这样或那样去做（why）。换句话说，帮助学生在采取具体学习行动（to do）之前，先对所采取的行动有所了解（to know）。Benson 和 Cooker（2013）持同样的观点，他们认为，在做任何事情时（包括二语阅读中的学习词汇），自信心会随着自主性程度的提高而增强，但是只有当一个人对"为什么要做"和"如何去做"这两个问题有明确的答案之后，对某件事的自信心才能在实践或练习等行为的基础上得到提高。值得注意的是，在本书的实验中，CLCC 课堂教学只进行了 80 分钟，其间绝大部分时间教师用来讲解语境词义的本质和阅读语境中的词义构建策略，以使学习者明白为什么要在阅读语境中构建词义以及如何进行词义构建。显然，教学干预有效地提高了学习者对自己构建结果的自信心。对构建结果的自信心是 CLCC 的一个重要因素，实验结果表明，接受了课堂教学的实验组对所构建的词义假设的自信心显著超过没有接受课堂教学的两个控制组。然而，学习者对自己阅读理解能力的自信心并没有随着 CLCC 的提高而提高。考虑到在教学干预中，几乎没有时间可以留给受试运用所学知识练习构建生词词义，我们可以合情合理地把 CLCC 与 LA 之间缺乏相关性的数据分析结果归咎于受试在教学干预中缺乏足够的词义构建练习。

总之，尽管 CLCC 教学使得学习者掌握了关于语境词义本质和阅读过程中词义构建策略的知识，但是知识不等于能力，仅有知识还不足以具备在二语阅读中自主学习的能力，与知识同样重要的是运用知识的机会（即练习活动）。这也许就是数据显示 CLCC 与 LA 之间缺乏显著相关性的原因。

从以上讨论我们可以看出，尽管在本书的实验中没能发现 CLCC 与阅读中 LA 之间的正相关关系，并不意味着我们基于概念模型对它们之间正相关关系的预测是错误的。这个预测之所以没能得到证实，应该归咎于教学干预时间的制约。

10.3.3　二语水平在 CLCC 发展中的作用

之前我们已经说明，在本书的教学实验中，有两个控制组，一个是与实验组同一英语水平的控制组，另一个是比实验组二语水平更高的控制组。CLCC 检测结果显示，更高二语水平的控制组的表现优于较低二语水平的控制组，说明二语水平分别与 CLCC、IVA、RC 之间是正相关的关系。

事实上，早就有研究发现，成功的二语词义构建与二语水平是相关的（Paribakht & Wesche 2006）。Haastrup（1991）还发现即使在有足够构建线索的情况下，运用这些线索构建关于目标生词恰当词义能力也会因语言水平的不同因人而异。更加具体地说，词汇知识和阅读理解能力、语言水平两者都高度相关，词汇知识水平是以理解文本为目的的构建成功的关键。在关于二语学习者需要掌握多大词汇量才能成功构建出目标生词恰当语境词义的研究中，这一因素得到认可（Coady & Huckin 1997；Hazenberg & Hulstun 1996；Hirsh & Nation 1992）。

词汇量，通常也称宽度词汇知识；词的用法及语义方面的知识，也称深度词汇知识，深度词汇知识包括关于一个词的句法结构知识、使用频率、使用的具体语境、常用搭配以及大脑词库中该词与其他词所形成的语义网络。Qian（2005）

研究表明,深度词汇知识与二语阅读理解水平高度相关。Nassaji(2004)也发现,深度词汇知识与二语构建成功率高度相关。

但是,二语水平与词义构建自信度之间的关系在二语习得研究领域却少有研究。本研究意外地发现,二语水平与学习者词义构建自信度之间呈负相关,实验组最自信,同一水平的控制组次之,而更高水平的控制组最不自信,显然,这是教学干预所导致的结果。

因此,我们的结论是:尽管以 CLCC 为基础的语言学能力会随着学习者的二语水平的提高而提高,但是 CLCC 教学的主要作用在于能够有效提高学习者对词义构建的自信心,这是提高阅读中 LA 的关键,LA 的提高使学习者更快地由中级水平的二语学习向高级水平的二语学习过渡。

10.4　CLCC 研究总结

在这一部分,我们根据本书所建立概念模型,通过探析两种关系的认知机制、心理机制和行为机制,对实验结果进行了讨论。一种关系是 CLCC 教学目标、词义构建自信心和词义构建行为之间的关系。另一种关系是 CLCC、CLCC 相关能力和阅读中 LA。通过探析发现,所讨论的两种关系中所包含的不同因素之间可能存在因果关系,可总结如下。

以帮助学习者理解并接受语用学词义观,并且在语用学词义观主导下进行词义构建为目的的课堂教学和评估方法,都有助于增强学习者词义构建的自信心。这是因为被学习者认为有理有据的教学法和评估手段,一方面,消除了学习者头脑中旧的、根深蒂固的词义构建观,即必须努力构建出关于目标生词的正确词义,以及此观念造成的构建心理障碍;另一方面,树立了新的词义构建观,即构建的目标是形成或构建关于目标生词在特定语境中的一个合理词义。

学习者词义构建自信心的增强又会大大促进他们 CLCC 能力的提高,具体表现在他们更加乐意积极地在阅读过程中识别生词,更加明智审慎地运用各种语境线索,更加合理地构建关于目标生词的词义假设。

CLCC 的提高可以进一步促进学习者阅读理解能力和阅读中 IVA 的提高。然而,由于各种不确定的原因,学习者对自己阅读理解能力的自信心并不一定会随着 CLCC 的提高而提高。在本书的研究实验中,很可能因为在短暂的 80 分钟

CLCC 教学中，大部分时间被用来给学生们解释说明"如何"以及"为什么"在阅读中进行词义构建，几乎没有给他们留时间对所学的东西进行练习。CLCC 教学既是目的，同时也是途径；是词汇教学的目的，同时也是 IVA 和 RC 能力提高的途径。尽管经过 CLCC 教学，学习者的自主学习能力没能得到显著提高，然而从实验组对自己词义构建结果所表现出的更强的自信心，不难看出，CLCC 教学在一定程度上帮助学习者做好在阅读中更加自主学习的心理准备。

图 10.3 是对以上研究总结的概括。

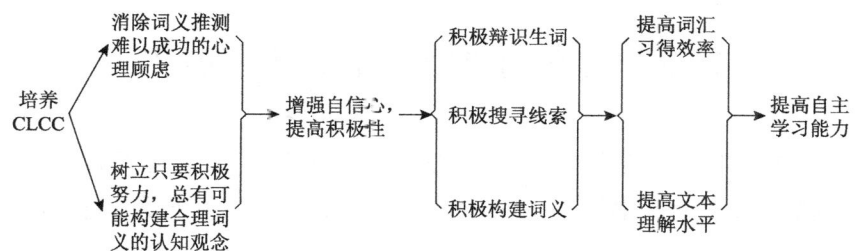

图 10.3　CLCC 教学培养效果流程图

10.5　以 CLCC 培养为导向的阅读课程开发

本项研究结果为在外语课堂环竟下培养学习者的 CLCC 提供了方法。CLCC 课堂教学应该具有以下主要特征。

（1）课堂教学的目的应该是帮助学习者充分认识到语境词义的语用（或动态）本质。而且，教学的中心应该是帮助学生了解和掌握学习者可以用来在阅读语境中有效构建目标生词词义的策略。

（2）建议 CLCC 教学遵循本书建立的 CLCC 教学模型所规定主要程序，由两个具体步骤组成：首先，让学习者了解在阅读语境中通过构建所形成的关于某一目标生词词义是什么样的，即语境词义的本质；其次，教他们如何进行词义构建，即帮助他们掌握词义构建的具体策略。

（3）建议主要从以下三个维度对 CLCC 教学效果加以评估：线索运用灵活度、词义假设合理度、词义构建自信度。除此之外，还应考核学习者辨识目标词的自愿度。

（4）建议通过大量、反复练习构建不同词性的目标生词词义提高学习者的

CLCC。练习灵活识别和运用学习者所掌握的各种不同语言线索和非语言线索以形成关于目标生词的一个合理语境词义有助于提高学习者的综合分析能力。学习者的综合分析能力的提高不仅有助于他们的二语学习,而且有助于他们其他课程的学习。我们希望,这样的练习能够改变英语专业大学生所面临的困境。由于长期受以大量模仿和死记硬背等机械学习为主的英语学习方法的影响,当前,普遍认为,中国英语专业大学生的综合分析能力低于其他文科类专业的大学生(Wen et al. 2010)。

10.6 文本词语能力培养研究展望

尽管本项实证性研究发现,课堂教学可以有效提高二语学习者的 CLCC,而 CLCC 的提高又有助于 IVA、RC 和 LA 的提高,但是,由于受时间和其他研究资源的制约,本项研究存在以下不足。

第一,用于教学干预的时间太短,只持续了 80 分钟,使得无法在课堂上给受试提供充足的机会对课堂中所学到的知识加以应用、练习。也许就是由于这个原因,我们没有观察到所预测的 CLCC 的提高与二语阅读中 LA 之间应该存在的正相关的关系。因此,未来的研究应该设计更长的教学时间,以更加全面地观察 CLCC 教学干预对 CLCC 的不同维度、阅读理解、词汇习得、阅读中 LA 以及二语学习其他方面的影响效果。

第二,在本项研究中,采用了非词检测 CLCC 教学模型的效果。尽管非词的采用成功地控制了原来关于目标生词的知识所可能造成的复杂状况对词义构建结果的影响,但也无法考察通过教师的课堂讲解学习者对语境词义的语用本质有充分的了解之后,一个目标生词在同一文本中出现的频率如何影响学习者在阅读该文本时对该目标生词词义的构建行为。目标生词使用的频率一直被认为是影响语境词义构建和 CVA 的重要因素。处理非词的使用之外,本项研究没有考虑词频这个变量的另一个原因是:在本项研究之前,关于词频效果的研究主要针对某一特定目标生词出现的频率对从语境中习得关于该词正确词义的影响的角度展开。建议未来的研究人员能够从语境词义的语用本质的角度考虑词频对词汇习得影响。处理回答诸如"一个词需要出现多少次才能被习得"这样的问题外,还应该试图回答诸如"在一个目标生词出现一定频次之后,学习者究竟习得了关于该词什么样的知识"这样的问题。

第三，从理论上讲，任何语言教学法的改革创新都应该具有普遍意义，意思是说，任何新的语言教学法都应该可以在不同学习环境中被用来教授不同母语背景的二语学习者。在本项研究中，我们仅仅检测了针对英语作为外语的中国英语专业大学生 CLCC 教学的效果。尽管实证性研究结果证明了 CLCC 教学效果的有效性，但是我们仍然无法确定当 CLCC 教学在不同学习环境中被用来教授不同母语背景的二语学习者时是否会有相同的教学效果。因此，在未来的研究中，建议针对不同学习环境下不同母语背景的二语学习者，对 CLCC 的教学效果加以验证。在以上研究发现的基础上，采取进一步的方法和措施（如编写教材和练习）以帮助二语学习者提高 CLCC。

表 10.3 是 CLCC 教学与传统词汇教学的对照。

表 10.3　CLCC 教学与传统词汇教学的对照

教学类型	教学意向		教学过程		教学成果	教学评价	下一阶段教学的影响
	短期	长期	课程分析	教学活动			
CLCC 教学	树立语用学词义观	综合知识灵活应用能力	明确的语用学词义观	训练学生运用语言知识、背景知识以及相关社会文化知识，构建有助于文本内容理解的具体语境词义	高度灵活的语言信息思辨能力、文本自主阅读能力和词汇习得能力	开放性评估	学生懂得，只要努力，所构建的词义就会在一定程度上合理，自信心和自主学习能力增强。思辨能力和阅读理解能力增强
传统词汇教学	记忆目标生词	扩大词汇量	隐性的语言学词义观	利用目标生词的上下文语境，设计词汇学习任务，帮助学生记忆目标生词的正确词义	以词典和词典释义为标准，牢固记忆一定数量的目标生词	封闭性评估	学生感到，即使努力，也难以依托语境记忆目标生词的正确词形与词义。畏惧文本语境中学习词汇的消极心理增强。语言信息综合能力和阅读理解能力无显著增长

总之，在 CLCC 教学培养中，包括教师、学生、理论研究者、应用研究者在内的所有参与者是平等、合作与协作的关系（图 10.4），教师和学生被赋予与应用研究者和理论研究者同等的话语权。这一模式可有效弥补传统教学研究中所有参与者的关系范式（参考图 1.6）中理论研究与教学实践脱节、理论研究者与教学实践者（教师或评测者）脱节的不足，切实解决教师和学生在二语词汇教学过程中遇到的实际问题。

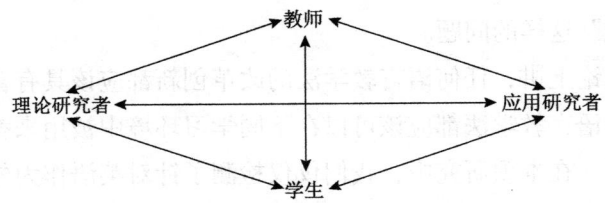

图 10.4 CLCC 教学培养中所有参与者的关系范式图示

参 考 文 献

鲍贵. 2016. 输出任务类型和词语意象性对英语学习者词汇习得的影响. 外语与外语教学, (6): 56-65.
蔡薇, 吴一安. 2007. 第二语言听力理解中的词义推断研究. 外语与外语教学, (7): 1-5.
陈嘉印. 2003. 语言哲学. 北京: 北京大学出版社.
陈艳艳, 张萍. 2018. 语义和主题聚类呈现对英语词汇联想反应的影响. 外语界, (6): 61-69.
戴炜栋, 胡壮麟, 王初明, 等. 2020. 新文科背景下的语言学跨学科发展. 外语界, (4): 2-9.
董燕萍. 2005. 心理语言学与外语教学. 北京: 外语教学与研究出版社.
范琳, 何漂飘, 魏泓. 2015. 中国学生汉英跨语言词汇推理发展研究. 外语研究, (4): 51-56.
范琳, 杨赛, 王震. 2013. 中国英语学习者的汉英词汇推理加工模式研究. 现代外语, (3): 269-277.
范琳, 张姣. 2014. 汉语词汇化对英语词汇推理加工过程影响的研究. 外语与外语教学, (6): 50-55.
顾曰国. 2015. 多模态感官系统与语言研究. 当代语言学, (4): 448-469.
桂诗春. 1982. 开展教育测量学研究实现我国考试现代化. 现代外语, (1): 1-6.
桂诗春. 1985. 我国英语专业学生英语词汇量的调查和分析. 现代外语, (1): 1-6.
桂诗春. 2000. 20 世纪应用语言学评述. 外语教学与研究, (1): 2-7.
桂诗春. 2010. 应用语言学思想: 缘起、变化和发展. 外语教学与研究, (3): 163-169.
桂诗春. 2013. 多视角下的英语词汇教学. 上海: 上海外语教育出版社.
胡壮麟. 2007. 社会符号学研究中的多模态化. 语言教学与研究, (1): 1-10.
胡壮麟. 2020. 语用学和隐喻研究——西方古典隐喻中的语用学思维. 当代修辞学, (6): 6-13.
霍永寿. 2012. 西方语言哲学入门必读: 论文选集（上、下卷）. 上海: 上海外语教育出版社.
贾磊, 杨忠. 2013. 西方的词汇语义学理论. 外国问题研究, (3): 87-91.
孔蕾, 秦洪武. 2013. 语料库在词汇教学中的应用: 词汇分层和教学设计. 外语教学理论与实践, (4): 58-63.
李仑营. 2020. 二语者语境词义推断的研究综述. 现代语文, (2): 124-127.
李战子. 2003. 多模式话语的社会符号学分析. 外语研究, (5): 1-8.
刘萍, 刘座雄. 2018. 基于 ESP 语料库的学术英语词汇学习法的有效性研究. 外语研究, (3): 54-60.
刘绍龙. 2002. 英语词汇知识的维间发展与习得特征. 解放军外国语学院学报, (2): 66-69.
刘绍龙. 2003. 论二语词汇的习得与发展——基于实证调查的词汇知识发展差异假说. 外语教学, (6): 47-50.
马广惠. 2007. 二语词汇知识理论框架. 外语与外语教学, (4): 22-24.
冉永平. 2008. 词汇语用信息的临时性及语境构建. 外语教学, (6): 1-6.
双文庭, 杨润青. 2018. 语义框架与英语词义的理解与教学——兼谈语料库在英语词义教学中的运用. 外国语文, (6): 138-145.

王初明. 2011. 基于使用的语言习得观. 中国外语,(5): 1.
王改燕. 2009. 二语自然阅读词汇附带习得研究. 解放军外国语学院学报,(5): 48-53.
王改燕. 2010. 第二语言阅读过程中词汇附带习得认知机制探析. 外语教学,(3): 49-53.
王改燕. 2013. 第二语言阅读中的词汇附带习得研究. 北京: 北京大学出版社.
王改燕. 2022. 语境词义的临时性和可构建性的哲学思考与文本词语能力的培养. 西安外国语大学学报,(1): 69-73.
王震, 郑志恒. 2016. 国内外词汇推理研究统计与分析. 外语研究,(3): 38-44.
文秋芳. 2001. 英语学习者动机、观念、策略的变化规律与特点. 外语教学与研究,(2): 105-110.
文秋芳. 2020. 加速我国应用语言学国际化进程: 思考与建议. 现代外语,(5): 585-592.
徐秀玲, 许家金. 2017. 我国外语教学中的语料库应用 40 年. 中国外语教育,(4): 62-68.
寻明. 2006. 二语词汇习得途径探究. 外语界,(1): 22-27.
杨连瑞, 刘静, 李旭奎, 等. 2012. 中国二语习得研究: 现状与进展——首届中国二语习得研究高层论坛述要. 中国外语,(4): 107-111.
约翰·B. 彼格斯, 凯文·F. 科利斯. 2010. 学习质量评价: SOLO 分类理论(可观察的学习成果结构). 高凌飚, 张洪岩译. 北京: 人民教育出版社.
张德禄, 丁肇芬. 2013. 外语教学多模态选择框架探索. 外语界,(3): 39-46.
张德禄, 王璐. 2010. 多模态话语模态的协同及在外语教学中的体现. 外语学刊,(2): 97-102.
张林影, 邱智晶. 2012. 隐喻理论在英语教学中的应用. 教育探索,(12): 45-46.
张韧. 2018. 词义——使用印记与图式浮现. 现代外语,(3): 306-319.
张文忠, 吴旭东. 2003. 课堂环境下二语词汇能力发展的认知心理模式. 现代外语,(4): 373-384.
甄凤超. 2016. 从配价结构探索英汉翻译单位——基于语料库的考察. 外语教学与研究,(3): 442-454.
中华人民共和国教育部, 国家语言文字工作委员会. 2018. 中国英语能力等级量表. GF 0018—2018.
周大军, 文渤燕, 陈莉, 等. 1999. 大学英语学生 4 级阶段词汇量状况调查. 外语与外语教学,(12): 34-36.
Alderson, C. & Alvarez, G. 1978. The development of strategies for the assignment of semantic information to unknown lexemes in text. *Mextesol Journal*,(4): 46-55.
Alderson, J. C. 2007. Judging the frequency of English words. *Applied Linguistics*,(3): 383-409.
Ames, W. S. 1966. The development of a classification scheme of contextual aids. *Reading Research Quarterly*,(1): 57-82.
Anderson, R. C. & Freebody, P. 1983. Reading comprehension and the assessment and acquisition of word knowledge. *Advances in Reading/Language Research*, 2: 231-256.
Anderson, R. C. & Pearson, P. D. 1984. A schema-theoretic view of basic processes in reading comprehension. In P. D. Pearson(Ed.), *Handbook of Reading Research* (pp. 255-291). New York: Longman.
Arthur, R. 1993. *Implicit Learning and Tacit Knowledge*. New York: Oxford University Press.
Artley, A. 1943. Teaching word-meaning through context. *The Elementary English Review*,(2): 68-74.
Asher, N. 2011. *Lexical Meaning in Context: A Web of Words*. Cambridge: CUP.

Askov, E. & Kamm, K. 1976. Context clues: Should we teach children to use a classification system in reading? *The Journal of Educational Research*, (9): 341-344.

Backman, J. 1976. Some common word attributes and their relations to objective frequency counts. *Scandinavian Journal of Educational Research*, 20: 175-186.

Baddeley, A. 1998. Recent developments in working memory. *Current Opinion in Neurobiology*, 8: 234-238.

Baghramian, M. 1998. *Modern Philosophy of Language*. Washington: Counterpoint Press.

Bauer, L. & Nation, S. 1993. Word families. *International Journal of Lexicography*, 6: 253-279.

Baumann, J., Edwards, E., Font, G., et al. 2002. Teaching morphemic and contextual analysis to fifth-grade students. *Reading Research Quarterly*, 37: 150-176.

Beck, I., McKeown, M. & McCaslin, E. 1983. Vocabulary development: All contexts are not created equal. *The Elementary School Journal*, (3): 177-181.

Beheydt, L. 1987. The semantization of vocabulary in foreign language learning. *System*, 15: 55-67.

Benson, P. & Cooker, L. 2013. *The Applied Linguistic Individual: Sociocultural Approaches to Identity, Agency and Autonomy*. London: Equinox Publishing Ltd.

Bensoussan, M. & Laufer, B. 1984. Lexical guessing in context in EFL reading comprehension. *Journal of Research in Reading*, 7: 15-32.

Bertram, R., Baayen, R., & Schreuder, R. 2000. Effects of family size for complex words. *Journal of Memory and Language*, 42: 390-405.

Biemiller, A. 1970. The development of the use of graphic and contextual information as children learn to read. *Reading Research Quarterly*, 6: 75-96.

Bissell, L. 1982. *Training with Forced-choice Cloze Tasks*. Unpublished PhD dissertation. University of Michigan.

Blakemore, D. 1992. *Understanding Utterances: An Introduction to Pragmatics*. Oxford: Blackwell.

Blutner, R. 2011. Some perspectives on lexical pragmatics. In D. Archer & P. Grundy (Eds.), *The Pragmatics Reader* (pp. 99-114). London: Routledge.

Bolger, P. A., Zapata, G. & Mateu-Martin, A. 2011. Semantically clustered contexts and L2 vocabulary: A classroom- and laboratory-based study. Paper presented at the UIC Bilingualism Forum, Chicago.

Börner, W. 1997. Implizites und explizites wissen im fremdsprachlichen Wortschatz. *Fremdsprachen Lehren und Lernen*, 26: 44-67.

Bransford, J., Derry, S., Berliner, D., et al. 2005. Theories of learning and their roles in teaching. In L. Darling-Hammond & J. Bransford (Eds.), *Preparing Teachers for a Changing World* (pp. 40-87). San Francisco: Jossey-Bass.

Brezina, V. & Gablasova, D. 2015. Is there a core general vocabulary? Introducing the *New General Service List*. *Applied Linguistics*, 36: 1-22.

Brown, C. & Hagoort, P. 1993. The processing nature of the N400: Evidence from masked priming. *Journal of Cognitive Neuroscience*, 5: 34-44.

Brown, G. & Yule, G. 1983. *Discourse Analysis*. Cambridge: CUP.

Bruton, A. & Samuda, V. 1981. Guessing words. *Modern English Teacher*, (3): 18-21.

Buikema, J. & Graves, M. 1993. Teaching students to use context cues to infer word meanings. *Journal of Reading*, 36: 450-457.
Byrnes, H. 2006. Locating the advanced learner in theory, research, and educational practice: An introduction. In H. Byrnes, H. Weger-Guntharp & K. A. Sprang (Eds.), *Educating for Advanced Foreign Language Capacities: Constructs, Curriculum, Instruction, Assessment* (pp. 1-14). Washington: Georgetown University Press.
Calderón, M. & Soto, I. 2017. *Academic Language Mastery: Vocabulary in Context*. Dallas: Corwin.
Carnine, D., Kameenui, E., Coyle, G. 1984. Utilization of contextual information in determining the meaning of unfamiliar words. *Reading Research Quarterly*, 19: 188-204.
Caro, K. & Mendinueta, N R. 2017. Lexis, lexical competence and lexical knowledge: A review. *Journal of Language Teaching and Research*, 8: 205-213.
Carroll, J., Davies, P. & Richman, B. 1971. *The American Heritage Word Frequency Book*. Boston: Houghton Mifflin.
Carton, A. 1971. Inferencing: A process in using and learning language. In P. Pimsleur & T. Quinn (Eds.), *The Psychology of Second Language Learning: Papers from the Second International Congress of Applied Linguistics* (pp. 45-58). Cambridge: CUP.
Chen, C. & Truscott, J. 2010. The effects of repetition and L1 lexicalization on incidental vocabulary acquisition. *Applied Linguistics*, (5): 693-713.
Chern, C. 1993. Chinese students' word-solving strategies in reading in English. In T. Huckin, M. Haynes & C. Coady (Eds.), *Second Language Reading and Vocabulary Learning* (pp. 67-85). Norwood: Ablex.
Chomsky, N. 1988. *Language and Problems of Knowledge: The Managua Lectures*. Cambridge: MIT Press.
Chun, D. & Plass, J. 1996. Effects of multimedia annotations on vocabulary acquisition. *Modern Language Journal*, (2): 183-198.
Clark, E. V. 1993. *The Lexicon in Acquisition*. Cambridge: CUP.
Clarke, D. & Nation, P. 1980. Guessing the meanings of words from context: Strategy and techniques. *System*, 8: 211-220.
Coady, J. & Huckin, T. 1997. *Second Language Vocabulary Acquisition: A Rationale for Pedagogy*. New York: CUP.
Cohen, R., Duval, C., Pincemin, J., et al. 1992. Compte rendu d'experience: Evaluation et opinions. In R. Cohen (Ed.), *L'apprentissage precoce dela lecture*. 5th edn. Paris: Presses Universitaires de France.
Cook, V. 1991. *Second Language Learning and Teaching*. London: Edward Arnold.
Cook, V. & Wei, L. 2016. *The Cambridge Handbook of Linguistic Multi-competence*. Cambridge: CUP.
Corson, D. 1995. *Using English Words*. Dordrecht: Springer.
Coxhead, A. 2000. A new academic word list. *TESOL Quarterly*, 34: 213-238.
Coxhead, A. 2015. Vocabulary research and pedagogy: Introduction to the special issue. *Language Teaching Research*, 19: 641-644.

Craik, F. & Lockhart, R. 1972. Levels of processing: A framework for memory research. *Journal of Verbal Learning & Verbal Behavior*, 11: 671-684.

Cutler, A. 1994. Segmentation problems, rhythmic solutions. *Lingua*, 92: 81-104.

Day, R. 2015. Extending extensive reading. *Reading in a Foreign Language*, 27: 294-301.

de Beaugrande, R. & Dressler, W. 1981. *Introduction to Text Linguistics*. London: Longman.

de Bot, K., Paribakht, T., Wesche, M. 1997. Toward a lexical processing model for the study of second language vocabulary acquisition. *Studies in Second Language Acquisition*, 19: 309-329.

De Florio-Hansen, I. 1994. *Vom Reden über Wörter–Vokabelerklärungenim*. Brookline: Italienisch unterricht mit Erwach senen.

DeKeyser, R. & Sokalski, K. 1996. The differential role of comprehension and production practice. *Language Learning*, (4): 613-642.

Dubin, F. & Olshtain, E. 1993. Predicting word meanings from contextual clues. In T. Huckin (Ed.), *Second Language Reading and Vocabulary Learning* (pp. 181-202). Santa Barbara: Praeger.

Eckerth, J. & Tavakoli, P. 2012. The effects of word exposure frequency and elaboration of word processing on incidental L2 vocabulary acquisition through reading. *Language Teaching Research*, 16: 227-252.

Edwards, D. 1997. *Discourse and Cognition*. London: SAGE.

Elgort, I. 2011. Deliberate learning and vocabulary acquisition in a second language. *Language Learning*, (2): 367-413.

Ellis, N. 1994. *Implicit and Explicit Learning of Languages*. London: Academic Press.

Ellis, N. 1995. Vocabulary acquisition: Psychological perspectives and pedagogical implications. *The Language Teacher*, 19: 12-16.

Ellis, N. 1997. Vocabulary acquisition: Word structure, collocation, word-class. In N. Schmitt (Ed.), *Vocabulary: Description, Acquisition and Pedagogy* (pp. 122-139). Cambridge: CUP.

Elman, J. 2007. On words and dinosaur bones: Where is meaning? In D. McNamara & J. Trafton (Eds.), *Proceedings of the 29th Annual Conference of Cognitive Science Society*. Austin: Cognitive Science Society.

Ender, A. 2014. Implicit and explicit cognitive processes in incidental vocabulary acquisition. *Applied Linguistics*, 37: 1-26.

Engelbart, S. & Theuerkauf, B. 1999. Defining context within vocabulary acquisition. *Language Teaching Research*, 3: 57-69.

Estévez Monzó, A. & Calvo, M. 2002. Context constraints, prior vocabulary knowledge and on-line inferences in reading. *Psicothema*, 14: 357-362.

Fillmore, C. 1982. Frame semantics. In The Linguistics Society of Korea (Ed.), *Linguistics in the Morning Calm: Elected Papers from SICOL-1981* (p. 111). Seoul: Hanshin Pub. Co.

Frantzen, D. 2003. Factors affecting how second language Spanish students derive meaning from context. *The Modern Language Journal*, 87: 168-199.

Fraser, C. 1999. Lexical processing strategy use and vocabulary learning through reading. *Studies in Second Language Acquisition*, 21: 225-241.

Freed, B. 1981. Foreigner talk, baby talk, native talk. *International Journal of the Sociology of*

Language, 28: 19-39.

Fukkink, R. 2002. Effects of instruction on deriving word meaning from context and incidental word learning. *L1-Educational Studies in Language and Literature*, 2: 37-57.

Fukkink, R. & de Glopper, K. 1998. Effects of instruction in deriving word meaning from context: A meta-analysis. *Review of Educational Research*, 68: 450-469.

Gardner, D & Davies, M. 2014. A new academic vocabulary list. *Applied Linguistics*, (3): 305-327.

Garnier, M. & Schmitt, N. 2015. The PHaVE List: A pedagogical list of phrasal verbs and their most frequent meaning senses. *Language Teaching Research*, 19: 645-666.

Gass, S. 1999. Discussion: Incidental vocabulary acquisition. *Studies in Second Language Acquisition*, 21: 319-333.

Geeraerts, D. 2010. *Theories of Lexical Semantics*. New York: Oxford University Press.

Goddard, C. & Wierzbicka, A. M. 1994. *Semantic and Lexical Universals*. Amsterdam: Benjamins.

Goulden, R., Nation, P. & Read, J. 1990. How large can a receptive vocabulary be? *Applied Linguistics*, 11: 341-363.

Griffin, G. 1992. *Aspects of the Psychology of Second Language Vocabulary List Learning*. Unpublished PhD dissertation. Department of Psychology, University of Warwick.

Guarino, E. 1960. *An Investigation of the Effectiveness of Instruction Designed to Improve the Reader's Skill in Using Context Clues to Derive Word Meaning*. PhD Dissertations. Syracuse University.

Haastrup, K. 1991. *Lexical Inferencing Procedures or Talking about Words: Receptive Procedures in Foreign Language Learning with Special Reference to English*. Tübingen: Gunter Narr.

Haastrup, K. 2008. Lexical inferencing procedures in two languages. In D. Albrechtsen, K. Haastrup & B. Henriksen (Eds.), *Vocabulary and Writing in a First and Second Language* (pp. 67-111). Basingstoke: Palgrave.

Hafner, L. 1965. A one-month experiment in teaching context aids in fifth grade. *The Journal of Educational Research*, 58: 472-474.

Hazenberg, S. & Hulstun, J. 1996. Defining a minimal receptive second-language vocabulary for non-native university students: An empirical investigation. *Applied Linguistics*, 17: 145-163.

Heatley, A., Nation, P. & Coxhead, A. 1994. *Range Program*. NZ: Victoria University of Wellington.

Henrici, G. & Köster, L. 1987. Verfahren der Erklärung von lexikalischen Bedeutungen im Fremdsprachenunterricht. Zielset-zungen, Untersuchungsmethoden und erste Ergebnisse aus einem empirischen Projekt. *Fremdsprachen Lehren und Lernen*, 16: 19-32.

Henriksen, B. 1999. Three dimensions of vocabulary development. *Studies in Second Language Acquisition*, 21: 303-317.

Henzl, V. 1973. Linguistic register of foreign language instruction. *Language Learning*, 23: 207-222.

Herman, P. & Weaver, C. 1988. Contextual strategies for learning word meanings: Middle grade students look in and look around. Paper presented at the National Reading Conference, Tucson, AZ.

Hirsh, D. & Nation, P. 1992. What vocabulary size is needed to read unsimplified texts for pleasure? *Reading in a Foreign Language*, 8: 689-696.

Hirst, G. 2009. Ontology and the lexicon. In S. Staab & R. Studer (Eds.), *Handbook on Ontologies* (pp. 269-292). Berlin: Springer.

Holec, H. 1981. *Autonomy and Foreign Language Learning*. Oxford: Pergamon.

Horst, M., Cobb, T. & Nicolae, I. 2005. Expanding academic vocabulary with an interactive on-line database. *Language Learning and Technology*, 9: 90-110.

Howatt, A. & Smith, R. 2014. The history of teaching English as a foreign language, from a British and European perspective. *Language and History*, 57: 75-95.

Hsia, S. 1994. ESL learners' knowledge of subcomponents in words: Reporting on data from Hong Kong Chinese learners. Paper presented at the Colchester Round Table on Linguistic and Psychological Approaches to L2 Acquisition of Vocabulary, University of Essex.

Huckin, T. & Bloch, J. 1993. Strategies for inferring word meaning in context: A cognitive model. In T. Huckin, M. Haynes & J. Coady (Eds.), *Second Language Reading and Vocabulary Learning* (pp. 153-178). Norwood: Ablex Publishing Corporation.

Huckin, T. & Coady, J. 1999. Incidental vocabulary acquisition in a second language. *Studies in Second Language Acquisition*, 21: 181-193.

Huckin, T. & Jin, Z. 1986. *Inferring Word Meaning from Context: A Study in Second Language Acquisition*. Ohio: Colombus.

Hulstijn, J. 2001. Intentional and incidental second language vocabulary learning: A reappraisal of elaboration, rehearsal and automaticity. In P. Robinson (Ed.), *Cognition and Second Language Instruction* (pp. 258-286). Cambridge: CUP.

Issidorides, D. & Hulstijn, J. 1992. Comprehension of grammatically modified and nonmodified sentences of second language learners. *Applied Psycholinguistics*, 13: 147-171.

Jenkins, J., Matlock, B. & Slocum, T. A. 1989. Two approaches to vocabulary instruction: The teaching of individual word meanings and practice in deriving word meaning from context. *Reading Research Quarterly*, 24: 215-235.

Jewitt, C. 2006. *Technology, Literacy and Learning: A Multimodal Approach*. London: Routledge.

Jiang, N. 2000. Lexical representation and development in a second language. *Applied Linguistics*, 21: 47-77.

Johnson, M. 2004. *A Philosophy of Second Language Acquisition*. New Haven & London: Yale University Press.

Johnson-Laird, P. 1983. *Mental Models*. Cambridge: CUP.

Jones, N. A. 2014. *A Comparison of Lexical Inferencing Skills in Third-, Fourth-, and Fifth-grade Students*. MS dissertation. The University of Montana.

Kellerman, E. 1979. Transfer and non-transfer: Where we are now? *Studies in Second Language Acquisition*, 2: 37-57.

Kelly, L. 1969. *25 Centuries of Language Teaching*. Rowley: Newbury House.

Kelly, M. & Martin, S. 1994. Domain-general abilities applied to domain-specific tasks: Sensitivity to probabilities in perception, cognition, and language. *Lingua*, 92: 105-140.

Kern, R. 1989. Second language reading strategy instruction: Its effects on comprehension and word inference ability. *The Modern Language Journal*, 73: 135-149.

Kim, H. 2003. *Vocabulary Comprehension of Advanced ESL Learners in Academic Reading: A Collective Case Study*. MA dissertation. University of Ottawa.

Kintsch, W. 2013. Discourse comprehension. *Control of Human Behavior, Mental Processes, and Consciousness: Essays in Honor of the 60th Birthday of August FLammer*, 125. Alexander Grob University of Basel, Switzerland.

Kranzer, K. 1988. *A Study of the Effects of Instruction on Incidental Word Learning and on the Ability to Derive Word Meanings from Context*. PhD dissertation. University of Delaware.

Krashen, S. 1989. We acquire vocabulary and spelling by reading: Additional evidence for the input hypothesis. *The Modern Language Journal*, 73: 440-464.

Krauss, R. M. & Chiu, C. Y. 1998. Language and social behavior. In D. Gilbert, S. Fiske & G. Lindsey (Eds.), *The Handbook of Social Psychology Vol. 2* (4th edn.) (pp. 41-88). Boston: McGraw-Hill.

Kress, G. & van Leeuwen, T. 2001. *Multimodal Discourse: The Modes and Media of Contemporary Communication*. London: Arnold Publishers.

Kuhn, M. & Stahl, S. 1998. Teaching children to learn word meanings from context: A synthesis and some questions. *Journal of Literacy Research*, 30: 119-138.

Langacker, R. W. 2017. Evidentiality in cognitive grammar. In J. I. M. Arrese, G. Haler & M. Carretero (Eds.), *Evidentiality Revisited* (pp. 13-55). Amsterdam: John Benjamins.

Laufer, B. 2005. Lexical frequency profiles: From Monte Carlo to the real world: A response to Meara (2005). *Applied Linguistics*, (4): 582-588.

Laufer, B. 2013. Lexical thresholds for reading comprehension: What they are and how they can be used for teaching purposes. *TESOL Quarterly*, 47: 867-872.

Laufer, B. & Bensoussan, M. 1982. Meaning is in the eye of the beholder. *English Teaching Forum*, 20: 10-13.

Laufer, B. & Hulstijn, J. 2001. Incidental vocabulary acquisition in a second language: The construct of task-induced involvement. *Applied Linguistics*, 22: 1-26.

Laufer, B. & Nation, P. 1995. Vocabulary size and use: Lexical richness in L2 written production. *Applied Linguistics*, 16: 307-322.

Laufer, B. & Paribakht, T. 1998. The relationship between passive and active vocabularies: Effects of language learning context. *Language Learning*, 48: 365-391.

Lawson, M. & Hogben, D. 1996. The vocabulary-learning strategies of foreign-language students. *Language Learning*, 46: 101-135.

Lay, N. 1994. Guessing from context. In P. Nation (Ed.), *New Ways in Teaching Vocabulary* (pp. 179-181). Va: TESOL.

Leech, N., Barrett, K. & Morgan, G. 2005. *SPSS for Intermediate Statistics: Use and Interpretation*. 2nd edn. Mahwah: Lawrence Erlbaum Associates, Inc.

Leont'ev, A. 1978. *Activity, Consciousness, and Personality*. Englewood Cliffs: Prentice-Hall.

Levelt, W. 1993. Lexical access in speech production. In E. Reuland, W. Abraham (Eds.), *Knowledge and Language*. Dordrecht: Springer.

Li, X. 1988. Effects of contextual cues on inferring and remembering meanings of new words.

Applied Linguistics, 9: 402-413.

Little, D. 1991. *Learner Autonomy: Definitions, Issues and Problems*. Dublin: Authentik.

Lockhart, R. S. & Craik, F. I. M. 1990. Levels of processing: A retrospective commentary on a framework for memory research. *Canadian Journal of Psychology*, 44(1): 87-112.

Loewen, S. & Sato, M. 2017. *The Routledge Handbook of Instructed Second Language Acquisition*. New York: Routledge.

Lutz, C. A. 1988. *Unnatural Emotions: Everyday Sentiments on a Micronesian Atoll & Their Challenge to Western Theory*. Chicago University of Chicago Press.

Lyons, J. 1963. *Structural Semantics*. Oxford: Blackwell.

Maclaran, R. & Singleton, D. 1984. Foreigner register. Paper presented at the Seventh World Congress of Applied Linguistics (AILA 1984), Brussels.

Markman, E. 1990. Constraints children place on word meanings. *Cognitive Science*, 14: 57-77.

Marslen-Wilson, W., Tyler, L., Waksler, R., et al. 1994. Morphology and meaning in the English mental lexicon. *Psychological Review*, 101: 3-33.

McEnery, T. & Wilson, A. 1996. *Corpus Linguistics*. Edinburgh: Edinburgh University Press.

McKeown, M. G. & Beck, I. L. 2014. Effects of vocabulary instruction on measures of language processing: Comparing two approaches. *Early Childhood Research Quarterly*, 29(4): 520-530.

McShane, J. 1991. *Cognitive Development: An Information Processing Account*. Cambridge: Blackwell.

Meara, P. 1980. Vocabulary acquisition: A neglected aspect of language learning. *Language Teaching and Linguistics: Abstracts*, 13: 221-246.

Meara, P. 1996. The dimensions of lexical competence. In G. Brown, K. Malmkjaer & J. Williams (Eds.), *Performance and Competence in Second Language Acquisition* (pp. 35-53). Cambridge: CUP.

Meara, P. & Buxton, B. 1987. An alternative to multiple choice vocabulary tests. *Language Testing*, 4: 142-154.

Meara, P. & Jones, G. 1990. Eurocentres Vocabulary Size Test, Version E1.1/K10. Zurich: Eurocentres Learning Service.

Melka, F. 1997. Receptive vs. productive aspects of vocabulary. In N. Schmitt & M. McCarthy (Eds.), *Vocabulary: Description, Acquisition, and Pedagogy* (pp. 84-102). Cambridge: CUP.

Meutsch, D. 1987. *Literatur Verstehen: Eine Empirische Studie*. Germany: Tapa blanda.

Miller, G. 1996. *The Science of Words*. New York: Scientific American Library.

Mitchell, R. & Myles, F. 1998. *Second Language Learning Theories*. London: Edward Arnold.

Mondria, J-A. 2003. The effects of inferring, verifying, and memorizing on the retention of L2 word meanings: An experimental comparison of the "meaning-inferred method" and the "meaning-given method". *Studies in Second Language Acquisition*, 25: 473-499.

Mondria, J-A. & Wit-de Boer, M. 1991. The effects of contextual richness on the guessability and the retention of words in a foreign language *Applied Linguistics*, 12: 249-266.

Morais, J., Cary, L., Alegria, F, et al. 1979. Does awareness of speech as a sequence of phones arise spontaneously? *Cognition*, 7: 323-331.

Müller, R. 1970. Situation und lehrbuchtexte: Die kontextualisierbarkeitsprobe. *Praxis des*

Neusprachlichen Unterrichts, 17: 229-242.

Nagy, W. 2005. Why vocabulary instruction needs to be long-term and comprehensive. In E. H. Hiebert & M. L. Kamil (Eds.), *Teaching and Learning Vocabulary: Bringing Research to Practice* (pp. 27-44). Mahwah: Lawrence Erlbaum Associates Publishers.

Nagy, W. & Anderson, R. 1984. How many words are there in printed school English? *Reading Research Quarterly*, 19: 304-330.

Nagy, W. & Scott, J. 2000. Vocabulary processes. In M. L. Kamil, P. B. Mosenthal, P. D. Pearson, et al. (Eds.), *Handbook of Reading Research* (pp. 269-284). Mahwah: Lawrence Erlbaum Associates Publishers.

Nagy, W., Anderson, R. C. & Herman, P. A. 1987. Learning word meanings from context during normal reading. *American Educational Research Journal*, 24: 237-270.

Nagy, W., Herman, P. & Anderson, R. 1985. Learning words from context. *Reading Research Quarterly*, 20: 233-253.

Nakata, T. & Suzuki, Y. 2019. Effects of massing and spacing on the learning of semantically related and unrelated words. *Studies in Second Language Acquisition*, 41: 287-311.

Nassaji, H. 2002. Schema theory and knowledge-based processes in second language reading comprehension: A need for alternative perspectives. *Language Learning*, 52: 439-481.

Nassaji, H. 2003. L2 vocabulary learning from context: Strategies, knowledge sources, and their relationship with success in L2 lexical inferencing. *TESOL Quarterly*, 37: 645-670.

Nassaji, H. 2004. The relationship between depth of vocabulary knowledge and L2 learners' lexical inferencing strategy use and success. *The Canadian Modern Language Review*, 61(1): 107-135.

Nation, P. 1990. *Teaching and Learning Vocabulary.* New York: Newbury House.

Nation, P. 2001. *Learning Vocabulary in Another Language*. Cambridge: CUP.

Nation, P. 2006. How large a vocabulary is needed for reading and listening? *The Canadian Modern Language Review*, 63: 59-82.

Nation, P. 2014. How much input do you need to learn the most frequent 9,000 words? *Reading in a Foreign Language*, 26: 1-16.

Nation, P. 2015. Principles guiding vocabulary learning through extensive reading. *Reading in a Foreign Language*, 27: 136-145.

Nation, P. & Coady, J. 1988. Vocabulary and reading. In R. Carter & M. McCarthy (Eds.), *Vocabulary and Language Teaching* (pp. 97-110). London: Longman.

Nation, P. & Webb, S. 2011. *Researching and Analyzing Vocabulary*. Boston: Heinle.

Nemko, B. 1984. Context versus isolation: Another look at beginning readers. *Reading Research Quarterly*, (4): 461-467.

Norris, J. 2007. Assessing advanced foreign language learning and learners. In H. Byrnes (Ed.), *Educating for Advanced FL Capacities* (pp. 167-187). Washington: Georgetown University Press.

Paribakht, T. S. 2005. The influence of first language lexicalization on second language lexical inferencing: A study of Farsi-speaking learners of English as a foreign language. *Language Learning*, 55: 701-748.

Paribakht, T. & Wesche, M. 1997. Vocabulary enhancement activities and reading for meaning in second language vocabulary acquisition. In J. Coady & T. Huckin (Eds.), *Second Language Vocabulary Acquisition: A Rationale for Pedagogy* (pp. 174-200). New York: CUP.

Paribakht, T. & Wesche, M. 1999. Reading and "incidental" L2 vocabulary acquisition. *Studies in Second Language Acquisition*, 21: 195-224.

Paribakht, T. & Wesche, M. 2006. Lexical inferencing in L1 and L2: Implications for vocabulary instruction and learning at advanced levels. In H. Byrnes, H. D. Weger-Guntharp & K. A. Sprang (Eds.), *Educating for Advanced Foreign Language Capacities: Constructs, Curriculum, Instruction, Assessment* (pp.118-135). Washington: Georgetown University Press.

Pellicer-Sánchez, A. & Schmitt, N. 2010. Incidental vocabulary acquisition from an authentic novel: Do things fall apart? *Reading in a Foreign Language*, 22: 31-55.

Pinker, S. 1994. How could a child use verb syntax to learn verb semantics? In L. Gleitman & B. Landau (Eds.), *The Acquisition of the Lexicon* (pp. 377-410). Cambridge: MIT Press.

Postman, L. 1964. Short-term memory and incidental learning. In A. W. Melton (Ed.), *Categories of Human Learning* (pp. 145-201). New York: Academic Press.

Pressley, M., Levin, J. & McDaniel, M. 1987. Remembering versus inferring what a word means: Mnemonic and contextual approaches. In M. G. McKeown & M. E. Curtis (Eds.), *The Nature of Vocabulary Acquisition* (pp. 107-127). Hillsdale: Lawrence Erlbaum Associates, Inc.

Prince, P. 1996. Second language vocabulary learning: The role of context versus translations as a function of proficiency. *The Modern Language Journal*, 80: 478-493.

Pulido, D. 2003. Modeling the role of second language proficiency and topic familiarity in second language incidental vocabulary acquisition through reading. *Language Learning*, 53: 233-284.

Pulido, D. 2004. The relationship between text comprehension and second language incidental vocabulary acquisition: A matter of topic familiarity? *Language Learning*, 54: 469-523.

Qi, H. 2016. A corpus-based comparison between the Academic Word List and the Academic Vocabulary List. *Electronic Thesis and Dissertation Repository*, 3721.

Qian, D. 1999. Assessing the roles of depth and breadth of vocabulary knowledge in reading comprehension. *Canadian Modern Language Review*, (2): 282-308.

Qian, D. 2005. Demystifying lexical inferencing: The role of aspects of vocabulary knowledge. *TESL Canada Journal*, 22: 34-54.

Rapaport, W. 1981. How to make the world fit our language: An essay in Meinongian semantics. *Grazer Philosophische Studien*, 14: 1-21.

Rapaport, W. & Kibby, M. 2007. Contextual vocabulary acquisition as computational philosophy and as philosophical computation. *Journal of Experimental & Theoretical Artificial Intelligence*, 19: 1-17.

Rapaport, W. & Kibby, M. 2014. Contextual vocabulary acquisition: From algorithm to curriculum. In A. Palma (Ed.), *Castañeda and His Guises: Essays on the Work of Hector-Neri Castañeda* (pp. 107-150). Berlin: De Gruyter.

Rastle, K., Harrington, J. & Coltheart, M. 2002. 358, 534 nonwords: The ARC Nonword Database. *Quarterly Journal of Experimental Psychology*, 55(4): 1339-1362.

Read, J. 1993. The development of a new measure of L2 vocabulary knowledge. *Language Testing*, 10: 355-371.

Read, J. 1997. Vocabulary and testing. In N. Schmitt & M. McCarthy (Eds.), *Vocabulary: Description, Acquisition and Pedagogy* (pp. 303-320). Cambridge: CUP.

Read, J. 2000. *Assessing Vocabulary*. Cambridge: CUP.

Read, J. 2004. Plumbing the depths: How should the construct of vocabulary knowledge be defined? In P. Bogaards & B. Laufer (Eds.), *Vocabulary in a Second Language* (pp. 209-227). Amsterdam: Benjamins.

Reber, A. 1993. *Implicit Learning and Tacit Knowledge: An Essay on the Cognitive Unconscious*. New York: Oxford University Press.

Richards, J. 1976. The role of vocabulary teaching. *TESOL Quarterly*, 10: 77-89.

Richards, J. 2001. *Curriculum Development in Language Teaching*. Cambridge: CUP.

Rickheit, G. & Habel, C. 1995. *Focus and Coherence in Discourse Processing*. Berlin & New York: Walter de Gruyter.

Rieder, A. 2002a. A cognitive view of incidental vocabulary acquisition: From text meaning to word meaning? *Vienna English Working Papers*, 11: 53-71.

Rieder, A. 2002b. Vocabulary learning through reading: Influences and teaching implications. *Vienna English Working Papers*, 14: 54-64.

Rieder, A. 2004. Implicit and explicit learning in incidental vocabulary acquisition. *Vienna English Working Papers*, 12: 24-39.

Rott, S. 2007. The effect of frequency of input-enhancements on word learning and text comprehension. *Language Learning*, 57: 165-199.

Royce, T. 2002. Multimodality in the TESOL classroom: Exploring visual-verbal synergy. *TESOL Quarterly*, 36: 191-205.

Sampson, M., Valmont, W. & Van Allen, R. 1982. The effects of instructional cloze on the comprehension, vocabulary, and divergent production of third-grade students. *Reading Research Quarterly*, (2): 281-294.

Schmidt, R. 1990. The role of consciousness in second language learning. *Applied Linguistics*, 11: 129-158.

Schmidt, R. 1994. Implicit learning and the cognitive unconscious of artificial grammars and SLA. In N. Ellis (Ed.), *Implicit and Explicit Learning of Languages* (pp. 165-209). London: Academic Press.

Schmidt, R. 2001. Attention. In P. Robinson (Ed.), *Cognition and Second Language Instruction* (pp. 3-32). Cambridge: CUP.

Schmitt, N. 2000. *Vocabulary in Language Teaching*. Cambridge: CUP.

Schmitt, N. 2010. *Researching Vocabulary: A Vocabulary Research Manual*. New York: Palgrave Macmillan.

Schmitt, N. & Dunham, B. 1999. Exploring native and non-native intuitions of word frequency. *Second Language Research*, 15: 389-411.

Schmitt, N. & Schmitt, D. 1995. Vocabulary notebooks: Theoretical underpinnings and practical suggestions. *ELT Journal*, 49: 133-143.

Schmitt, N., Schmitt, D., & Clapham, C. 2001. Developing and exploring the behaviour of two new versions of the Vocabulary Levels Test. *Language Testing*, 18: 55-88.

Schonell, F. 1956. *A Study of the Oral Vocabulary of Adults: An Investigation into the Spoken Vocabulary of the Australian Worker* (Vol. 1). Brisbane: University of Queensland Press.

Schouten-van Parreren, M. C. 1989. Vocabulary learning through reading: Which conditions should be met when presenting words in texts. *AILA Review*, 6(1): 75-85.

Shapiro, B. 1969. The subjective estimation of relative word frequency. *Journal of Verbal Learning and Verbal Behavior*, 8: 248-251.

Sharwood-Smith, M. 1981. Consciousness-raising and the second language learner. *Applied Linguistics*, (2): 159-168.

Simon, H. 1996. *The Sciences of the Artificial*. Boston: MIT press.

Singleton, D. 1999. *Exploring the Second Language Mental Lexicon*. Cambridge: CUP.

Skehan, P. 1998. *A Cognitive Approach to Language Learning*. Oxford: Oxford University Press.

Song, S. & Kellogg, D. 2011. Word meaning as a palimpsest: A defense of sociocultural theory. *The Modern Language Journal*, 95: 589-604.

Stanovich, K. 1986. Matthew effects in reading: Some consequences of individual differences in the acquisition of literacy. *Reading Research Quarterly*, (4): 360-407.

Sternberg, R. 1987. Most vocabulary is learned from context. In M. G. McKeown & M. E. Curtis (Eds.), *The Nature of Vocabulary Acquisition* (pp. 89-105). Hillsdale: Lawrence Erlbaum Associates, Inc.

Sternberg, R. & Powell, J. 1983. Comprehending verbal comprehension. *American Psychologist*, (8): 878-893.

Swanborn, M. & de Glopper, K. 1999. Incidental word learning while reading: A meta-analysis. *Review of Educational Research*, 69: 261-285.

Szudarski, P. 2018. *Corpus Linguistics for Vocabulary: A Guide for Research*. New York: Routledge.

Thorndike, E. & Lorge, I. 1944. *The Teacher's Word Book of 30,000 Words*. New York: Columbia University Press.

Tomlin, R. & Villa, V. 1994. Attention in cognitive science and second language acquisition. *Studies in Second Language Acquisition*, 16: 183-203.

Tryk, E. 1968. Subjective scaling and word frequency. *The American Journal of Psychology*, 81: 170-177.

Tzeng, O. & Wang, W. S.-Y. 1983. The first two R's: The way different languages reduce speech to script affects how visual information is processed in the brain. *American Scientist*, 71: 238-243.

van Daalen, K., Schouten-van Parreren, M. & de Glopper, K. 1997. *Vocabulary Knowledge and Skill in Inferring Word Meaning from Context*. Amsterdam: SCO-Kohnstamm Instituut.

van Dijk, T. & Kintsch, W. 1983. *Strategies of Discourse Comprehension*. New York: Academic Press.

Vanniarajan, S. 1997. An interactive model of vocabulary acquisition. *Applied Language Learning*, 8: 183-216.

van Parreren, C. F. & Schouten-van Parreren, M. C. 1981. Contextual guessing: A trainable reader strategy. *System*, 9: 235-241.

VanPatten, B. 1990. Attending to content and form in the input: An experiment in consciousness. *Studies in Second Language Acquisition*, 12: 287-301.

Velasco, D. 2009. Lexical competence and Functional Discourse Grammar. *Alfa: Revista de Linguística*, 51: 165-187.

Vygotsky, L. 1986. *Thought and Language*. Cambridge: MIT Press.

Vygotsky, L. 1997. *Educational Psychology*. Boca Raton: St. Lucie Press.

Walters, J. 2004. Teaching the use of context to infer meaning: A longitudinal survey of L1 and L2 vocabulary research. *Language Teaching*, 37: 243-252.

Walters, J. 2006. Methods of teaching inferring meaning from context. *RELC Journal*, 37: 176-190.

Wang, G. 2019. *Using Pedagogic Intervention to Cultivate Contextual Lexical Competence in L2: An Investigation of Chinese EFL Learners*. London: Palgrave Macmillan.

Waring, R. 1999. *Tasks for Assessing Receptive and Productive Second Language Vocabulary*. PhD dissertation. University of Wales.

Webb. S. & Chang, A. 2015. How does prior word knowledge affect vocabulary learning progress in an extensive reading program? *Studies in Second Language Acquisition*, 37: 651-675.

Wen, Q. F., Wang, H. M., Wang, J. Q., et al. 2010. A comparative study of the critical thinking competence between Chinese English majors and majors of other liberal arts. *Foreign Language Teaching and Research*, (5): 355-400.

Wertsch, J. V. 1981. *The Concept of Activity in Soviet Psychology*. New York: Routledge.

Wesche, M. & Paribakht, T. 1996. Assessing second language vocabulary knowledge: Depth versus breadth. *The Canadian Modern Language Review*, 53: 13-40.

Wesche, M. & Paribakht, T. 2010. *Lexical Inferencing in a First and Second Language: Cross-linguistic Dimensions*. Clevedon: Multilingual Matters.

West, M. 1953. *A General Service List of English Words*. London: Longman.

West, R. & Stanovich, K. 1978. Automatic contextual facilitation in readers of three ages. *Child Development*, 49(3): 717-727.

Wierzbicka, A. M. 1995. Emotion and facial expression: A semantic perspective. *Culture & Psychology*, 1: 227-258.

Wilkins, D. 1972. *Linguistics in Language Teaching*. Cambridge: MIT Press.

Williams, R. 1985. Teaching vocabulary recognition strategies in ESP reading. *The ESP Journal*, 4: 121-131.

Wilson, D. & Carston, R. 2007. A unitary approach to lexical pragmatics: Relevance, inference and ad hoc concepts. In N. Burton-Roberts (Ed.), *Pragmatics (Palgrave Advances in Linguistics)* (pp. 230-260). London: Palgrave Macmillan.

Winograd, T. & Flores, F. 1986. *Understanding Computers and Cognition*. Norwood: Ablex Publishing Corporation.

Wittgenstein, L. 2009. *Philosophical Investigation*. Hoboken: Wiley-Blackwell.

Wode, H. 1999. Incidental vocabulary acquisition in the foreign language classroom. *Studies in*

Second Language Acquisition, 21: 243-258.

Wright, T. & Cervetti, G. 2017. A systematic review of the research on vocabulary instruction that impacts text comprehension. *Reading Research Quarterly*, 52: 203-226.

Ying, Y. S. 2001. Acquiring vocabulary through a context-based approach. Forum. http://exchanges.state.gov/forum/[2023-04-05].

Zahar, R., Cobb, T., & Spada, N. 2001. Acquiring vocabulary through reading: Effects of frequency and contextual richness. *The Canadian Modern Language Review*, 57: 541-572.

Zareva, A., Schwanenflugel, P. & Nikolova, Y. 2005. Relationship between lexical competence and language proficiency: Variable sensitivity. *Studies in Second Language Acquisition*, 27: 567-595.

Zhang, W. Z. & Xu, F. 2009. Effects of word exposure frequency on incidental acquisition of English vocabulary by Chinese EFL learners. *Teaching English in China*, (1): 3-11.

附录说明

本书中提及的附录内容,请扫描下方的二维码获取。

后　　记

笔者多年致力于第二语言文本 CVA 研究。迄今为止，在多种因素的推动下，笔者的研究经历了三个阶段：自然文本语境的 IVA 研究，代表作是 2013 年由北京大学出版社出版的《第二语言阅读中的词汇附带习得研究》；语境词义推测能力培养研究（cultivation of contextual lexical inferencing competence，CLIC），代表作是 2018 年由 Springer 和 Palgrave Macmillan 出版社联合出版的 *Using Pedagogic Intervention to Cultivate Contextual Lexical Competence in L2: An Investigation of Chinese EFL Learners* 和 CLCC 培养研究，本书是这一研究的成果。

1999 年，在国家留学基金管理委员会和新加坡政府的资助下，笔者第一次有机会出国，前往新加坡南洋理工大学教育学院访学。新加坡是汉语、英语、马来语、泰米尔语等多种语言并存的"天然语料库"。这个花园城市中的每个人，为了满足日常生活工作的需要，都能娴熟地使用几种不同语言，并能在不同语言中自由切换。在以英语为主要语言的大学校园中系统学习二语习得理论及研究方法的同时，校园外丰富多彩的语言环境使笔者对二语习得现象有了很多切身体会和直观感受，因此对研究和解释二语习得现象产生了浓厚的兴趣，从此义无反顾地走上二语习得研究之路。

最初受 Chomsky 句法理论的影响，笔者尝试研究了我国英语专业大学生关系子句的习得情况，还以 IP 外名词性结构为着眼点，研究了二语习得过程中的语言迁移现象；后来受认知语言学语块理论的影响，尝试研究了第二语言输出过程中习得者的认知机制。经过漫长的思考与摸索，笔者越来越清晰地认识到，词汇习得是二语习得的核心，如果没有对词汇知识的概念内涵、习得规律、研究现状的全面了解，就无法系统了解我国英语专业者的学习情况。笔者的这个发现与二语习得研究的总体发展趋势不谋而合，词汇和语法之间的概念界限趋于模糊，词汇习得研究是当前二语习得研究的中心。

笔者之所以选择阅读过程中的 IVA 为研究对象，是因为在多年的大学英语专业本科生阅读课教学中，发现一种现象，即在阅读课教学中，教师的重点是帮助学生理解文章大意，把词汇学习留给学生，但学生并不知道如何把阅读理解与词汇学习相结合。后来笔者进一步发现，教师课堂讲解不能改变一个事实：阅读是学习者的自主行为，教师无法代替学生去阅读。在自主阅读中遇到生词时，推测词义是获得词汇知识、理解文本的必要环节。但在词义推测时，他们无法避免的一个困境是：一方面，难以成功推测目标词的正确词义；另一方面，词典释义和记忆的词汇知识无法有效解决他们在文本语境中遇到的词义问题。这个困境直接影响他们对英语文学作品和学术文本的理解，是制约英语专业大学生自主阅读能力提高的关键障碍。由此，笔者开始质疑并思考"以词典释义为标准，记忆目标词，扩大词汇量"的传统二语词汇教学理念的合理性和有效性。这个过程漫长而艰辛。

2009 年，西安外国语大学的外国语言学和应用语言学博士点建设获得立项，笔者有幸作为博士点立项建设专职研究人员，放下繁重的教学工作，进入陕西省哲学社会科学重点研究基地"外国语言学及应用语言学研究中心"，全身心投入第二语言词汇习得研究。在完成专著《第二语言阅读中词汇附带习得研究》（2013 年）的过程中，笔者对当前二语词汇习得研究的困境有了更为清晰的认识，质疑的冲动更加强烈。澄清这个疑问成为笔者下一阶段的研究方向。

2012 年 9 月，笔者来到广东外语外贸大学，开始攻读外语教育方向的博士学位。坐落在风景优美的白云山下的广外，有一支非常强劲的应用语言学研究团队，科研氛围十分浓厚。导师吴旭东教授是一位以实证性研究经验丰富、治学态度严谨、学术造诣深厚而享誉国内应用语言学界的知名学者。他指导研究生的方法堪称"神奇"，在不少专家、学者认为词汇研究再难有突破的情况下，在笔者尚处于懵懂状态的时候，他非常敏锐地察觉到这项研究潜在的应用价值，并且在关于词语能力培养研究的理论建设、实证性研究的设计与操作、评测标准参照依据的确定等几个关键点引导笔者渡过一个个难关，有力推动了这项"原创性"研究。另外，刘建达教授的统计学课程、董燕萍教授的心理词库理论、徐海教授的词典学研究等，也对笔者的研究思路产生了巨大影响。特别需要提及的是霍永寿教授的无私帮助，在他开设的西方语言哲学课堂上，一次关于维特根斯坦的语言哲学思想的讨论令笔者茅塞顿开。"众里寻他千百度，蓦然回首，那人却在，灯火阑珊处"是笔者当时心情的完美写照。在维氏 Meaning is use 和 Language is game 的语言哲学思想指引下，笔者终于寻得一枚化解语境词义问题的密钥。经过一年半时间的论证加验证，于 2014 年 12 月完成博士论文初稿的撰写，返回西安外国语大学，并且在面向英语专业本科生开设的阅读课和面向英语专业外应方向研究生开设的研究方法课程中，进一步验证了所建立的文本 CLCC 培养理论和应用模型的课堂教学效果。2015 年 6 月，笔者顺利通过答辩，获得博士学位。返回西安外国语大学之后，在繁重的教学工作之余，笔者进一步修改了博士论文，并于 2016 年 12 月与 Palgrave Macmillan 出版社签订英文专著的出版合同。出版社给我 5 年的时间对专著的初稿继续进行全面修改。这是一项非常艰巨的任务。

幸运的是，恰好在这个时候，笔者获得 2017~2018 中美福布赖特研究学者（Sino-US Fulbright Visiting Research Scholar）项目资助，得以前往美国夏威夷大学马诺阿分校的二语习得系访学一年，合作导师是国际知名外语教育学家 Graham Crooks 教授。访学期间，笔者与他进行了多次交谈，可以充分证明，笔者所提出的文本 CLCC 培养理论不仅适用于中国英语专业大学生，同样适用于英语本族语者。与此同时，笔者还有很多机会与国际语用学知名学者 Gabriele Kasper 教授和旅美华人学者 Zheng Dongping（郑东萍）博士进行深入讨论。前者对话语心理学的研究，后者对生态语言学（biolinguistics）的研究，都加深了笔者对动态词义的认识。特别给力的是，一位由 Palgrave Macmillan 出版社邀请的具有国际影响力的匿名专家全程指导了这本专著的修改工作，提出了很多宝贵的建议。得益于国内外许多学者、同事、朋友、学生及家人的支持与帮助，2018 年 9 月这本英文专著终于以硬皮纸质版和电子版两个版本的形式提前正式出版，全球发行，得到国内外多位业内知名学者的高度评价，评语有："The book challenges prevailing linguistics presumptions concerning contextual lexical meaning""颠覆了对词义推测能力的传统理解，可化解当前文本语境词汇习得研究的困境""是一项具有国际影响力的原创性应用研究""设计严谨，方法科学，结果可靠"。

然而，在国内推广应用的过程中，笔者越来越清楚地认识到它的一些不足之处，有待完善，例如，没有区分词汇知识和词语能力、词义推测与词义构建、研究者词义观和学习者词义观等概念，忽略对词汇教学和评测研究文献的梳理，没有挖掘学习者词义观形成的缘由和轨迹，没有探寻文本词义问题形成的根源。教学实验只持续了 80 分钟，实验的可复制性和实验结果等需要进一步验证。还有一个不足是，这本专著用英文撰写，因此，国内潜在的读者群体受到很大限制。

以上不足，在本项研究中均得到弥补和完善。与此同时，本项研究还超越词语能力研究的范畴，系统论证了语言信息思辨能力、文本理解能力和词汇自主学习能力的认知关系和培养方法，并在以下四个方面有所创新：①思想新，"意义即使用"的词语能力评测理念，契合国家的语言素质教育思想；②观点新，提出词语能力培养是语言信息思辨能力和自主学习能力培养的前提；③方法新，课堂观察、文献研究和教学实验相结合，有理有据地考证词语能力培养理论和应用模式；④目标新，培养具备高度自主学习能力和语言信息思辨能力高水平二语学习者。

本书取得一点成绩，由于笔者能力所限，难免会有错漏、不足之处，恳请各位专家、学者、同行及广大读者不吝指正。您的意见和建议就是笔者下一步研究的方向。

作　者

于西安外国语大学长安校区

2020 年 12 月 11 日